本书研究受国家图书馆文津出版基金资助项目、教育部人文社科基金项目（批准号：10YJC870011，项目名称：适用于图书馆的著作权例外及图书馆界的著作权例外立法诉求研究）和中国博士后科学基金一等资助项目（批准号：20110490021，项目名称：图书馆可适用的复制权例外及图书馆的应对策略研究）资助

著作权例外

与图书馆可适用的著作权例外

黄国彬　著

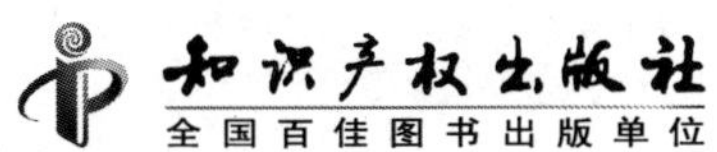

内容提要

著作权例外是著作权专有权的例外，可作为作品使用者应对著作权侵权的抗辩理由。图书馆可适用的著作权例外对图书馆开展资源建设与信息服务具有重要作用。与国外主要国家现行的著作权法律有关图书馆可适用的著作权例外规定相比，我国在此方面的规定仍较为模糊、缺乏，由此给我国图书馆实践活动带来诸多不便。为此，本书在厘清著作权例外和图书馆可适用的著作权例外的理论框架的基础上，归纳图书馆可适用的著作权例外的发展历程、发展特点和发展趋势，以及其在图书馆的应用，结合当前国内外图书馆界对图书馆可适用的著作权例外的诉求，构建符合我国国情的可适用于图书馆的著作权例外立法框架，并从图书馆可适用的著作权例外角度，提出图书馆如何规避著作权侵权风险的有效建议。

责任编辑：江宜玲　　　　**责任出版**：卢运霞

图书在版编目（CIP）数据

著作权例外与图书馆可适用的著作权例外/黄国彬著. —北京：知识产权出版社，2011.10

ISBN 978-7-5130-0798-6

Ⅰ.①著…　Ⅱ.①黄…　Ⅲ.①图书馆—著作权法—法律适用—研究　Ⅳ.①D913.04

中国版本图书馆 CIP 数据核字（2011）第 181196 号

著作权例外与图书馆可适用的著作权例外

黄国彬　著

出版发行：知识产权出版社

社　　址：北京市海淀区马甸南村1号　　邮　　编：100088

网　　址：http://www.ipph.cn　　邮　　箱：bjb@cnipr.com

发行电话：010-82000860 转 8101/8102　　传　　真：010-82000507/82000893

责编电话：010-82000860 转 8339　　责编邮箱：jiangyiling@cnipr.com

印　　刷：知识产权出版社电子制印中心　　经　　销：新华书店及相关销售网点

开　　本：787mm×1092mm　1/16　　印　　张：19.75

版　　次：2012年8月第1版　　印　　次：2012年8月第2次印刷

字　　数：309千字　　定　　价：56.00元

ISBN 978-7-5130-0798-6/D·1308(3694)

序

图书馆是基于文献作品的收藏、整理和提供服务为宗旨的公益性文化机构，因此，在图书馆的文献信息资源建设、运营管理和服务过程中对于著作权作品的使用和传播既要严格遵循知识产权相关法律的规定，又应适用在一定条件下的著作权限制和例外，只有这样才能够更好地平衡与协调权利人的利益和知识利用者的权益乃至公共利益。随着网络化和数字资源建设与服务的迅猛发展，图书馆如何应对这一矛盾更是一个迫切需要解决的理论课题和实践问题。

欧洲议会和欧盟理事会2001年5月颁布的《欧盟信息社会版权指令》就确认了公众利用图书馆、教育机构、博物馆或档案馆进行的无直接或间接经济或商业利益的特殊复制享有著作权例外和限制权益，2009年5月在瑞士日内瓦召开的世界知识产权组织（WIPO）著作权及相关权利常务委员会第18次会议上，图书馆电子信息联盟（eIFL）、国际图书馆协会与机构联合会（IFLA）及美国图书馆著作权联盟（LCA）发表了一份题为“与图书馆和档案馆相关的著作权例外和限制原则的声明”的文件，其中也强调了修改更新关于著作权的例外和限制的范围和内容的紧迫性和必要性，并特别强调，目前缺乏有效的法条适用数字信息利用及技术保护办法，继而限制了图书馆行使著作权法长期以来支持其履行的职责。

相对而言，美国、英国、欧盟等国家和地区都做了很多工作，美国对于图书馆法律适用问题所作的规定比我国著作权法要细致、具体得多，从而提高了其图书馆实践工作适用中的可操作性。美国图书馆界对于这一问题也做了很多积极维护图书馆界利益的更加务实和有效的实践工作，美国图书馆协会从20世纪30年代开始，就积极通过各种方式促使立法机关出台保护图书馆复制豁免的法律，并针对适用于图书馆的著作权例外问题发布了相关研究报告。

在我国，尽管图书馆在适用著作权例外方面有很多学术探讨与讨论，但是相关实践尚不完善，中国图书馆学会虽也曾发表了相关声明，但是，其影响作用有限，而图书馆因法律界定不清晰而面临应对著作权问题的模棱两可与无所适从，网络技术与移动通信技术的发展带来的很多问题特别突出，甚至还引发很多诉讼纠纷，这不仅引起法律界的关注，更成为图书情报及档案学界热议和关注的课题，据悉，我国即将对《著作权法》进行第三次修订，借此时机，不仅需要在立法中妥善处理好创作者、传播者和社会公众利益的基本平衡，还要妥善处理好保护著作权与保障信息传播的关系，这都需要充分借鉴发达国家成熟的经验和做法。

近年来尽管围绕著作权限制与例外，特别是适用于图书情报档案管理领域问题的相关研究很多，但是没有系统深入地进行实证分析和国内外比较研究，特别是没有清晰区分法律上的合理使用、著作权限制及著作权例外等基本而核心的概念范围等问题。

黄国彬博士在学习过程中，就始终关注图书馆相关的信息政策与法律问题，学习期间就参与翻译了由我主译的美国著名媒介法学家韦恩·奥弗贝克(Wayne Overbeck)所著的《媒介法原理》一书(北京大学出版社，2011年9月版)，表现出严谨、高效率和精益求精的治学精神。在翻译的同时，他也更加意识到国内在信息法律领域的研究与国外的较大差距，特别是图书馆涉及著作权问题的研究尚不成熟，因此，将自己的博士论文选题确定在著作权的例外在图书馆中的适用这样一个主题上。他在此期间做了大量的文献调研和翻译工作，在此基础上，进行了大陆法系和英美法系以及欧盟立法的比较分析与梳理，选取了多个国家的相关案例进行了分析，并通过发放700份问卷调查和专家问卷及访谈等方式来了解相关问题的现状及问题，得出了第一手资料，最终撰写出了博士论文并通过了论文答辩，获得了一致好评，本书就是在此基础上出版的。

作者对于这一主题的研究中，首先界定了著作权例外和适用于图书馆的著作权例外的定义。书中将适用于图书馆的著作权例外立法现状归纳为四个板块、五个特点和四种趋势，并重点分析了适用于图书馆的著作权的复制权例外、信息网络传播权例外和技术措施规避例外，并尝试构建了适用于我国图书馆实际发展需要的著作权例外立法框架。在此基础上，从赋予我国图书馆著作权例外的著作权法律和对我国图书馆较为重要的著作权例外两个角度，剖析了适用于图书馆的著作权例外与图书馆实务的关系，归纳出可适用于图书馆的著作权例外的立法趋势，不仅对于完善我国著作权法律体系有重要借鉴意义，更对图书馆更好地避免侵权风险和维护自身权益有重要的意义。

我与国彬交流甚多，亦师亦友，他严谨细致、务求真知的治学态度和勤劳务实的做事精神在这部著作中有充分的体现，在研究中核心命题聚焦准确，文献调研力求竭泽而渔，尽量引用最原始文献，其中仅英文文献就多达300余篇，不仅探索理论上的学术真谛，更为相关实践提供了重要的参考和研究借鉴价值。

这次他邀我为本书作序，作为研究信息法学的同道，我欣然应允，也借此想表达我对这部作品出版的祝贺，并祝愿国彬在今后的学术道路上取得更大进步。同时也期望读者不仅能够在阅读中有所裨益，更关注这一问题在司法和图书馆实践中得以妥善解决，当然，本书的研究也留下很多需要进一步深入探讨和研究的问题，比如如何更好地区分著作权的限制与例外，如何在我国即将出台的《公共图书馆法》中对著作权的法律适用问题做出更合理的规定，如何处理商业性数字图书馆服务的例外与公益性数字图书馆的例外中公平与效益价值平衡的理论原理问题，如何解决开放获取中的著作权例外问题等，期待更多的理论与实践工作者在这一领域作出更多研究和推进。

周庆山

2011年9月于北京大学中关园

目　录

第一章　绪　论

近年来，随着数字信息技术与网络技术的迅速发展，著作权保护与作品利用需求出现了一系列新的变化，从而引起各国著作权法律的相应调整。网络环境下著作权法变化的一个重要趋势是，受保护的主体和客体范围不断扩大。这种扩大带来的一个结果就是，可以主张权利的个人或法人数量增加，侵权纠纷所涉及的作品类型和使用方式呈现多样化，从而增加了用户使用版权作品的代价和风险，增加了知识传播的社会成本。

著作权法律的例外条款是平衡著作权人与公众利益关系、著作权垄断与信息共享关系的重要准则。作为信息传播与共享的核心机构，图书馆的信息资源建设、信息服务以及其他各项业务的顺利开展，均与著作权例外息息相关。图书馆一方面需要在遵循著作权法的前提下开展活动以规避著作权侵权风险，合理灵活地利用著作权法律赋予的各种例外规定，尽可能降低利用版权作品的成本；另一方面，图书馆也需要反映自身对著作权例外的诉求，积极参与立法活动，将更有利于拓展图书馆的著作权例外空间的立法诉求反映给立法机构。有鉴于此，无论是国家性还是国际性的著作权立法组织，或者是图书馆界自身，近年来均纷纷通过相关渠道，并以适当方式对图书馆享有的著作权例外问题展开研究。

著作权例外的适用范围不是固定不变的，在不同国家、不同时期会有不同的规定。同样，专门适用于图书馆的著作权例外空间也不是一成不变的，甚至因著作权涉及利益的复杂性而导致图书馆享有的著作权例外空间在某一时期内存在模糊性。因此，在数字化网络化环境下，面对著作权法律有关著作权例外规定的不足、资源采购协议的制约、技术保护措施的限制以及著作权法律对技术措施的保护，如何充分利用著作权的例外规定条款，在严格遵守著作权法律的前提下进一步扩大图书馆的服务范围，规范有可能侵犯著作权的业务活动，以及如何结合国际通行的、适用于图书馆的著作权法律规定和图书馆用户对著作权例外的修订期望，更为合理准确地梳理出图书馆界在著作权例外方面的立法诉求，已经成为当前图书馆业界和学界共同关注的迫切问题。

然而，我国当前著作权法律有关图书馆可适用的著作权例外立法规定与图书馆的资源建设与信息服务并不协调。一方面，著作权法律有关图书馆可适用的著作权例外的规定较为模糊、狭窄，甚至是缺失；另一方面，数字化技术的发展，推动图书馆资源类型的多样性和信息服务的丰富性，进一步要求图书馆获得更为广阔的著作权例外空间。需要指出的是，我国图书馆界多数从业人员对图书馆可适用的著作权例外了解不多、重视不够、利用不足。这种情况更加扩大了可适用于图书馆的著作权例外与图书馆业务活动的不协调，导致图书馆侵犯著作权的诉讼时有发生。在有些图书馆，侵犯著作权风险不明朗的资源建设或信息服务活动仍在继续。

第一节　研究背景

一、数字技术给图书馆资源建设与信息服务带来的影响

数字技术在为作品创作者提供创作便利的同时，也为其传播和保护作品提供了新途径。例如，数字权益管理（Digital Rights Management，DRM）和技术措施（Technological Protection Measures，TPM）。当然也给著作权法律制定者带来有别于非数字时期的各种新问题。仅从版权拥有人维护自身利益和图书馆利用作品这两个角度考虑，数字技术带来的影响包括以下 5 个方面。

1. 出版商的销售模式发生改变

数字技术使得出版商不断改变数字资源的商业销售模式，其获利支撑点更依赖于出售整部作品或作品某一部分的使用许可，而不再像以往那样，只是通过出售整部作品来获取利益。

2. 复制更加普遍、便利

数字作品的阅读需要借助一定的中介或机器，而借助中介或机器阅读数字

作品，实际上需要对其进行复制。因此，复制成为利用数字版权作品最为常见的一种方式。虽然这种复制只是暂时或者是利用版权数字作品的一种附属物，但仍然被视为一种复制。而这种行为若要不被视为侵权，则需要版权法律给予其例外。

3. 数字作品保存给图书馆带来新问题

数字作品的保存要求图书馆采取更为灵活的措施。由于许多数字媒体本身及其格式固有的不稳定性，图书馆往往需要确保其格式的可读取性，而且必须配备读取该格式的设备。因此，保存数字作品的多份复制件很有必要，而图书馆若要能够顺利开展这方面的活动，则需要法律制定者对著作权法律中可适用于图书馆的例外作出相应调整。

4. 数字作品许可协议制约可适用于图书馆的著作权例外

数字作品，尤其是通过网络方式加以传递的数字作品，往往会借助许可协议对其使用方式加以明确限制。而这种限制，虽然有时能够符合版权法律赋予图书馆的例外规定，但有时又不一定与版权法律赋予图书馆的例外规定保持一致。这种不一致，又往往体现为许可协议窄化了图书馆本应享有的著作权例外空间。

5. 技术措施制约可适用于图书馆的著作权例外

在数字技术的推动下，人们往往能够快速、方便而且低成本地制作与原件质量一样或相当的复制件，而且复制件分发的便捷使得其传播范围更为宽广。这就给版权拥有人带来更为不利的影响，其销售市场也会因此而受到冲击。为此，版权拥有人通常会借助一些技术措施来限制非授权使用，但技术措施并不能解决所有问题。虽然技术措施能够限制非授权使用，却增加了图书馆对这类作品进行保存的成本与难度。

二、研究我国可适用于图书馆的著作权例外的必要性

可适用于图书馆的著作权例外最终关系到公众信息获取，因此，无论是法律界，还是图书馆界，均通过相应的方式，高度重视图书馆的著作权例外问题。

1. 法律界对适用于图书馆的著作权例外的重视

第一，国际知识产权及相关国际组织对适用于图书馆的著作权例外问题的

关注。2003 年，荷兰阿姆斯特丹大学 Lucie Guibault 发布了受联合国教科文组织（United Nations Educational，Scientific and Cultural Organization，UNESCO）委托而开展的数字环境下著作权例外与限制的研究成果[1]。该研究报告深入分析了著作权例外与限制，数字环境下著作权例外与限制（该部分有专门内容讨论图书馆、档案馆可适用的著作权例外），以及技术措施规避例外等内容。2008 年 3 月，世界知识产权组织（World Intellectual Property Organization，WIPO）著作权委员会（Copyright Committee）召开会议[2]，专门讨论由智利起草，巴西、尼加拉瓜和乌拉圭等国共同参与，旨在让世界知识产权组织牵头制定一份著作权例外与限制国际协议的建议书。该建议书主要涉及 3 项内容[3]：查证世界知识产权组织成员国著作权立法体系中有关例外和限制的立法模式与司法实践；分析有利于促进和推动发明与创新的著作权例外与限制；制定一项面向公众利益的、各国著作权立法均能达到该标准的著作权例外与限制的国际协议。2008 年 11 月 4 日，WIPO 版权及相关权利委员会在“著作权的例外与限制对发展中国家的重要意义”的专题会议中指出[4]，当前著作权法律关于著作权例外的规定并不能完全适用于全球网络环境，反而会阻止某些跨地区活动的开展。比如远程学习、由图书馆开展的各种数字化业务，以及面向视障人士和听障人士的作品格式转换等。虽然有关著作权例外的规定在不断地修订，但是著作权例外的空间永远无法与作者及其他版权拥有人所拥有的专有权空间保持同步发展。

第二，国际知识产权、著作权公约或条约有关著作权例外的基本原则为各国图书馆享有著作权例外提供重要依据。1886 年签订、1979 年 9 月 28 日修订[5]、目前已有 164 个成员国参与[6]的《伯尔尼公约》（*Berne Convention for the Protection of Literary and Artistic Works*）第 9 条第 2 款（Article 9 (2)）[7]对著作权例外做出规定。1994 年 4 月 15 日签订[8]、截至 2008 年 7 月 23 日已经有 153 个成员国[9]参与的《与贸易有关的知识产权协议》（*Agreement on Trade-related Aspects of Intellectual Property Rights，TRIPs*）第 13 条[10]对著作权例外做出规定。1996 年 12 月 20 日通过[11]、截至 2009 年 2 月 27 日成员国数量达到 184 个[12]的《世界知识产权组织版权条约（1996）》（*WIPO Copyright Treaty，WCT*）第 10 条[13]，以及《世界知识产权

组织表演和录音制品条约（1996）》（*WIPO Performances and Phonograms Treaty*, *WPPT*）第16条[14]均对著作权例外作了规定。1952年9月6日签订[15]、1971年7月24日修订、目前已有100个成员国[16]、由UNESCO发起制定的《世界版权公约（1971）》（*Universal Copyright Convention*, *UCC*）第4条第2款（Article IV bis）[17]对著作权例外做出规定。

第三，各国通过著作权立法重视图书馆的著作权例外问题。国家立法关注著作权例外问题早已体现在各国的著作权法律中。据调查[18]，在WIPO现有的184个成员国中，共有128个国家的著作权法律至少规定了一项适用于图书馆的著作权例外，比例达到69.57%。而且多数国家的著作权法律关于图书馆例外的规定并不止一项。例如，《美国著作权法（2007）》（*Copyright Law of the United States*, *2007*）体现著作权例外的条款为第107条和第108条[19]。《英国著作权、外观设计和专利法（2007）》（*Copyright*, *Designs*, *and Patent Act of the United Kingdom*, 2007）体现著作权例外的条款为第37~44条[20]。《澳大利亚著作权法（2007）》（*Copyright Law of Australia*, 2007）体现著作权例外的条款为第49条第1款、第51条第1~2款等[21]。《加拿大著作权法（2007）》（*Copyright Act of Canada*, *2007*）体现著作权例外的条款为第30条第1~2款及第31条第2款等[22]。《爱尔兰著作权与相关权利的法案（2004）》（*Copyright and Related Rights Act of Ireland*, *2004*）体现著作权例外的条款为第53~58条[23]。《德国著作权法（2007）》（*Copyright Law of Germany*, *2007*）体现著作权例外的条款为第52条第1~2款，第69条第1款，第95条第1~3款[24]。《意大利著作权、邻接权保护法（2003）》（*Law for the Protection of Copyright and Neighboring Rights of Italy*, *2003*）体现著作权例外的条款为第68条第1~6款等[25]。《法国著作权法（2006）》（*Copyright Law of France*, *2006*）体现著作权例外的条款为第122条第5款第2项、第8项[26]，第331条第5款[27]、第6款[28]。《韩国著作权法（2006）》（*Copyright Act of the Republic of Korea*, *2006*）体现著作权例外的条款为第23~38条[29]。《日本著作权法（2004）》（*Copyright Law of Japan*, *2004*）体现著作权例外的条款为第30~50条[30]。《中华人民共和国著作权法（2001）》体现著作权例外的条款为第22条[31]等。各国著作权法律对著作权例外的重视，充分表明适用于图书馆的著作权例外在著作权立法中占有重要位置。

2. 图书馆界对适用于图书馆的著作权例外的关注

对于图书馆而言，需要重点考虑的问题不仅仅是根据现行的法律、法规、行业指南与规范明确自身能够享有的著作权例外空间，更需要在此基础上，采取积极行动，谋求更广泛的著作权例外空间。目前，国际性或国家性的图书馆组织已在此方面开展了有益的探索。

第一，国际性或国家性图书馆组织积极参与到著作权立法活动中。将图书馆界的呼声反映给国家立法机关、进而影响国家立法机关制定出更加有利于图书馆活动的著作权例外规定在国内外图书馆界已有先例。国际上，面对数字资源的大量出现和网络环境的迅速普及，为了保障图书馆和用户在数字环境下继续享有合理的著作权例外，国际图联（International Federation of Library Associations and Institutions，IFLA）积极参与了包括《世界知识产权组织著作权条约（1996）》在内的国际性著作权保护立法活动[32]，广泛宣传“数字时代的著作权政策，必须反映保护作者和创作者的作品以及促进发达和发展中国家人民对信息最广泛的存取之间的谨慎的平衡”的主张，在一定程度上对国际性著作权条约的制定及不同国家和地区的著作权立法产生了有益的影响。美国研究图书馆协会（Association of College and Research Libraries，ACRL）将推进《美国著作权法（2007）》第108条的修订与完善作为其2006年重要的立法参与活动。在国内，2006年4月国家版权局网站公布《信息网络传播权保护条例》（草案）并公开征集意见后，中国图书馆学会即通过所属图书馆法律与知识产权研究专业委员会组织部分专家进行了研讨[33]，征集有关专家对相关条款的意见。其中，最有意义的是，作为对图书馆界呼吁的有效响应，立法者将《信息网络传播权保护条例》（草案）第4条的权利限制条款中只适用于“公共图书馆”的例外规定修改为适用于所有类型的“图书馆”[34]。

第二，国际性或国家性图书馆组织积极发表与著作权例外相关的声明。IFLA（目前其成员图书馆涉及全球150个国家[35]）在支持知识产权保护，认可在大规模、组织化复制时对著作权人进行适当补偿知识的同时，全力支持知识的广泛传播，支持人们最大限度地利用著作权法律中的例外条件。同时，要求在数字时代进一步扩展对著作权保护的例外，保障社会公众获得知识、教育和发展的权利，保障对知识进行长期保存的权利，保障获取知识的能力和权利不受技术发展的限制。迄今为止，国际图联已发布了“IFLA 在数字环境下的版权立场（2000）”[36]、“国际借阅和文献传递：原则和程序（2001）”[37]、“IFLA 许可原则（2001）”[38]等多份文件，声明自身在图书馆著作权例外方面的立场。IFLA 在“数字环境下的版权立场（2000）”中指出，“数字化没有什么不同”，并提出了维持著作权拥有人和版权作品使用者之间利益平衡的原则概要。以英国联合信息系统委员会（Joint Information System Committee，JISC）为代表的一些地区性或国家性行业组织也通过发表指导方针、声明、宣言，表明自身对图书馆著作权例外问题的看法。比如，JISC 发表了“JISC/DNER 著作权与许可指导方针”[39]、“电子环境下的合理使用指导方针”[40]。美国图书馆协会通过研究指出，数字权益管理技术可能阻止人们对版权作品的正常使用，如打印、复制，而为了更好地促进图书馆与学校为研究、教育提供服务，需要包括合理使用在内的多种著作权例外提供的相应保护。eIFL（electronic Information for Library）于 2006 年年底推出“eIFL 版权指南”[41]，并将开放获取、创作共享等作者让渡部分专有权的著作权例外情形纳入到手册中加以阐述。在“关于网络环境下著作权问题的声明”中，中国图书馆学会认为信息网络传播权应该为公益性图书馆设置 6 项例外[42]。

第三，美国图书馆界积极反映可适用于图书馆的著作权例外的立法诉求。在将近 3 年紧张工作之后，由美国国会图书馆牵头组织的《美国著作权法》第 108 条款研究组（Section 108 Study Group）于 2008 年 3 月 31 日发布了一份著作权问题研究报告。报告对于图书馆、档案馆和博物馆等机构在数字环境下为实现自己的工作目标而努力时如何利用受版权保护的资料提出了诸多意见和建议。此次报告提出多项针对美国现行著作权法的修改建议，其中两项是[43]：应当在第 108 条款中增加新的例外，许可有资质的图书馆和档案馆为保护濒危版权作品免受破坏或损失而进行保存性复制，这种“仅用于保存”的复制行为将受到限制；应当在第 108 条款中增加新的例外，许可图书馆和档案馆出于保存的目的对公开存取的互联网站和其他在线内容进行抓取和复制，以保证这一类型资源可以为学习、研究和其他学术性目的所获取、使用。当然，版权拥有者可以选择不许可图书馆收藏其作品。由美国图书馆协会联合会、美国法律图书馆协会、美国研究图书馆协会、美国专业图书馆协会和美国医学图书馆协会5家图书馆组织共同组成的美国图书馆版权联盟（Library Copyright Alliance），于2008年11月提交给世界知识产权组织的正式函件中指出[44]，著作权例外对于图书馆履行自身使命极其重要。借助适用于图书馆的著作权例外，图书馆可以为学习和研究提供支持，让公众能平等使用信息，并确保图书馆能有效保存人类文化遗产。然而，虽然要求加强数字时代版权作品保护力度的呼声不断，但关于如何拓展数字时代图书馆享有的著作权例外的要求却较为鲜见。以美国为例，出于保存版本的需要，现有版权法允许图书馆只能制作3份复制件，或者只能在馆舍内提供相关数字资源的借阅服务。诸如这样的著作权例外规定，均不能满足数字资源长期保存项目、资源数字化项目、跨国合作项目的实际需要。

第四，英国图书馆界积极反映可适用于图书馆的著作权例外的立法诉求。2008年3月，大英图书馆（British Library）启动了一项版权在线调查[45]。该调查主要调研图书馆用户对著作权例外的知晓程度，以此作为修订英国现行著作权法律适用于图书馆的著作权例外规定的辅助依据。该调查内容主要涉及：图书馆用户对图书馆（包括图书馆建立的数字图书馆网站）的利用频度，对图书馆各类型资源的使用频度，对“Fair Use”（美国版权法律使用该表述[46]）、“Fair Dealing”（英国及基于英国版权制度而建立自身版权制度的国家或地区使用该表达，如加拿大、澳大利亚、新西兰、中国香港等[47]）、“Limitation and Exceptions”等术语的了解程度，合理使用可适用的作品类型（是否需要将合理使用可适用的作品类型扩展到音频制品、电影作品和电视作品），是否应该为印本资料和同一内容的数字资料规定不同的著作权例外，著作权限制与例外的适用主体（如著作权例外的适用主体是否只能局限为隶属于某一教研单位的研究人员，或者只要是出于非商业的目的，任何人都可以成为著作权例外的适用主体），可适用著作权例外的版权作品的利用方式，图书馆是否需要对用户使用版权作品实施监控，将复制权例外的作品类型扩展到音频制品、电影作品和电视作品后是否对用户自身的研究真正有帮助等。

第五，eIFL积极反映可适用于图书馆的著作权例外的立法诉求。eIFL（已有来自全球48个国家的图书馆参与该组织[48]，多数图书馆来自发展中国家）组织专家向 WIPO 提交了与图书馆有关的著作权例外建议。2008 年 7 月 16 日，欧盟发布了《知识经济中的版权（绿皮书）》[49]，专门讨论了《2001 年 5 月 22 日欧洲议会和欧盟理事会关于协调信息社会中版权和相关权若干方面的第 2001/29/EC 号指令》（*Directive 2001/29/EC of the European Parliament and of the Council of 22 May 2001 on the harmonisation of certain aspects of copyright and related rights in the information society*，简称《欧盟信息社会版权指令》）[50]规定的著作权专有使用权（Exclusive Right）的例外问题，并专门结合数字信息技术的发展与公众利用版权作品的需要，提出了与图书馆可享有的著作权例外相关的 25 个问题供各界共同探讨。对此，2008 年 11 月 8 日，eIFL 从图书馆界自身职责的角度，发表题为“eIFL 的回应：知识经济中的版权（绿皮书）”[51]，对其中 19 个问题作出积极回应。其中，针对第 18 个问题，即“对于公众可访问的图书馆、教育机构、博物馆和档案馆所享有的著作权例外，是否应该从格式迁移、制作复制件的数量、扫描的作品应该为本机构拥有的全部作品这三个角度加以明确限定?”eIFL 认为，对第一个角度涉及的问题，《欧盟信息社会版权指令》第 5 条第 2 款已经作了清晰规定。对于第二个角度，eIFL 认为不应该对图书馆出于保存需要而制作复制件的数量加以限制，并以《美国著作权法》第 108 条款研究组于 2008 年 3 月提出的报告涉及的、建议立法将现有图书馆“出于保存需要可以制作 3 份已发表作品的复制件”，修订为“图书馆出于保存需要可以制作若干份已发表作品的复制件”作为佐证加以说明；至于所涉及的第三个角度，eIFL 认为更需要慎重考虑，因为现实中如何界定“本机构收藏的所有资源”往往存在难度。

第六，图书馆界通过举行学术会议等多种方式密切关注适用于图书馆的著作权例外问题。进入 21 世纪以来，IFLA 每年召开的学术年会几乎都会对图书馆的著作权问题进行研讨。除此之外，一些地区性的图书馆组织或各个国家的图书馆组织也都通过举行学术会议等多种渠道密切关注可适用于图书馆的著作权例外问题。2008 年 3 月 3 日，eIFL 召开圆桌会议，专门探讨数字环境下著作权例外与限制[52]。在国内，图书馆界对著作权的关注也不断升温。2007 年 9 月于中国科学院国家科学图书馆召开的“数字图书馆与著作权法律应用热点问题研讨会”，即从数字内容技术措施对合理使用与长期保护的影响、数字内容在远程教学和馆际互借中的使用限制、著作权法与合同法和自由贸易协议的冲突、数字环境下"合理使用"的变化、长期保存中的著作权保护挑战、开放存取中的著作权挑战、"读者数字化"服务的著作权保护等角度全面探讨了数字环境下的著作权问题。其中，eIFL 知识产权专员 Teresa Hackett 女士专门作了"著作权的例外与限制"的报告。除此之外，国内外图书馆界还不断开展图书馆著作权问题的研究，产生了一批有影响力的论著。

3. 我国图书馆著作权侵权风险依然存在

目前，与图书馆业务活动密切相关的侵犯著作权法律诉讼时有发生，而且由于著作权法律规定存在的问题，一些有可能让图书馆处于高度著作权侵权风险的业务活动仍在继续。这主要表现为以下两个方面：

第一，与图书馆相关的侵犯著作权诉讼时有发生。2002 年北京大学法学院教授陈兴良起诉中国数字图书馆有限责任公司标志着作者向数字图书馆发出维权行动开始，自此与图书馆业务活动密切相关的侵犯著作权法律诉讼时有发生。2004 年 8 月，樊元武教授起诉世纪超星信息技术发展有限公司、中科院图书馆、中科院电子学研究所等 4 家单位侵犯其父亲著作与 3 篇论文、自身 5 篇论文的著作权。2004 年 10 月，郑成思等 7 名知识产权专家起诉书生公司，指控书生公司违反了著作权法，未经授权就在"书生之家数字图书馆"中擅自使用他们的作品。2006 年 3 月，知名作者杜昌维起诉北大方正电子有限公司涉嫌在没有与著作权人签署任何使用协议的情况下就在该公司所经营的 Apabi 数字图书馆资源平台中收录了其作品《医院法律管理及权益维护》一书，要求赔偿经济损失。2006 年 10 月，戏剧理论家蒋星煜起诉清华同方光盘股份有限公司、中国学术期刊（光盘版）电子杂志社、清华同方知网（北京）技术有限公司侵犯其著作权。而在国际上，这方面的诉讼事件也存在。2004 年 6 月，德国出版商协会诉德国文献传递服务机构苏比特（Subito），法院于 2005 年 12 月作出一审判决，认为苏比特提供数字版本的文献传递属于侵权，但双方都在 2006 年 1 月提出上诉。各方乃至世界都在关注这个案子，因为它已经成为出版商和图书馆之间在保护版权和保护合理使用权利方面的一个关注点。

第二，侵权风险不明朗的信息服务活动仍在继续。由于法律本身落后于实践发展的固有属性，再由于我国现行著作权法律规定存在的问题，图书馆往往无法准确把握自身面临的著作权侵权风险。在此情况下，图书馆存在侵权可能的业务活动并没有停止。以学位论文下载服务为例，我国对学位论文的版权归属争议较大。据调查，世界上没有一所大学拥有学位论文的版权。相反，美国许多大学则承认学位论文的版权归作者。事实上，国际上许多大学非常明确地规定著作权归作者所有。国内许多图书馆将一些未发表的作品数字化后上网传输，供用户检索，或提供用户下载。这是否会侵犯作者的著作权呢？国内部分高校和有权授予学位的机构在解决学位论文版权问题时，常在单位内部的知识产权管理条例中直接规定了学位论文的归属。例如，北京某高校规定："研究生学习期间凡教学计划内安排的研究课题（如学位论文、课程专题等）和学校组织的校外科技活动所取得的一切研究成果为学校职务成果。除合同另有约定外，研究课题虽属研究生自选，但利用学校的条件（如名义、指导、设备、资金、技术资料等）所完成研究成果，也属学校职务成果。学校职务成果属本大学所有，未经学校审核同意，不得自行转让或做其他处理，这一办法同样适用于本科生。"学校在解决学位论文的问题上明显是将《著作权法》的第16条规定作了过分有益于学校的扩大解释，而图书馆利用这种未解决好著作权归属问题的资源提供服务显然让图书馆面临很大的著作权侵权风险。

4. 我国政府加大力度推动著作权立法

为提升我国知识产权创造、运用、保护和管理能力，建设创新型国家，实现全面建设小康社会目标，2008 年 6 月国家知识产权局发布《国家知识产权战略纲要》。该纲要第 8 条指出[53]，要进一步完善知识产权法律、法规，及时修订专利法、商标法、著作权法等知识产权专门法律及有关法规。2008 年 10 月，中国国家版权局与美国专利商标局、美国版权局签署了《战略合作备忘录》[54]。根据该备忘录，中美将在版权相关的立法信息与文件交流方面开展合作，就版权相关执法信息和成功经验展开交流，并将通过培训和交流方式，努力使版权立法、行政官员及版权领域的相关人员了解和熟悉对方的法律与执法体系，并共同努力就公共宣传与教育活动开展合作以及对各方共同关注的版权问题进行探讨。2008 年 10 月 26 日，新闻出版总署副署长、国家版权局副局长阎晓宏就版权保护、版权产业发展等问题与香港出版印刷唱片界北京大学国情高层研修班学员交流时透露[55]，为进一步打击侵权盗版、推动版权产业发展，国家版权局已启动了修订《著作权法（2001）》的调研。

第二节 国内外研究现状

通过选取适合的文献调研信息源，根据研究主题，确定相关的关键词并构建专指性高的检索式，将有利于确保调研的全面性。本书在文献调研中主要使用了表1－1和表1－2列出的几种重要学术资源，同时还利用了Google、Google Scholar等检索工具获取了最新的在线学术资料。表1－1、表1－2分别描述了与本书相关的研究主题的中文文献和英文文献在主要学术信息源中的数量分布情况（截止日期为2009年5月17日）。

表1－1 研究主题在主要学术信息源中的中文文献数量分布情况

信息源	著作权（版本）例外＋图书馆	合理使用/法定许可/强制许可＋图书馆	复制权例外＋图书馆	网络传播权例外＋图书馆	技术措施例外＋图书馆
中国期刊全文数据库[56]	3	123	10	5	1
中国期刊网博士论文全文数据库[57]	0	1	0	0	0
中国国家图书馆馆藏目录库[58]	0	5	0	1	1
维普资讯[59]	6	306	12	3	2
万方数据知识服务平台[60]	5	143	28	5	3

表1－2 研究主题在主要学术信息源中的英文文献数量分布情况

信息源	"Copyright\\Copy Exception" ＋ "Library"	"Fair Use\\Fair Dealing" ＋ "Library"	"Compulsory\\Mandatory\\Statutory License" ＋ "Library"	"Exception" ＋ "Right of Communication through Information Network" ＋ "library"	"Technical Protection Methods\\TPM" ＋ "Library"
国家科技图书文献中心西文库[61]	0	41	1	1	1

续表

信息源	"Copyright\\Copy Exception" + "Library"	"Fair Use\\Fair Dealing" + "Library"	"Compulsory\\Mandatory\\Statutory License" + "Library"	"Exception" + "Right of Communication through Information Network" + "library"	"Technical Protection Methods\\TPM" + "Library"
Library and Information Science Abstract\[62\]	6	301	1	1	5
Emerald\[63\]	5	76	0	0	0
E－lis\[64\]	6	1	0	1	1
ProQuest 硕博士论文全文库\[65\]	1	52	0	0	0
Elsevier Science Direc\[66\]	2	8	0	0	0

一、国内研究现状

笔者以"合理使用、强制许可、法定许可、著作权（版权）例外、网络传播、技术保护"等词语，分别与"图书馆"构成组配检索式，获得表 1－1 的检索结果。经分析，当前这些研究主要集中在以下 4 个方面。

1. 宏观研究与图书馆相关的著作权问题

以图书馆的实践活动所涉及的相关著作权问题为研究主题开展较为宏观的研究。这方面的文章主要有"数字图书馆建设中涉及的著作权问题"（严慧英，2003）、"数字图书馆建设中的著作权问题"（侯小俊等，2004）、"数字图书馆建设中的著作权限制问题初探"（张桂珍，2004）、"数字图书馆建设涉及的著作权问题"（肖燕，2004）、"数字图书馆建设中著作权法律问题探讨"（吴静，2005）、"数字图书馆数字化作品著作权问题探析"（杜嘉，2005）、"数字图书馆著作权及其保护策略探析"（恭维英，2006）、"数字图书馆提供数字信息服务中的著作权问题研究"（郁峰，2006）等。

2. 从著作权某项专有权的角度研究图书馆的著作权例外问题

依照我国现行著作权法的规定，著作权专有使用权共有 16 种之多，例如，发表权、复制权、修改权以及信息网络传播权等。从图书馆业务活动所涉及的著作权专有使用权的角度出发，研究图书馆的著作权以及著作权例外占据所调研文章的多数。比如，“网络版权复制权与展览权合理使用规则初探——ARRIBA案的评介与启示”（谢惠如，2004）、“合理使用在图书馆复制服务中的适用研究”（张艳霞，2007）、“数字环境下的私人复制危机”（鲍民明，2007）等。

3. 从著作权例外的某种情形研究图书馆的著作权例外

若不进行精确界定，著作权例外主要涉及合理使用、法定许可和强制许可等。从目前调研的文献来看，无论是来自法学界的研究人员，还是来自图书馆界的研究人员，均热衷于从这些角度研究著作权例外以及图书馆享有的著作权例外问题。例如，国内研究者提出了数字图书馆建设中应解决的一系列著作权关键问题，包括但不局限于：在数字环境下，对于受版权保护的信息，图书馆合理使用的范围与标准是什么；数字化图书馆将馆藏数字化后在网上发布，是否涉及版权拥有人的再次授权等。从数量上看，这方面开展研究的文章占当前有关图书馆著作权例外研究的绝大多数，特别是将合理使用与图书馆结合起来开展研究的文章数量最多。较有代表性的文章有“馆际互借和文献传递中的知识产权问题研究”（张力，2004）、“图书馆应该享有法定许可使用（王玉林，2005）”、“21世纪的数字图书馆与合理使用制度”（买继文，2005）、“合理使用还是法定许可使用——数字图书馆著作权问题探讨”（丁旭芳，2005）、“图书馆合理使用制度的实然与应然”（陈传夫，2005）和“中美著作权合理使用制度的比较研究”（武苏，2006）等。

4. 从图书馆业务活动的角度研究图书馆的著作权例外

结合图书馆的业务活动，分析其中涉及的著作权问题是图书馆界研究图书馆著作权例外问题的常用手段。馆藏数字化、文献传递、馆际互借等已成为国内众多学者研究图书馆可适用的著作权例外的主要切入角度。这方面的文章主要有“信息资源数字化建设中的版权问题及其协调途径”（赵燕，2003）、“图书馆数字化建设中著作权合理使用的价值和必要性”（黄先蓉，2003）、“图书馆数字化建设与著作权合理使用问题探讨”（陈兰钦，2004）、“馆藏文献数字化过程中的版权问题”（邵敏，2004）、“馆藏文献数字化的著作权合理使用”（程文琴，2005）、“图书馆馆藏文献数字化所涉及的著作权问题”（曹艺潇，2007）和“馆际互借和文献传递中的知识产权问题研究”（胡芳，2007）等。

二、国外研究现状

笔者以“Copyright(Copy) exception”,“Fair Use”,“Fair Dealing”,“Compulsory”,“Mandatory”,“Statutory License”,“Technical Protection Methods(TPM)”等词语分别与“Library”构成组配检索式，获得如表1－2所示的检索结果。经分析，发现目前国外与适用于图书馆的著作权例外这一主题相关的研究，主要集中在以下6个方面。

1. *研究著作权的各种例外而不局限于研究可适用于图书馆的著作权例外*

著作权例外包括多种情形，其适用主体涉及多个方面，可适用于图书馆的著作权例外只是著作权例外的一种。从所检索到的外文文献分析，多数文章是从著作权例外的各种适用情形开展研究，而不只是局限于研究图书馆的著作权例外。在这方面，WIPO委托有关学者进行的著作权例外与限制研究较有代表性。2003年，由Sam Ricketson提交给WIPO的“数字环境下著作权的例外与限制”研究报告，是第一份对数字环境下著作权例外问题进行最为系统探讨的报告[67]。该报告对著作权限制、著作权例外、强制许可、基于公众利益的其他作者专有权限制等作了清晰归纳。而且Sam Ricketson结合私人复制、公众利益、图书馆与档案馆的复制、教育机构的复制、视障人士和听障人士的例外、新闻报道、引用与评论、数字环境下的作品使用、临时复制、实时网络传播、P2P共享等角度，全面分析合理使用“三步检验”标准的具体适用情况。

Ruth L. Okediji从著作权限制、著作权例外与公共利益3个角度研究发展中国家的著作权法律[68]，指出著作权限制一般包括标的物的限制、保护期限的限制以及保护条件的限制等，并认为对于发展中国家的政策制定者而言，必须意识到著作权例外与限制对促进本国创新的重要作用，而且在著作权法律中所规定的著作权例外与限制的有关情形，需要与本国实际情况密切结合。Lucie Guibault则从著作权例外的性质与范围探讨著作权例外[69]，并将著作权例外归纳为适用于图书馆与档案馆的著作权例外（并特别指出图书馆文献传递与对版权作品进行数字化时涉及的复制权例外）、适用于教育和研究机构的著作权例外、技术措施规避例外（主要通过比较美国、日本和澳大利亚3个国家著作权法律对技术措施规避例外的条款）3 种情形。Alexander Baratsits 在其论文中[70]，对数字时代版权限制与例外及其对信息自由获取的影响进行研究，分析了《欧盟信息社会版权指令》、WCT、WPPT 有关著作权例外与限制的条款，并以技术保护措施规避例外作为重点，指出捷克、奥地利等国家现行著作权法律对技术保护措施规避的规定不利于实际操作。1996 年，B. Hugenholtz 对版权和对版权作出限制的原因提出一种更为现代的观点[71]。在对例外进行分类的同时，B. Hugenholtz 还明确界限了多种例外，以判定哪些例外在数字化环境下仍然合理，哪些已经过时。他解释说，这些例外并非具有同等效力。在网络世界中，有些似乎已经失去存在的理由，有些仍有存在的合理性。2005 年 8 月，Alexander Baratsits[72]在其硕士学位论文中从版权与公众利益、国际版权公约有关版权例外与限制规定的立法发展、数字环境下权利管理信息与版权例外与限制等角度，研究了数字时代的版权例外与限制。Neal Wyatt 和 Schlosser 则在“数字环境下的合理使用：研究指南”[73]一文中从合理使用与数字信息的关系，合理使用的设立宗旨，合理使用的司法实践等角度阐述合理使用存在的必要性。Kathleen K. Olson 则在“版权的保护平衡”一文中[74]，对合理使用是否仍能成为数字时代平衡著作权拥有人利益与公众利益的一种有效手段开展研究。此外，Robert Burrell、Allison Coleman 也对著作权例外的一般情形进行研究[75]，Jane C. Ginsburg 研究了著作权例外的三步检验原则[76]，Yves Gaubiac 则对 TRIPs 有关著作权例外与限制进行了剖析[77]。

2. *研究适用于图书馆的著作权例外*

作为著作权例外的一种情形，适用于图书馆的著作权例外因为图书馆担负着人类知识传播的神圣职责而显得格外重要。针对数字环境中作品利用方式和作品使用者需求的变化，美国哥伦比亚大学 Kenneth D. Crews 于 2008 年 7 月提交给 WIPO 的“适用于图书馆的著作权例外与限制研究”，是迄今为止国外研究图书馆著作权例外最为全面的一项成果[78]。该研究从图书馆主体的类型认定、图书馆可以复制的作品类型、数字媒体的复制、补偿使用与非补偿使用、图书馆服务费用、为用户提供复制品、为研究或学习提供复制品、未发表作品的有关使用例外等角度，重点剖析了 149 个国家著作权法有关图书馆可适用的复制权例外的相关条款。2001 年，Mireille Buydens 和 Séverine Dusollier 指出[79]，"尽管在新的环境下只能继续维持已有的例外，但同样可以肯定的是，不能忽视这种维持对图书馆和网上教育的影响和作用，也不可能忽视这种维持给作者和作品的使用可能造成的损害"。Julie E. Cohen 研究了 WCT 在美国立法中的体现，并分析合理使用是否能继续存在[80]。

3. 研究适用于图书馆的著作权例外特定情形

研究适用于图书馆的著作权例外特定情形，主要是结合图书馆业务，指出当前可适用的著作权例外存在的问题。例如，2008 年 7 月美国国会图书馆国家数字信息基础设施和保存项目（The Library of Congress National Digital Information Infrastructure and Preservation Program）、英国联合信息系统委员会（The Joint Information Systems Committee）、知识开放获取法律项目（The Open Access to Knowledge（OAK）Law Project）和 SURF 基金会（The SURF Foundation）共同推出"著作权法律对数字资源影响的国际研究"（*International Study on the Impact of Copyright Law on Digital Preservation*）报告[81]。该报告选取澳大利亚、荷兰、英国和美国为分析对象，结合上述四国现行著作权立法存在的问题，全面剖析当前数字保存在著作权法律需求的例外与当前著作权法律例外规定不足（狭窄、模糊和缺乏）之间的矛盾，并提出了解决这种著作权例外立法不足的可行建议。著作权研究专家 Laura Gasaway 于 2009 年 7 月 29 日发起一场名为"数字时代图书馆与著作权"的网络会议[82]。该会议将讨论数字时代《美国著作权法》及其第 108 条款所赋予图书馆的著作权例外的应用情况。主要涉及：向用户提供静电复制件，向用户提供数字复制件，向用户提供同一内容但存储形式与原复制件存储形式不同的复制件（例如，将纸质复制件制作为数字化复制件后提供给用户），许可协议对著作权例外的影响和 21 世纪馆际互借。针对一些出版商通过过度的技术保护措施和数字版权管理系统，限制了用户在著作权法律下本应享有的著作权例外，使得图书馆向课程教学提供参考资料、向远程教育学生提供信息服务、进行馆际互借、为长期保存进行复制等均受到不利影响的情况，P. Sirinelli 等学者系统研究了技术保护措施规避例外的有关情形[83]。此外，也有学者研究图书馆特定用户主体可适用的著作权例外，例如，Judith Sullivan 专门研究了视障人士可适用的著作权例外[84]。当然，如果图书馆服务的对象属于这类用户，则图书馆可以在此方面享有著作权例外。

4. 从网络环境等角度出发，研究图书馆在新环境下的著作权例外问题

从适用网络环境发展需要的角度出发，探讨著作权例外的问题。《美国著作权法》第108条款专家委员会委员 Jim Neal 在2006年于韩国召开的 IFLA 大会上介绍了美国出版界、图书馆界、法律界等人士组成的《美国著作权法》第108条款研究组为适用网络环境与数字化时代的发展需要，对《美国著作权法》第108条款可能进行的修正研究。该工作组确定了许多需要重新讨论的问题[85]，例如合理使用是否只局限在公共机构和非营利机构？如何看待数字出版物的版权保护技术措施？如何限制出于长期保存的需要而许可的复制本数量？如何处理网络数字资源的著作权和长期保存权？在什么条件下可采取公共保护和长期保存措施？等等。另外，也有部分学者从数字权利管理技术与合理使用的角度出发，探讨数字化时代著作权例外的适用问题。2006年，美国 ALA 通过"Digital Rights Management：A Guide for Librarians"（2006. Ver 1.0）就数字权利管理中的著作权问题为图书馆员提供操作指南[86]。包括 Edward W. Felte, Pamela Samuelson[87] 和 John S. Erickson 在内的多名学者也就数字权利管理技术与合理使用的问题发表了自身的见解。Fred von Lohmann 指出[88]，数字权利管理技术使得版权所有人可以对版权所赋予他们的专有权实施越来越严密的控制。虽然美国1998年通过的《数字千年版权法案》（*The Digital Millennium Copyright Act of 1998*，*DMCA*）对数字权利管理技术实施较为严格的限制，但还是有多数学者认为，数字权利管理技术会将原本可以供公众合理使用的版权作品数量进一步减少。

5. 从扩大图书馆可适用的著作权例外的角度开展研究

著作权法的根本目的是推动文学、艺术和科学作品的创作和传播，促进全人类的文学、艺术和科学作品的繁荣。在此前提下，平衡作者和社会公众的利益成为著作权立法的基本宗旨。作为支持扩大图书馆享有的著作权例外空间的重要国际组织，IFLA 组织有关专家通过调研指出，版权保护应该是鼓励而不是抑制信息的利用和创造；过度的著作权保护将会对民主传统产生威胁，违背社会公正原则，并导致知识和信息垄断，使知识创造的活力被消灭。加拿大学

者 Owen Victoria 从图书馆角度分析了 RRO（Reproduction Rights Organizations）的行为指出[89]，RRO 总是试图限制读者和图书馆在著作权法律中已经获得的合理使用权利，有意无意地把读者个人出于学习和研究目的而进行的复制行为视为需要付费的范围，并把图书馆为读者个人复印提供复印机的行为也看作侵权。这些都过于限制图书馆本应享有的著作权例外空间。

6. 探讨版权人让渡部分著作权专有使用权前提下的著作权例外

Esther Hoorn、Maurits van der Graaf 等从开放获取的角度，探讨版权拥有人让渡部分专有权的著作权例外问题。Susanne Guth、Renato Iannella、Carlos Serrao 等学者在分析创作共享协议存在不足的基础上[90]，介绍了澳大利亚知识开放获取（Open Access to Knowledge，OAK）和开放数字权利语言（Open Digital Rights Language，ODRL）项目的发展情况。作者认为 ODRL 可以弥补创作共享协议（Creative Commons，CC）的不足，并建议增加义务（Duties）和限制（Prohibitions）条款对应的权利描述。

三、当前研究的主要特点及存在的问题

从总体上看，目前国内外关于图书馆享有的著作权例外等相关问题的研究还不成系统，深度不足。系统研究著作权例外的文献为数不多，而系统研究图书馆可适用的著作权例外的文献更是相当少见。即便是未结合图书馆而研究著作权例外一般情形的研究成果，也只是研究著作权例外的某一种情形。从目前所调研的文献分析，研究合理使用的文献占此主题研究文献的多数。当然，也有部分文献从强制许可、法定许可、合同协议中免责条款等角度出发，研究著作权例外。

1. 当前研究的特点

近年来，国内外关于图书馆享有的著作权例外的研究呈现出以下 3 个特点。

第一，研究知识产权与图书馆问题，而不仅仅是著作权与图书馆的问题，而且对于著作权问题的研究也不侧重于著作权例外。依据 WIPO 于 1967 年 7 月 14 日签订的、1970 年 4 月 26 日生效的《建立世界知识产权组织公约》第 2 条第 8 款的规定，“知识产权”是有关下列项目的权利：文学艺术和科学作

品、表演艺术的表演以及唱片和广播节目、人类一切活动领域的发明、科学发现、工业品外观设计、商标服务标记以及商业名称和标志，制止不正当竞争，以及在工业、科学、文学或艺术领域内由于智力活动而产生的一切其他权利。在这一角度上，国内多数学者要么选择图书馆如何遵守知识产权法律开展研究，要么选择研究图书馆如何利用知识产权法律维护自身的知识产权，或者对两者兼而论之，由于知识产权涉及面较广，目前选择上述某一角度开展的研究均不够专深。

第二，只是选取著作权例外的某种情形开展研究。已有的多数文献是从合理使用、强制许可、法定许可等角度展开研究，对著作权例外的研究并不全面系统，更没有准确划清适用于图书馆的著作权例外的边界。

第三，从著作权的某一专有权或图书馆某项业务活动出发开展此主题的研究。多数研究从著作权的某一专有权进行研究，如从复制权、发表权、汇编权等角度研究图书馆的合理使用问题。从图书馆的某一具体业务出发，研究图书馆享有的著作权例外空间，如馆藏数字化、文献传递、馆际互借等过程中的合理使用。

2. 当前研究的不足

从当前研究来看，针对图书馆较为成熟的资源建设与信息服务活动，如馆藏数字化、馆际互借与原文传递等，已经有研究就这些活动涉及的著作权和著作权例外问题进行探讨。需要强调的是，虽然目前有为数不少的学者就合理使用与图书馆的关系开展研究，但是，多数学者并未能清晰区分法律意义上的“合理使用”（Fair Use 或 Fair Dealing）与被国内图书馆界在服务条款中普遍提及的“合理使用”。前者有明确的法律界定，后者泛指一切合乎著作权法律规定和图书馆与资源提供商合同协议约定的行为。显然，后者的范围比前者要宽泛得多。概括起来，当前国内外关于图书馆享有的著作权例外空间的研究主要存在以下不足。

第一，针对图书馆著作权例外的系统性需求的研究不多。虽然多数文献论述了图书馆在服务开展中涉及的著作权例外问题，但是，与国外相比，国内较少有文献能够系统地阐明图书馆在著作权例外方面的立法诉求。特别是国内多数有关著作权例外与图书馆相关的研究，多是建立在未对适用于图书馆的著作权例外体系加以清晰界定的基础之上。

第二，针对权利人让渡部分著作权专有使用权（基于版权拥有人采取一些权利保留的前提下而出现的著作权例外）而新出现的著作权例外的研究较为鲜见。随着开放获取和创作共享等新的解决著作权问题的理念与协议的迅速发展，传统基于著作权人完全保留各项专有权的著作权例外正在发生变化，在著作权人让渡部分专有权从而使得图书馆享有的著作权例外空间得以扩展的情况下，图书馆如何充分利用这种新出现的例外来规避著作权侵权风险是值得研究的重要问题，但目前国内外这方面的文献并不多见。

第三，少有论著从 ICP（Internet Content Provider）、搜索引擎等角度研究图书馆可适用的著作权例外。在图书馆依托数字图书馆提供服务的环境下，图书馆在多数情况是充当一个 ICP 或搜索引擎的角色。新角色能够赋予图书馆不同的著作权例外吗？图书馆在信息网络传播方面享有哪些著作权例外？这些问题目前并未引起国内研究者的重点关注。

第四，较少有研究涉及图书馆可适用的技术保护措施规避例外。虽然有一些研究涉及技术措施规避例外、图书馆或数字图书馆如何利用技术保护措施保护自身拥有自主产权的作品，但是少有论著专门就图书馆可适用的技术保护措施例外开展研究。

第五，针对实践中出现的新问题研究不足。比如，有关权利信息管理技术、技术保护措施规避与图书馆享有的著作权例外的关系研究、数字资源长期保存可适用的著作权例外、机构知识库建设过程中涉及的图书馆著作权例外等方面的研究文献仍比较少。

第六，更多的集中研究图书馆在著作权财产权方面享有的著作权例外，而较少研究图书馆侵权赔偿责任的例外。著作权例外涉及人身权的例外、财产权的例外与邻接权的例外，也包括侵权赔偿责任的例外。人身权也存在例外（参见著名法学家郑成思先生的有关著作），而邻接权多是指与表演者、录音者和广播者有关的权利，也有一定的例外。目前，国内有关这方面的研究仍相当缺乏。

第七，有关专有权的例外研究多以我国现行著作权法律为依据，较少结合、借鉴国外现行著作权法律进行剖析。例如，虽然有为数不少的学者就图书馆数字化复制的问题开展研究，但对于数字化复制涉及的制作主体、制作数量、技术手段、作品类型、存储格式、复制周期及来源文献数等较为细化的角度，却少有学者结合国外有关著作权法律开展比较研究。

第三节　研究意义与研究目的

一、研究意义

随着形势的发展，图书馆可适用的著作权例外空间也不断发生变化。为了适应实践需要，如何让图书馆获得更加有利于自身业务开展的著作权例外空间成为国内外图书馆界同行高度重视的问题。以美国为例，《美国著作权法(2007)》第108条款研究组是专门对图书馆可适用的著作权例外空间问题开展研究的组织，通过与图书馆用户在著作权例外问题上的交流与互动，该组织可以将用户和图书馆有关著作权例外的立法诉求及时反映给立法机构，保证用户和图书馆在此方面的权益得到清晰、及时、有力的保障。从国外同行对图书馆可适用的著作权例外空间的高度重视可以进一步说明，明晰和根据实际需要调整图书馆可适用的著作权例外空间，对于图书馆事业具有重要意义。

第一，有利于图书馆维护自身的合法权益。明确图书馆可适用的著作权例外有利于图书馆明确预测著作权侵权风险，更加稳妥地开展信息资源建设和提供信息服务。如果图书馆建设者不能充分明确自身享有的著作权例外空间，那么，其就无法准确预测自身当前开展的各项服务活动是否存在侵权风险，也无法知悉信息资源建设的过程中，与信息资源供应商签订的许可协议是否存在著作权例外空间被不合理挤压的情况，更无法充分利用著作权例外条款去拓展新的服务领域，或解决实践中出现的新问题。

第二，有利于图书馆规避著作权侵权风险，促进图书馆在合理遵循著作权限制、充分利用著作权例外条款的前提下开展业务活动。通过进一步扩大图书馆享有的著作权例外空间，可以让图书馆在网络环境下更加灵活自如地开展各类活动。例如，中国科学院国家科学图书馆正在建立数字资源长期保存示范系统，针对这类项目而言，由于数字资源存储格式较为多样，而且来自不同资源提供商的数字资源往往会有不同的数字技术保护措施，为保证系统的高效性需要实现数据格式的一致。这往往可能需要规避“访问控制措施”和“保护著作权人权利措施”。如何出于图书馆数字资源长期保存的需要而合理地规避技术措施，需要我国有关立法机构在全面了解和借鉴国外在此方面的著作权例外规定的基础上，制定出适合我国国情的技术措施规避例外规定，以使图书馆在开展业务的过程中减少侵权风险，降低建设成本。同样，图书馆在构建机构知识库的过程中，往往会涉及包括学位论文、会议论文、课题工作报告、课程教育资源、预印本等非正式文献，以及期刊论文、图书等正式文献在内的各种资源。为了进一步扩大图书馆可适用的著作权例外空间，图书馆应该从自身面临的新形势、新问题出发，将更有利于自身发展的著作权例外诉求及时、有效地反映给有关立法机构也是图书馆界需要积极开展的行动。

第三，一直以来，著作权问题都被多数学者认为是制约图书馆和数字图书馆发展的重要因素之一。事实上，图书馆建设者最为关注的是如何在不侵犯著作权的前提下低成本地或免费地、方便快捷地开展资源建设与服务。在诸多的著作权条款中，著作权例外条款始终是图书馆建设者实现上述目标的有力法律依据。如果图书馆可适用的著作权例外条款规定过于模糊，甚至是较为狭窄，那么，这样的著作权例外对于图书馆的资源建设与信息服务并没有实质意义。针对当前国内著作权法律有关图书馆可适用的例外规定，图书馆建设者不能只是满足于研读这些著作权例外条文，而更应该在充分研读这些条文的基础上，放眼全球，知悉国外现行著作权法律关于图书馆可适用的著作权例外的有关规定，借鉴国外同行的做法，将新环境下图书馆需要享有的著作权例外空间的立法诉求反映给有关立法机构，并积极参与到自身能够发挥作用的立法环节中，有效拓展图书馆享有的著作权例外空间。同时，结合国际通行的图书馆可适用的著作权例外规定，进一步规范自身的服务活动，最大限度地为公众提供更为令人满意的服务。

归纳起来，本书的意义主要表现在理论和实践两个方面。

理论上：系统剖析国际知识产权组织和具有代表性的国家可适用于图书馆的著作权例外条款，构建符合我国国情的、适用于图书馆的著作权例外立法框架，进一步丰富法学与图书馆学在这方面的理论研究。

实践上：从著作权例外的角度出发，分析图书馆当前业务活动中的著作权侵权风险，以遵守可适用于图书馆的著作权例外条款、充分利用可适用于图书馆的著作权例外规定为前提，提出帮助图书馆有效规避著作权侵权风险的对策建议。

二、研究目的

根据当前的研究现状与存在的不足，基于更加有利于图书馆开展信息资源建设、最大限度地让广大受众享受到图书馆提供的各种服务、全面推进全人类知识的传播与共享等考虑，本书将集中从以下 4 个角度进一步加强图书馆可适用的著作权例外这一主题的研究。

1. 进一步完善数字环境下可适用于图书馆的著作权例外的理论研究框架

在网络环境下，图书馆开展的业务类型较为多样，以往可适用于图书馆的著作权例外已在很大程度上不适用于图书馆业务开展的需要，梳理、构建适用于图书馆的著作权例外的理论研究框架，将有助于研究者进一步明晰数字环境下图书馆需要的著作权例外空间。本书将系统研究可适用于图书馆的著作权例外的内涵、特征与体系，并从著作权国际性协议的规定，主要发达国家在适用于图书馆的著作权例外立法规定的发展历程，总结出适用于图书馆的著作权例外的发展规律、现状特点和未来趋势。

2. 从著作权专有使用权例外的角度，研究可适用于图书馆的著作权例外

著作权专有使用权涉及的权利实质，主要包括人身权、财产权和邻接权。当前，我国图书馆的业务种类多样，但其中涉及的著作权专有使用权却较为集中，主要是复制权、信息网络传播权以及专门用于保护著作权专有使用权的技术保护措施。若只是就图书馆某一项业务的著作权问题展开研究，容易挂一漏万，无法系统论述，而以图书馆主要业务涉及的较有普遍性的著作权专有使用权为切入角度，将某项著作权专有使用权涉及的主要业务活动加以汇总研究，更能抓住共性，全面剖析图书馆资源建设和信息服务涉及的著作权例外问题。

3. 构建我国图书馆可适用的著作权例外立法框架

借鉴发达国家和地区在图书馆可适用的著作权例外立法诉求方面的最新研究成果，立足于我国当前可适用于图书馆的著作权例外立法规定，以我国图书

馆当前开展的业务活动所涉及的著作权专有使用权为依据，结合问卷调研的结果，尝试从可适用于图书馆的著作权例外的主体资质、复制权例外、网络信息传播权例外和技术保护措施规避例外等角度，初步构建对我国更为合理有效的、可适用于图书馆的著作权例外立法框架。

4. 研究图书馆如何有效规避著作权侵权风险、维护图书馆著作权益的措施

研究图书馆如何在遵循著作权例外规定下开展资源建设、提供信息服务是围绕图书馆享有的著作权例外空间这一主题开展研究的重要落脚点。考虑到图书馆收藏的版权作品来源的多样性，以及处理版权作品所依据的著作权法律的复杂性，在研究图书馆如何有效规避著作权侵权风险，维护图书馆著作权权益时，不能局限于研究国内当前著作权例外的法律规定，而应该放眼全球，分析较有代表性的国家在可适用于图书馆的著作权例外方面的立法规定，通过比照我国现行著作权法律体系有关图书馆的著作权例外，分析我国著作权法律在此方面规定的不足，并就图书馆如何强化避免著作权侵权的意识，在资源建设与信息服务过程中，更好地维护图书馆的著作权权益，提出相应的建议。

三、研究中所涉及的核心概念说明

本书涉及以下 7 个概念。

（1）著作权与版权：目前在国内，无论是在相关法律条文中，还是在学术论著中，多数情况下均将“著作权”和“版权”等同对待。比如，我国《著作权法（1990）》第 6 章（附则）第 51 条规定[91]“本法所称的著作权与版权系同义语”，《著作权法（2001）》第 6 章（附则）第 56 条规定[92]“本法所称的著作权即版权”。因此，本书将“著作权”与“版权”理解为同一概念，两者可互为替换。

（2）合理使用：在特定的条件下，法律允许自由使用版权作品而不必征得版权拥有人的同意，也不必向版权拥有人支付报酬的情形，在版权法领域称为合理使用（吴汉东，1996）。对图书馆而言，著作权的合理使用不是无限度的合理使用，它依然是版权保护制约下的合理使用，可使人们在一定程度上使用著作权作品而不至于伤害著作权人利益，图书馆的合理使用与版权拥有人不

会形成直接的利益竞争。

（3）强制许可：又称强制许可证制度，是指版权拥有人在其作品发表后的一定时期内，没有授权他人以某种方式使用其作品，作品使用者基于某种正当理由需要使用该作品，无须征得版权拥有人同意，但须向版权行政管理部门提出使用申请并获得授权，同时使用者应按规定向版权拥有人支付报酬的制度。设立这项制度的目的在于防止版权拥有人滥用其专有权利，而拒绝他人基于正当理由使用其作品的现象发生。

（4）法定许可：又称法定许可证制度，是指依据法律直接规定的方式使用已公开的知识产品，可以不经版权拥有人许可，但应向其支付报酬的制度。这是被各国版权法普遍认可的一项制度，也是应用面最广、影响最大的一种许可使用形式。

（5）默认许可：也称默认许可或推定许可，是指即使版权拥有人没有明示其作品的许可使用，但是从版权拥有人的行为可以推定其对有偿使用其作品不会表示反对。默示许可使用既然是经版权拥有人“默示许可”的，就不应当属于法定或强制许可使用的范畴，它从性质上更接近于版权拥有人授权许可使用。在数字化网络环境中，默示许可使用成为版权的一种新的权利限制。

（6）授权许可：授权许可概念有广义与狭义两种。从著作权人与使用者不同角度讲，狭义的授权许可，相当于合理使用。从经济角度讲，也可以称无偿许可。广义的授权许可则包括契约许可。著作权人也可以允许他人无偿使用其作品，有无具体契约（如网上开放获取）则并不重要。

（7）权利让渡：指著作权人出于某种意愿，声明放弃某项著作权专有使用权而让著作权作品使用者无偿行使该项专有权利的形式。例如，在开放获取模式中，著作权人可声明放弃自身的复制权，从而允许使用者无偿地复制该作品。

第四节　研究方法

本书主要采用以下 6 种研究方法。

（1）内容分析法。全面梳理图书馆在信息资源建设与信息服务涉及的、与著作权的例外存在密切联系的主要业务；重点剖析与图书馆资源采购密切相关的两类许可协议。本书所涉及的合同文本主要包括两类：一类是资源提供商推出的格式合同，比如 SpringerLink 的格式合同；另一类是图书馆与资源提供商签订的资源采购合同，此类合同主要包括中国科学院国家科学图书馆与 Elsevier、Science OnLine、SpringerLink 以及 Wiley IntersScience 等资源提供商签订的许可协议。通过分析这些许可协议，深入研究许可协议对图书馆可适用的著作权例外的制约。

（2）比较分析法。收集著作权的国际性协议，包括主要大陆法系国家（重点是德国、法国、意大利和日本）、主要英美法系国家（重点是英国、美国、加拿大和澳大利亚）以及欧盟现行的著作权相关法律指令。分别从复制权例外、信息网络传播权例外以及技术措施规避例外的角度，深入研究相关条款，比较分析与我国现行的著作权立法在上述方面与世界各国存在的差异，为构建符合我国国情的、可适用于图书馆的著作权例外的立法框架提供法律依据。

（3）案例分析法。在数字资源长期保存复制与技术规避例外方面，本书选取了英国、美国和澳大利亚等国家图书馆，在当前开展数字资源长期保存的过程中，因著作权法律赋予图书馆的著作权例外的模糊与狭小而遇到的障碍进行实例剖析。

（4）问卷调研法。通过电子邮件和实地发放调查问卷的方式，分两轮发送调查问卷 700 份，有效回收 241 份。问卷由 5 部分组成。包括调查对象所在单位资源建设情况、调查对象所在单位开展的信息服务、调查对象对图书馆可适用的著作权例外的知晓程度、调查对象认为解决图书馆业务活动涉及的著作权问题的有效途径及调查对象对图书馆界拓展自身可适用的著作权例外的可行性渠道的建议等方面。

问卷设计遵循普遍性、专业性和针对性原则。①普遍性原则：力求对著作权例外的普遍情形、对图书馆资源建设与信息服务涉及的著作权例外的普遍问题都有所涉及。②专业性原则：调查对象尽量选择在图书馆从事与著作权相关的工作人员，如从事知识产权研究的人员、主管资源建设的馆长、资源采购人员等。③针对性原则：为保证调查结果具有代表性，本次调查尽量在类型与地区选择上做到全面，但由于资源的限制，只选择各类型、各区域较有代表性的图书馆及其从业人员进行调研。通过电子邮件、会议现场发放和登门拜访等方式，共发放调查问卷700份，有效回收241份。调查对象所在单位包括公共图书馆、高校图书馆、专业图书馆、科技信息服务机构、行业信息服务机构和社会信息服务机构。调查对象分布地区包括北京地区、沿海地区、中部地区和西部地区等。在问卷的统计方法上，对于单项选择题的统计，某项比分结果是该项选择人数除以有效问卷数，各项选择的百分比之和等于100%。对于多项选择题的统计，采用了两种方法进行统计：①选择该项的问卷数除以有效问卷数。②该项选择数除以总的选项选择数，各项之和等于100%。例如，多项选择题中，选项A的选择数为44，有效问卷数为68，选择总数为235。采用第一种统计方法为44/68×100%=65%，代表有65%的反馈者认为选项A较为重要；采用第二种统计方法为44/235×100%=19%，说明在全部可供选择的法律中，将A作为重要法律加以选择的情形占全部选择结果的19%。通过问卷调查，有效调研我国图书馆当前开展的业务活动、我国图书馆界对著作权例外的知晓程度、我国图书馆界关于著作权例外的立法诉求，以及期望解决图书馆实践活动涉及的著作权例外问题的途径等。

（5）专家访谈法。虽然调查问卷能在一定程度上揭示我国图书馆从业人员对适用于图书馆的著作权例外的知晓程度，以及期望的适用于图书馆著作权例外立法改善的方向与途径，但考虑到本书论题的专深性，为了确保反映的现实问题可靠、有效，本书采用半结构化的专家访谈法，采访来自法律界、图书馆业界、高校院系或图书馆学界的14位专家。

（6）网站调研法。虽然在问卷调研中已经就图书馆的资源建设和信息服务等基本情况进行调研，但为保证对国内图书馆基本实践活动的客观了解，本书还分别选取了20家较有影响力的公共图书馆、20家较有影响力的高校图书馆和20家较有影响力的专业图书馆的网站进行调研。

第二章　适用于图书馆的著作权例外的理论研究框架

如果说著作权相当于社会授予作者对其创作作品的一种独占权，那么对这些专有权利的例外则似乎是对社会的一种补偿。从世界绝大多数国家现行的版权法律来看，版权立法往往需要考虑在创作者对其作品享有的独占权和不受版权拥有人专有权限制而能自由获取这些作品的社会需要之间建立一种平衡。只有在法律赋予作者对其创作享有独占权的同时，对独占权实施一定的例外，这种利益平衡才能得以实现。

第一节　著作权例外的基本问题

一、著作权例外的内涵界定

1. 著作权例外的内涵

著作权例外依附于著作权法律，其内涵因著作权法律例外规定的变化而变化。澳大利亚法官 Philip Ruddock 指出[93]，虽然著作权法律赋予版权拥有人获得一定的专有权利，但也规定了一些例外，这些例外允许版权作品使用者可以不经版权拥有人的许可，即可使用版权作品。澳大利亚司法部认为[94]，合理使用与其他例外情形构成著作权例外。其中，合理使用的例外意味着作品利用者可以借助法律规定的例外情形为自身对版权作品的利用行为提供辩护。简言之，著作权例外即是允许版权作品使用者在不征得版权拥有人许可的情况下，使用或复制版权作品的复制件。

一般认为，著作权例外既涉及著作权财产权的例外，也涉及版权拥有人人身权的例外。1997年，郑成思先生在其著作中指出[95]，联合国教科文组织及世界知识产权组织在1986年10月的一份文件中建议，各国在保护建筑作品作者的精神权利时，应强调“署名权能善意行使”，亦即对该项权利要作一定的限制。学者张耕提到，在论及著作权的限制时，绝大多数学者都认为只有著作权财产权才涉及限制问题，事实上，现代社会中任何权利都不可能是绝对的。版权拥有人人身权的行使也与社会公共利益密切相关，自然也有限制问题[96]。实际上，可以将著作权例外涉及的人身权例外分为以下3种情形。

第一，署名权的例外。《日本著作权法（2004）》第19条第3款规定，按照使用著作物的目的和状况，认为不会损害“著作物就是作者”之主张的利益时，只要不违反公正的惯例，可省略著作人姓名的表示[97]。

第二，发表权的例外。发表权的行使是以不侵犯他人合法在先的民事权利、不危害社会公共秩序为前提。如果公民享有的合法在先民事权利如肖像权、隐私权等会因版权拥有人行使发表权而受到侵害，该公民可以阻止版权拥有人行使其发表权，版权拥有人不得因此而提出侵权指控[98]。

第三，修改权和保护作品完整权的例外。《意大利著作权、邻接权保护法（2003）》第20条第2款规定，作者不得阻止在施工中对建筑作品的必要修改，也不得阻止对已完成的建筑作品的必要修改。但如果国家主管当局确认作品具有重要的艺术性，这种修改必须委托作者本人考虑和进行[99]。《日本著作权法（2004）》的规定最为完善，该法第20条第2款规定，作者享有的对作品保持完整性权不适用于下列任何一项的修改：①出于学校教学目的，而对著作物的用语和用词所作的不得已修改。②由于建筑物的扩建、改建、修缮或更换图案的修改。③为了把不能使用的程序著作物在特定的计算机上得到使用，或为了使程序著作物在计算机上发挥出更好的功效，而对程序著作物所作的必要修改。④除前3项外，按照著作物的性质及其使用目的和状况所作的不得已修改[100]。

我国《著作权法（2001）》并未对著作人身权的署名权、修改权和保护作品完整权作出明确的例外规定，但在《计算机软件保护条例（2001）》第16条第3项中作出如下规定[101]：为了把该软件用于实际的计算机应用环境或者改进其功能、性能而进行必要的修改；但是，除合同另有约定外，未经该软件版权拥有人许可，不得向任何第三方提供修改后的软件。

笔者认为，著作权例外是指依据著作权法律的规定，或者是依据版权拥有人让渡部分专有权的声明（如 CC 协议），在一定情况下，可以不经版权拥有人授权也无须补偿版权拥有人就可以按照一定形式来使用版权作品；或者在一定情况下可以不经版权拥有人授权就可以按照一定形式来使用版权作品，但要补偿版权拥有人；或者是不需要承担侵权责任的其他特定情形。

2. 著作权例外的外延

著作权例外内涵涉及的是著作权例外是什么的问题，而著作权例外的外延却是回答哪些情形符合著作权例外的问题。澳大利亚版权法评审委员会（the Copyright Law Review Committee，CLRC）认为[102]，著作权例外包括合理使用（Fair Dealing），图书馆和档案馆享有的复制权例外，技术措施规避例外和计算机程序利用例外，法定许可（Statutory Licences），其他相关例外，如，复制与相关使用的例外，表演、传输与广播的例外。

3. 著作权例外与合理使用的关系

多数学者、立法部门、国际性组织、国际性著作权协议认为合理使用是一种著作权例外。例如，Kenneth D. Crews 认为合理使用是一种概括性例外[103]。CLRC 在其发表的《对简化 1968 年〈版权法〉的报告》中指出[104]，严格来说，合理使用不是一项对侵权的抗辩，而是划定了版权拥有人权利的界限，在一定程度上确定了著作权例外的最大适用范围。NDIIPP、JISC、OAK 等国际组织在其 2008 年发布的“著作权法律对数字资源影响的国际研究”报告中将合理使用纳入版权例外的范围[105]。国际通行的，针对“合理使用”的规定基本是采用原则式（开放式），如《伯尔尼公约》、TRIPs、WCT 等均采用“三步检验法”的方式，确定“合理使用”的情形，并将其作为著作权例外的一项广泛性标准。

二、著作权例外与著作权限制

有关著作权例外与著作权限制的内涵界定，国内外学者至今仍未形成一致意见。归纳起来，对这一问题的认识，主要有以下观点。

1. 国内学者多将著作权限制与著作权例外等同

至目前为止，无论是国内法律界的学者，还是国内图书馆界的学者，多数学者在研究著作权例外问题时，均未明确提出著作权例外的概念，相反却是采用著作权限制加以代替。国内学者对著作权限制的理解主要分为3个方面。

第一，关于著作权限制的界定。著作权的限制主要是针对版权拥有人所享有的财产权利的限制[106]，即对版权拥有人依法享有的使用作品以及许可他人使用其作品并因此获得报酬的权利的限制。学者吴汉东认为，著作权的限制，通俗地说，即是指某些行为在某种情况、场合或条件下不构成对著作权的侵权[107]。简言之，即这些行为不被视为侵权。学者马永双指出，版权权利限制是指[108]，某些作品使用行为本应属于侵犯版权权利的范畴，但由于法律把这部分行为作为侵权的“例外”，从而使这种行为不再属于侵权。版权限制的基本功能是通过对版权的适当限制，以确保社会公众能接触和使用作品。因此，著作权限制是指法律规定版权拥有人在作品的利用方面对社会必须履行一定的应尽义务[109]。诚如国外学者 Guibault 所言[110]，版权限制是版权制度整体的一部分，是法律对版权作品使用者合法权益的一种认可，使得版权作品使用者能够对版权作品进行非授权使用。

第二，关于著作权限制存在的依据。对版权限制存在的依据，学者吴汉东认为[111]，对版权进行限制可以防止因权利滥用而妨碍、束缚科学技术的进步和文化的繁荣。任何作品都是在前人智慧和文化遗产的基础上创作和完成的，同样又将成为后人创作更优秀成果而吸收和借鉴的对象。因此，任何作品都是人类共同的精神财富，为促进全社会文化、艺术和科学的发展和提高，版权人对其作品的控制和权利的独占都不应当是绝对的和无限制的。

第三，关于著作权限制的类型划分。学者刘志刚将版权限制划分为两种基本类型。即一般权利限制和特殊权利限制。一般权利限制是国际公约和各国版权法所普遍规定的，主要包括版权保护期限的限制、地域范围的限制、个人使用目的方面的限制以及为公共利益而进行的限制。而版权的特殊权利限制则包括合理使用、许可使用、公共秩序保留[112]。也有学者认为，著作权的限制主要体现在合理使用、法定许可和强制许可3个方面[113]。

2. 国外有关组织、学者对著作权例外与著作权限制主要有两种主流观点

第一，未将著作权例外与著作权限制加以明确区分。有部分国外学者未明确区分著作权例外与著作权限制这两个概念。比如，2006 年出版过《适用于图书馆员与教育工作者的著作权法律：创新性战略与实用性解决方案》[114]一书的 Kenneth D. Crews，在其于 2008 年 8 月提交给 WIPO 的研究报告《适用于图书馆与档案馆的著作权限制与例外》中指出[115]："为了保持表达的一致性与清晰性，本报告不会使用'limitation'（限制）、'exemption'（豁免）等表述，而是使用'exception'作为这些术语的统一表述。"2008 年，Lea Shaver 在《知识获取在巴西》一书中谈到著作权例外与著作权限制时指出[116]，没有必要明确区分著作权例外与著作权限制。需要指出的是，一些国家的著作权成文法也未将著作权例外与著作权限制加以明确区分。加拿大现行版权法将著作权例外与限制统称为"不侵犯版权"（It bis not an infringement of copyright）[117]。而一些著作权成文法却是将例外与限制归入同一条款而不加以明确区分。例如，WCT 第 10 条的名称为"限制与例外"[118]；WPPT 第 16 条的名称为"限制与例外"[119]；《欧盟信息社会版权指令》第 5 条的名称为"例外与限制"[120]。在澳大利亚《版权法修正案（数字议程）(2000)》[*Copyright Amendment*（*Digital Agenda*）*Act 2000*] 中，整部修改案并没有出现"limitation"、"exception"、"exemption"、"fair use"或"fair dealing"等字样。相反，形如"not infringed"这样的表达却一共出现 31 处，举凡出现"not infringed"的地方均是对某种行为不被视为侵犯著作权专有权的阐释[121]。

第二，明确区分著作权例外与著作权限制。IFLA 在"数字环境下版权和邻接权的例外与限制：国际图书馆界的视角"中指出，著作权限制主要是指保护期限限制（Duration of Copyright）、受保护权利的种类限制（Limited Suite of Rights）以及标的物限制（Subject Matter）[122]。例如，《伯尔尼公约》第 2 条第 8 款［Art. 2（8）］规定"时事新闻"不应作为版权保护的对象[123]。对此，国外学者 Ricketson Sam 认为这是著作权限制的体现形式，而不是一种著作权例外[124]。2003 年，Ricketson Sam 在向 WIPO 提交的报告——"数字环境下著作权及相关权利的限制与例外"中指出[125]，我们不对著作权例外

与著作权限制作出明确区分。在某种情况下，两者是可以相互替代的。如果一定要严格区分的话，那么，著作权限制是指完全不在著作权保护期限和保护范围之内的情况，而著作权例外却是在著作权保护期限和保护范围内不受著作权侵权追究的某种行为或情形。也就是说，著作权限制主要是指对受版权保护的作品类型、受版权保护的作品期限等问题作出限定，涉及作品是否受版权法律保护的问题。著作权例外却是在作品处于版权保护状态下，对版权拥有人所享有的著作权专有使用权实行一定的制约，涉及在确认作品受版权保护而且尚处于版权保护期限内的作品利用情形。此外，阿姆斯特丹大学信息法律研究院（Institute for Information Law University of Amsterdam）P. Bernt Hugenholtz 和明尼苏达州大学法学院（University of Minnesota Law School）Ruth L. Okediji 均认为，著作权限制不同于著作权例外，并列举了国际性著作权协议有关著作权限制规定的具体情形（如表2－1所示）[126]：

表2－1　国际性著作权协议有关著作权限制的规定

法律名称	限制内容	条款
《伯尔尼公约》	时事新闻不受版权保护	Art. 2（8）、Art. 10（1）
WCT	思想、方法和数据不受版权保护	Art. 2、Art. 5
TRIPs	思想、方法和数据不受版权保护	Art. 9（2）、Art. 10（2）

3. 本书认为著作权例外与著作权限制两者涵盖的内容并不相同

著作权限制与著作权例外两者涵盖的内容并不相同，国内知识产权研究学者薛虹有关表述可以佐证这一点[127]。“缔约国既可以在本国中将原有的符合《伯尔尼公约》的限制和例外延及数字化环境，也可以设计适合数字网络环境的新的限制和例外”。显然，薛虹教授是将限制与例外加以区别对待的。只介绍著作权例外肯定不能等同于介绍了著作权限制。目前，著作权限制在国内提得较多，而著作权例外提得较少，虽然国内有些学者认为著作权例外与限制是同一问题的不同角度，即对于著作权作品使用者的例外，就是对著作权拥有人的限制。事实上，著作权限制是涉及著作权的保护是否成立的问题，如地域限制、时间限制，而著作权例外是在著作权保护成立的前提下，对版权作品的特定利用情形。

三、著作权例外的性质

著作权例外具有多样性、平衡性、动态性和地域性4个特点。

1. 著作权例外具有多样性

由于利益立场的不同，不同主体对著作权例外的诉求并不一致，著作权例外呈现出多样性。例如，个人用户的著作权例外更多的是立足于私人使用或内部使用，商业用户更希望在商业开发中享有著作权例外，而公益性机构则希望在公共服务中享有著作权例外。

2. 著作权例外具有平衡性

著作权例外能够有效平衡版权拥有人的个人利益和作品广泛传播的社会公益性。一方面，为了促进创造与创新，通过控制作品的利用方式，版权法赋予版权拥有人一定的排他性经济权利；另一方面，版权法也希望通过促进版权作品的自由流通和共享让普通社会大众受益，在此情况下，当前世界上几乎所有的著作权法律均会作出例外的规定[128]。这是著作权例外平衡性的重要体现。

3. 著作权例外具有动态性

著作权例外的动态性表现为著作权例外的范畴与边界随着社会的发展、信息技术的进步、作品使用者的信息需求，以及作品利用方式的变化而需要进行动态调整。由于著作权例外与著作权专有使用权有着密切的关系，基于平衡各方权益的版权立法指导思想，一般情况下，只要出现新的著作权专有使用权，就会有对应的著作权新例外出现。此外，除了版权法律会对版权拥有人提供保护，技术措施也能为版权拥有人提供保护。在前数字时代，由于技术措施并不存在，专门针对规避技术措施的著作权例外也就不存在；而随着技术措施成为有效控制版权作品访问和使用的手段，规避技术措施的著作权例外也就进入了著作权例外的范畴。

4. 著作权例外具有地域性

著作权例外由著作权法律规定。作为著作权法律的重要组成部分，著作权例外也因著作权法律在适用地域上的受限制而使自身具有地域性。简言之，一个地区或国家可适用的著作权立法规定未必能在另外一个地区或国家同样适用。

四、著作权例外的类型

著作权例外的类型实际是著作权外延的一种聚类形式。WIPO 版权与相关权利委员会指出，著作权例外主要包括 3 种[129]：①面向私人使用的著作权例外。包括：公共演讲、引用的权利，对当前事件的报道、模仿的权利，非商业用途的私人复制，家庭录音或录像等。②与商业利益、企业活动及竞争相关的著作权例外。包括：新闻评论、广播机构的暂时性录制，博物馆目录，出于互操作的需要而进行的破解或反向工程。③与整个社会密切相关、涉及促进知识和信息传播的著作权例外。包括：图书馆享有的著作权例外，为教育和研究服务的教育主体的著作权例外，残障人士享有的著作权例外，以及议会报道、司法审判、宗教庆典等涉及的著作权例外。

国外学者 B. Hugenholtz 将著作权例外界定为 4 种类型[130]：第一种例外涉及引用权、滑稽模仿权、漫画权、报刊摘编权、模仿权等，即允许使用者参考、引用他人作品而无须事先征得其同意；第二种例外与公众利益相吻合。按照这种假设，著作权例外可以从图书馆、博物馆、学校系统、档案工作等社会需要中找到根据。因此，对作品的某些使用不能列入权利人独占权中，理由是要满足社会自由免费地获取这些作品的需要；第三种例外是以应对市场衰竭目标的一些例外，也就是说权利人无法对其作品行使专有权。在称为“私人复制”的例外中就授予了这种限制，因为权利人根本无法了解，因此也无法许可或者禁止借助复制设备如录音带、录像带或其他空白磁盘和光盘等对其作品进行复制；第四种例外是数字环境下出于私人使用的复制权例外。借助数字技术，版权拥有人可以清晰知晓或者控制购买者的复制行为。因此，数字环境下出于私人使用目的的复制权例外的存在依据、适用情形将构成一种重要的著作权例外。

本书认为，从不同的划分角度和思考标准出发，可以将著作权例外划分为以下 3 种类型。

第一，从专有权例外的角度分析，著作权例外包括财产权例外和人身权例外。

第二，从著作权例外涉及的专有权的数量来看，著作权例外可以分为涉及一揽子专有权的例外和某项专有权的例外。前者的具体表现形式可为合理使用、强制许可或法定许可；而后者主要包括复制权例外、信息网络传播权例外等。

第三，从著作权例外的来源来看，著作权例外可以分为法律明确规定的例外情形和版权拥有人的声明性例外。前一种著作权例外是在版权拥有人保留所有的著作权专有使用权（all rights reserved）的前提下，由著作权成文法明确规定的情形。后一种著作权例外是在版权拥有人主动让渡某项著作权专有权的前提下（some rights reserved），作品使用者依据版权拥有人的专有权让渡声明（如 CC 协议）而利用作品的情形。

五、著作权例外的体系

著作权例外体系主要是指著作权成文法关于著作权例外规定的表达模式。国外有学者著作权例外体系划分为开放式例外体系和封闭式例外体系[131]。从世界上大多数国家的著作权立法现状来看，本书将适用于图书馆的著作权例外体系分为原则式例外体系、列举式例外体系及混合式例外体系。

1. 原则式例外体系

原则式著作权例外体系是指未对构成著作权例外的各种情形加以一一列举。正如 Colombet 所指出[132]，这种处理方式虽然没有详尽列举那么准确，但显然具有灵活的优点。例如，《美国著作权法（2007）》第 107 条款关于合理使用的规定。该条款允许在某些情况下使用受版权保护的作品，既不必为此征得版权拥有人的同意，也不会构成侵权，但该条款并没有详尽列举确定使用作品是否合法的各种要素。采用这种著作权例外体系的国家主要是英美法系国家。

2. 列举式例外体系

列举式著作权例外体系建立在对著作权例外情形的详尽列举上。从当前著作权例外的立法现状来看，这几乎是大陆法系国家普遍采用的做法，例如，《法国著作权法（2006）》第 L122 条第 5 款列举了对专有权的一系列例外[133]，如私人使用复制、分析和简短引用、报刊摘编等；《英国著作权、外观设计和专利法（2007）》列举了一系列著作权例外[134]，包括出于评论或教育目的等例外；爱尔兰著作权法律《版权与相关权利法（2000年）》重申了原来列举的著作权例外[135]，譬如以评论、介绍、教学等为目的的引用可以适用著作权例外。

3. 混合式例外体系

此种著作权例外体系以列举式为主，但在确定特定著作权例外的情形适用时，需要结合原则式规定，综合考虑。例如，《欧盟信息社会版权指令（2001）》第5条是一条表明对版权限制立场的条款[136]。事实上，该条款一开始就根据原则式著作权体系精神列出了一份详细的清单。例如，关于复制权的例外主要包括私人拷贝、图书馆和其他教育机构、博物馆或档案馆实施的行为、广播组织临时录制等。但是，该指令第5条第4款明确规定[137]，如果对作品的利用有正当的理由，即以授权复制为目的，那么所有这些例外均适用于发行权。如此看来，指令似乎符合列举式著作权例外体系的原则。然而，第5条第5款却又规定[138]，这些例外只有遵守三步检验法才有效。也就是说，只是在特殊情况下才适用，而且不应当损害作品的正常使用，也不会不合理地损害权利人的合法利益。这样又把原则式著作权例外体系的立法原则加以体现。

第二节　适用于图书馆的著作权例外

一、适用于图书馆的著作权例外的内涵与外延

1. 适用于图书馆的著作权例外的内涵

适用于图书馆的著作权例外（有国外学者直接称为“Library Exceptions”[139]，也有学者将其定义为图书馆特权“Library Privilege”），即指图书馆可以依用户的需求为用户制作和提供合理使用的拷贝[140]。来自eIFL的Teresa Hackett认为[141]，著作权例外是图书馆及其用户能够复制版权作品的一种机制（Mechanism）。P. Bernt Hugenholtz和Ruth L. Okediji则认为适用于图书馆的著作权例外是在特定情形下，对版权拥有人专有权的一种限制，以满足

特定群体或社会公众的权益需求[142]。

本书认为，适用于图书馆的著作权例外，是指图书馆在信息资源的收集、组织、保存、传播及利用过程中，在著作权法律框架下，依据著作权法律规定或依据版权拥有人让渡的特定的著作权专有使用权的自我意愿表达，不需要征得版权拥有人的使用许可（无论是否需要补偿版权拥有人）即可利用当前受著作权保护的作品并且不需要承担著作权侵权责任的法律适用。同时，适用于图书馆的著作权例外也指图书馆出于特定目的，在采取规避保护版权作品的技术措施时或作为网络信息提供者在特定的条件下，不需要承担著作权侵权责任的法律适用。

2. 适用于图书馆的著作权例外的外延

适用于图书馆的著作权例外由于各国著作权立法存在差异而有所不同。针对适用于图书馆的著作权例外的外延，eIFL 认为，如果要设定适用于图书馆的著作权例外的最低标准集，那么图书馆必须享有的著作权例外应该包括[143]：个人使用的目的和研究需要的例外；翻译和引用的例外；教育活动的例外，特别是数字教育环境；图书馆备份与长期保存、馆际互借的例外；无主作品的著作权例外；合同协议和技术措施不得限制著作权例外。Teresa Hackett 认为，赋予图书馆一定的著作权例外，将有助于图书馆履行服务于公众利益的使命，满足用户的信息需求。通过调查当前 WIPO 的 149 个成员国的著作权法律，Kenneth D. Crews 指出[144]，适用于图书馆的著作权例外主要与版权作品的复制、个人学习或研究的目的、资料的保存或替换、文献传递以及馆际互借等有关。在数字化网络化环境下，随着技术措施被纳入各国著作权法保护的范畴，规避技术措施的例外也成为图书馆一项新的著作权例外。

一般地，可适用于图书馆的著作权例外应该包括[145]：①一般的复制权例外。允许图书馆出于保存和存档国家文化和科学遗产（包括印本作品和数字作品）的需要，或者出于履行图书馆使命的普通目的复制版权作品。②馆际互借过程中的复制权例外。由于任何单家图书馆均无法收藏所有的图书、期刊或者是已出版的所有作品，建立图书馆之间的资源共享合作机制非常必要，应该允许出于个人使用的目的或者是研究的需要而复制版权作品。因此，在日常生活中，任何个人都可出于非商业的目的而复制版权作品。③出于教育、研究和娱乐的目的而引用版权作品的例外。适用于教育活动的复制权例外，对经济和社会的发展极其重要，能够为日常科学活动的顺利开展提供便利，可以进一步提升学习资源的利用效率。④适用于翻译的复制权例外。出于翻译的需要而复制版权作品，是确保读者能够以母语阅读外文文献的重要手段，对经济和社会发展相当重要。⑤适用于残障人士的复制权例外。这种复制权例外允许将已有版权作品转换为残障人士能够阅读、使用的格式，确保其能以较低的价格获得自身能够阅读的版权作品。⑥数字资料临时复制的例外。针对数字化资料在传输、浏览过程中不可避免的临时复制，属于著作权例外的范畴。⑦对加入WCT的成员国，允许其出于教育和研究的目的，在版权作品的公开传播方面规定一定的例外。

二、适用于图书馆的著作权例外与一般著作权例外的关系

著作权例外与适用于图书馆的著作权例外两者是一般与特殊的关系。著作权例外往往会有不同的适用主体和不同的适用条件，图书馆只是著作权例外主体中的一种，其适用著作权例外的条件因图书馆自身使命和机构职责与其他机构的不同而有所差别。

笔者认为，可适用于图书馆的著作权例外主要有3种：明确规定适用主体为图书馆的著作权例外；明确规定适用主体但图书馆也可适用的著作权例外；只规定目的而没有明确指明图书馆为可适用的主体、但依据图书馆从事的活动性质可以推定图书馆也可适用的著作权例外。如被称为“超级例外”（Super Exception）的合理使用；明确规定了著作权例外的适用主体，虽然在字面上未明确指出图书馆可作为该适用主体的同类，但根据图书馆在某项业务活动中承担的角色，推定图书馆也可作为该种例外情形的适用主体。例如，我国《信息网络传播权保护条例（2006）》规定的网络信息提供者享有的一些著作权例外，虽然字面上图书馆不能等同于“网络信息提供者”，但是，在网络环境下，图书馆借助网络提供信息服务，使得图书馆可以被推定为一种“网络信息提供者”，这一点已经在我国司法实践中得到认可。

三、适用于图书馆的著作权例外的性质定位

著作权例外是著作权专有权的例外，可作为作品使用者应对著作权侵权的抗辩理由，而不是图书馆用户的一项权利。立陶宛维尔纽斯教育大学图书馆（Vilnius Pedagogical University Library）Emilija Banionyte 认为[146]，“用户必须拥有自身的权利，而不是仅仅享有‘例外与限制’”。可见，Emilija Banionyte 认为著作权例外并不是用户的一项权利。作为适用于图书馆的著作权例外的一类情况，我国台湾学者章忠信对合理使用的定位为[147]：“著作权法的合理使用规定，是美国国会于制定著作权法时，对于公众利益的重大承诺，使作品使用者未经授权就可以实施原本属专有权保护的利用行为，享有一种抗辩的特权（Privileges）”。

笔者认为，适用于图书馆的著作权例外不是图书馆或用户等作品使用者的一项权利。

假如说著作权例外是作品使用者的一项权利，法律就应保障此项权利的实现，版权拥有人则负有某种义务以便使用者能够对作品进行符合著作权例外的利用。实际上，在民事权利义务关系中，权利主体享受权利，义务主体承担义务。在考察著作权例外的权利义务关系时，必须从权利义务的主体和内容两个方面出发。在著作权例外关系中，图书馆用户作为使用者，是权利人，而版权拥有人是义务人。

依民法原理，民事权利和民事义务是民事法律关系的内容，民事法律关系就是民事权利义务关系。作为民法的一个基本规则，同一个客体的权利主体应当是特定的，而义务主体则可以是不特定的。而在著作权例外关系中，假设将著作权例外作为图书馆用户的一项权利，那么由于作品的作者往往是特定的，而作品使用者却是不特定的，就会出现这样的情况：一个特定的义务主体面对众多不特定的权利主体。这显然有悖于民法基本规则。因此，著作权例外作为著作权专有使用权的例外，表明图书馆用户（作品使用者）没有诉权，而版权拥有人对于那些属于著作权例外范围的行为仍拥有诉权，只是因法定抗辩理由的存在不能胜诉。

在具体案件中，图书馆用户需要证明其使用符合著作权例外方能胜诉。著

作权例外是图书馆用户应对著作权侵权的抗辩理由意味着，著作权专有使用权并不能作用于著作权例外可适用的作品利用行为，图书馆用户符合著作权例外的行为不会被法律追究为侵权行为。也就是说，版权拥有人对图书馆用户并不负有任何义务，图书馆用户也不能向版权拥有人主张其“著作权例外权”。版权拥有人为保护自己的作品不被他人未经其许可而使用，可以采取一切必要措施，即使这些措施妨碍了使用者的著作权例外，也不认为非法。

四、适用于图书馆的著作权例外类型

根据世界多数国家现行著作权法律的规定，适用于图书馆的著作权例外从不同角度可分为不同类型。图 2 –1 描述了适用于图书馆的著作权例外的各种情形。

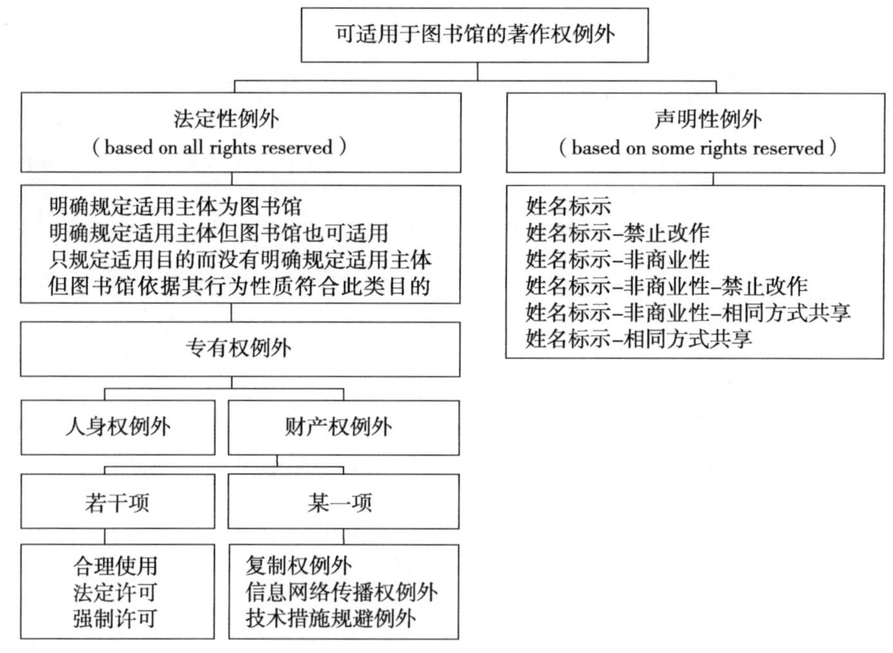

图 2 –1　适用于图书馆的著作权例外

1. 按来源划分

第一，法定性例外。这种可适用于图书馆的著作权例外由著作权成文法律规定。比如，《欧盟信息社会版权指令（2001）》规定，成员国应当有权选择在特定情况下允许某些例外或限制，例如为了教育和科研目的、为了诸如图书馆和档案馆此类公共机构的利益、为新闻报道的目的、为了引用、为了供残障人士使用、为了公共安全进行的使用以及在行政和司法程序中进行的使用[148]。从适用主体和适用目的相结合的角度，一般可以将图书馆可适用的著作权例外划分为3种情形，包括：（1）明确规定适用主体为图书馆的著作权例外；（2）明确规定适用主体但图书馆也可适用的著作权例外；（3）只规定适用的目的而没有明确规定适用主体，但图书馆依据其行为性质符合此类目的的著作权例外。从专有权例外的角度，可以将适用于图书馆的著作权例外划分为人身权例外与财产权例外。而在财产权例外中，根据涉及的专有权的数量，则可以将图书馆可适用的著作权例外划分为某一项著作权专有使用权的例外和若干项著作权专有使用权的例外。举例来说，适用于图书馆的复制权例外、信息网络传播权例外或者是翻译权例外，是属于某一项著作权专有使用权例外的情形；而基于某些条件的成立，如合理使用、法定许可、强制许可，或者是默认许可，图书馆可以享有一揽子著作权专有使用权的例外，则属于若干项著作权专有使用权的例外。

第二，声明性例外。图书馆可适用的著作权声明性例外，主要根据版权拥有人有关版权作品使用的自我声明，图书馆可享有的著作权例外情形。如前文所述，如果版权拥有人出于某种意愿，声明放弃某项著作权专有使用权，则著作权作品的利用者即可无偿地行使该项权利。在我国现行的著作法中，除去人身权（包括发表权、署名权、修改权和保护作品完整权）不得让渡外，版权拥有人可以选择全部或部分让渡包括复制权在内的其他12项权利。当然，随着开放获取、创作共享协议的出现与发展，除去署名权在内的其他著作权专有权均可以由版权拥有人自行决定是否让渡。如果版权拥有人声明保留所有权利，那么，图书馆可适用的著作权例外只能是法律明确规定的情形；如果版权拥有人声明让渡部分著作权专有权，那么，图书馆可适用的著作权例外就有可能不仅包括法律明确规定的情形，也包括版权拥有人让渡出来的专有权部分。

2. 按涉及的专有权例外数量划分

从著作权例外规定可操作的灵活性考虑，适用于图书馆的著作权例外可以划分为概括性例外与某一项著作权专有使用权的例外。

首先，适用于图书馆的概括性例外。在著作权成文法中，这类例外规定只涉及原则性说明，因而往往具有较高的操作灵活性。通常来说，适用于图书馆的概括性例外一般只涉及对主体、目的、技术手段、作品类型、数量等作出原则性规定，而少有对采用什么技术、哪些类型的作品以及制作几份复制件等较为具体的问题作出限定。例如，突尼斯现行著作权实体法对图书馆可适用的例外即是采用概括性例外的方式予以体现[149]：在不损害作者合法利益和不影响作品正常使用的前提下，公共图书馆、公益性文献中心、科研机构、教育单位等，可以从单位的活动需要出发，采用光电复印或其他类似的复制技术，对已公开发表的文学作品、艺术作品和科研成果，制作一定数量的复制件。也有一些国家对图书馆可适用的概括性例外作出较为详细的规定，例如，规定适用著作权例外的主体为非营利性的图书馆或档案馆、用于制作复制件的作品必须为本馆永久性收藏品、只能制作单个复制件、经过一番尝试后确实无法以合理价格从商业市场获得，以及制作的复制件只供本馆收藏，或者只能传递给其他图书馆收藏等。当前，在本国著作权法中规定了适用于图书馆概括性例外的国家包括阿尔巴尼亚[150]、安哥拉[151]、保加利亚[152]、刚果[153]、克罗地亚[154]、塞浦路斯[155]、希腊[156]、约旦[157]、肯尼亚[158]、马拉维[159]等。

其次，适用于某一项著作权专有使用权的图书馆例外。例如，针对复制权的例外、针对翻译权的例外、针对网络传播权的例外等。当然，在著作权成文法中，这类例外规定明确规定可适用的具体情形，虽然方便图书馆明确遵守，但可灵活适用的空间并不大。从当前世界上多数国家有关著作权的立法实践来看，各国现行著作权法律多数会针对某一项著作权专有使用权而规定图书馆可适用的例外。举例来说，针对复制权的例外，这类例外规定通常会对适用主体、目的和技术手段作出限定，而且还会对具体的作品类型、复制的设备、复制的用途证明以及复制的数量等作出非常详细的规定（详见本书第四章）。

五、适用于图书馆的著作权例外的受限性

据统计，2008 年全球图书馆用于购买版权作品的开销高达 225 亿美元[160]。这在一定程度上表明，图书馆已发展成为资源提供商的重要客户。

从短期来看，图书馆享有的著作权例外空间与资源提供商所追求的利润呈此消彼长的关系。基于鼓励创新的考虑，对版权拥有人财产专有权的制约，其中一项就是赋予图书馆享有一定的著作权例外，不应该被无限制扩大。因此，适用于图书馆的著作权例外受到一定的制约，也是利益平衡的必然需要。

诚然，图书馆工作的目标和宗旨是尽量满足读者对信息资源的需求，最大范围地将各种信息资源提供给读者使用，使他们能够掌握更多的知识。由于图书馆提供服务的过程中涉及的信息资源多处于版权保护期限内（实际上，多数信息资源经过一定期限后，其使用率大都会下降，而正处于保护期限的信息资源，其被利用的频率往往要高于其过了保护期限后的利用频率），而且图书馆往往是无偿提供给读者使用，或者是以维持成本的价格为读者提供信息资源的复制，读者不用花钱或以较低成本即能享有版权作品所传载的知识。这种情况势必影响信息资源潜在的销售市场，从而最终损害著作权拥有人的利益。因此，版权法在对版权行使作出限制的同时，也对图书馆就版权作品的使用所享有的著作权例外作了反限制，如果图书馆违犯了反例外的规定，就可能承担版权侵权责任。

在平衡版权作品的个体赢利性和社会公益性的过程中，目前各国对适用于图书馆的著作权例外均加以限制，防止作品社会公益性的扩大损坏其个体赢利性。例如，美国千禧年数字版权法（Digital Millennium Copyright Act，DMCA）规定，图书馆在满足下列条件的情况下，为了善意决定是否获得该作品的复制件而破解“控制访问作品”技术措施的行为不被视为侵权，即享有规避技术措施的例外，但是，这种例外的享有，必须满足以下条件[161]：（1）除了规避访问作品技术措施外，同一复制件无法通过其他方式合理获得；（2）复制件保留时间不得超过作出上述善意决定所必需的时间，该复制件不得用于其他任何目的；（3）图书馆的馆藏必须向社会公众开放，研究人员可以获得；（4）图书馆不得制造、进口、向公众出售、供应或以其他方式买卖规避技术措施的任何技术、产品、服务、部件或其中的零件；（5）图书馆如果故意损坏商业利益属违法行为，初次违法根据第1203条规定，只要图书馆能够提供证明并经法院认定是在不知或没有理由得知其行为构成违法的，法院应免除其赔偿责任。上述机构在重复或屡次违法的情况下，免责例外不再适用。

《欧盟信息社会版权指令》第6条第4款第1项关于技术措施的例外规定指出[162]：

> 该例外或限制以获益的必要程度为限，且受益方需对有关的受保护作品或其他相关客体有合法的访问权。即表明适用于规避技术措施例外的主体，必须先获得访问作品的授权，才有可能合法享有规避使用作品（如复制）技术措施的例外。

此外，《德国著作权法（2007）》规定[163]，版权人对图书馆使用自备的复印机复印其版权作品，有向图书馆索取报酬的权利，图书馆如果拒绝向版权人付酬，则构成侵权。许多著作权成文法在允许图书馆享有复制权例外时，往往会对可允许复制的数量、地点、用户目的证明、作品类型、是否需要事先得到许可、是否可复制数字内容等作出相当详细的约束。

六、适用于图书馆的著作权例外存在的意义

英国于1710年颁布的《安娜女王法令》，作为全世界第一部著作权法，其对著作权的保护期限为28年。如今，有些国家的著作权保护期限已经延长到作者生前加故后70年。美国学者Lawrence Lessig指出，在过去40年期间，美国有关著作权保护期限的修订次数不少于11次。Peter Jaszi教授将这种现象称为“永久性版权的分期计划”。针对著作权保护期限不断延长的情况，著作权例外显得更加重要[164]。对于图书馆享有一定的著作权例外的意义，有关学者和国际组织积极表达了自身的观点。

1. 学者认为适用于图书馆的著作权例外有利于促进知识传播和共享

多数学者认为图书馆享有一定的著作权例外有利于促进知识传播。只有赋予图书馆和公众获取版权作品的著作权例外[165]，才能防止版权作品的受益者不仅仅局限于有购买力的人群。在数字环境下，如果缺乏面向公众利益的著作权例外，那么，发达国家与发展中国家之间的信息鸿沟将进一步扩大。当然，允许著作权例外的存在，并不是要求版权拥有者必须让作品完全可以免费被使用，而是指在遵守《伯尔尼公约》（1971）三步检验标准的前提下，国家通过著作权法律，在图书馆或个人购买完版权作品后，赋予图书馆或个人著作

权适当的例外。

然而，随着著作权保护标准的不断加强和拓展，著作权例外与限制却相应在缩小。尤其是在越来越多的资源均以数字形式出现的情况下，这种不平衡更是日益加重。来自图书馆界、法学界等有关学者均对此表示关注。来自IFLA的Winston Tabb指出[166]，著作权例外与限制对于平衡用户和版权拥有人的权利相当重要。对于所有版权作品而言，著作权例外与限制都很重要，图书馆则是推动用户权利进一步拓展的重要代表。立陶宛维尔纽斯教育大学图书馆（Vilnius Pedagogical University Library）Emilija Banionyte声称[167]，用户必须拥有自身的权利，而不是仅仅享有"例外与限制"。然而，我们身处的立法世界却要求我们必须为著作权例外与限制不断地去争取。南非大学Coenraad Visser强调[168]，在一些发展中国家，25 岁以下的年轻人占到其人口总量的1/3 左右。这就意味着，只占人口少部分的人群有收入并能购买版权作品。而发展中国家往往有本国语言，因此，翻译国外作品是丰富本国教学资料的重要渠道。有数据表明，发展中国家在教育方面的投入占其财政总收入的25% ~ 30% 。在此情况下，如果没有给图书馆提供足够的著作权例外，那么，版权作品的传播面与受益面将大为缩小。Kenneth D. Crews 指出[169]，法律赋予图书馆享有一定的著作权例外具有深远的意义。这可以扩大图书馆馆藏资源的可访问性，支持图书馆用户的研究，保存对未来有价值的各种文化资源，实施图书馆资源的共享，对信息的专有控制进行限制，确保言论自由有利于提升民众的基本权利。适用于图书馆的著作权例外能够进一步扩大图书馆馆藏资源被公众利用的机会，满足图书馆用户的研究需求，同时有利于提高国家的教育水平[170]。荷兰阿姆斯特丹大学 Lucie Guibault 指出[171]，赋予图书馆一定的著作权例外，有利于图书馆履行为公共利益服务的使命，能够促进图书馆在全体社会人员之间更为积极地传播知识与信息。Lea Shaver 认为著作权例外有着多种作用[172]，包括：著作权例外是应对信息通信技术带来的机遇与挑战的重要战略举措；著作权例外更有利于促进发展中国家利用版权作品。

概括而言，适用于图书馆的著作权例外的缺失将会导致珍贵的文化和科学遗产的丢失，或者是使图书馆及其用户必须承担过多的费用。图书馆享有一定的著作权例外具有重要意义[173]。

第一，图书馆收藏了各种各样的印本资源。这些印本资源通常并非在任何地方都能获取到，而且具有相当重要的历史、政治和文化价值。例如，以图书馆收藏的报纸来说，如果没有赋予图书馆一定的著作权例外，图书馆就无法对这些报纸进行数字化以便实现保存。通过规定出于保存或存档的目的，而使得图书馆享有一定的著作权例外，将能使一个国家文化和科学遗产得到妥善保存，使得这些资源能够供下一代使用。

第二，数字化需要相当高昂的费用，因此在数字化的过程中，图书馆往往需要与其他国家的有关机构开展合作、共享资源。然而，如果每个国家针对保存而提供的图书馆著作权例外千差万别，那么对于那些所在国家只规定极小范围的著作权例外的图书馆而言，其在数字化过程中所须承担的压力肯定非常大，从而导致其无法平等地参与到整个数字化合作活动中。对于发展中国家的图书馆而言，如果本国著作权法律没有赋予自身足够的著作权例外，将会使得自身难以与其他国家的图书馆开展合作，从而使得自身无法参与重大的国际性数字化项目。

第三，图书馆享有的著作权例外可以确保读者能够方便地获取各种资料。特别是，对于那些整套购买的资源（包括印本资源和数字资源），如果不允许图书馆出于替换的目的享有一定的著作权例外，那么一旦该资源的某一子集受到损坏，图书馆要么只能重新购买全套资源，要么就是不再为读者提供该子集的使用。相反，如果著作权法律允许图书馆出于替换的目的而制作一定数量的复制件，图书馆即可以利用已制作的复制件轻松替换受损的子集，保证需要该子集的用户能够继续使用。

第四，面向特定人群开展的文化活动需要图书馆享有一定的著作权例外。例如，有些图书馆会开展面向扫盲班的活动，在此过程中，活动组织者出于编写教材的目的，需要查阅相关的杂志、诗集，并制作一些复制件作为教材提供给学生使用。如果图书馆在这方面不享有一定的著作权例外，图书馆将难以开展这类活动。

2. 国际性组织认为图书馆享有著作权例外意义深远

图书馆国际性组织认为图书馆享有一定的著作权例外有利于图书馆履行自身职责。UNESCO 对图书馆享有著作权例外的规定为[174]：一些国际条约，如《伯尔尼公约》、WCT 和 WPPT，都允许各缔约国在其与著作权例外有关的国内立法中，作出一些有利于残疾人、图书馆等公益性机构的保留。eIFL 指出[175]，为什么需要有适用于图书馆的著作权例外，因为图书馆的职责是收集、组织、保存和传播世界文化和科学遗产，没有适用于图书馆的著作权例外，那么每一次复制和每一次信息传播均需要向版权拥有人支付费用，图书馆将会不堪重负。适用于图书馆的著作权例外的缺失将会导致珍贵的文化和科学遗产的丢失，或者是使得图书馆及其用户必须承担过多的费用。因此，可适用于图书馆的著作权例外平衡了版权拥有人与社会之间的利益[176]。

IFLA 对数字环境下图书馆享有著作权例外的态度是[177]：数字的并没有不同。在不与作品的正常使用发生冲突、并没有不合理地损害作者的法定利益的某些特定情况下，《伯尔尼公约》允许其成员国给予作品使用者一定的例外。1996 年，WIPO 成员国采纳了两个新条约——WCT 和 WPPT，以更新数字环境下的著作权法。通过确认现存的著作权例外规定可以在数字环境下继续沿用和扩充，作品使用者应该可以被允许在数字环境下继续沿用有关著作权例外的规定。IFLA 还坚持以下观点：除非被给予这样的例外，允许在以公共利益为目的与诸如教育和研究等合理利用情况下，图书馆和公民可以无偿地接触和使用作品，否则将存在这样的危险：只有那些能承担作品使用费的人士或组织能够利用信息社会的好处。这将导致信息富裕者和信息贫困者之间的差距进一步加剧。

尽管各国著作权法律的规定千差万别，但都体现出个体利益必须受到公众利益的制约。在网络环境下，著作权例外是消除信息拥有者与信息需求者之间的信息差距走向过度悬殊的法律保障。对于版权拥有人而言，依据版权作品谋求更多的个人利益是其进行创作的重要动力；而对于社会公众而言，低成本或免费地使用作品是其最大的期望。这种情况造就了版权人和社会公众之间不可避免地存在冲突。但是，从整个社会来看，个体利益和公众利益相互依存，相互影响，著作权例外正是双方实现利益均衡的重要体现，而例外空间的大小则取决于双方的价值取舍。作为公众获取信息的重要平台，图书馆在资源建设与信息服务的过程中不可避免地会遇到著作权的问题，如何低廉地甚至免费地、方便快捷地进行资源建设与信息服务而不受著作权侵权风险的困扰，图书馆必须充分关注可适用于自身的著作权例外。事实上，图书馆也只有依据著作权例外规定才得以在面对文献数字资源复制权、数字资源汇编权、信息网络传播权时，自由或以不完全受著作权限制的方式使用受版权保护的作品。从这一点分析，适用于图书馆的著作权例外条款的存在是利益与价值的有效平衡，是对个体利益与社会公益的有效兼顾。

著作权例外的存在是“有效平衡著作权各方利益”这一著作权立法根本指导思想的体现。适用于图书馆的著作权例外与普遍意义的著作权例外，两者是一般与特殊的关系。前者既保留着后者的一般性，也因自身的历史使命和社会职责的独特性而获得区别于后者的特殊性。本章系统研究了“图书馆可适用的著作权例外”这一连续3年受到IFLA大会[178],[179],[180]关注的热点论题的基本理论框架。

第三章　适用于图书馆的著作权例外立法的发展历程、现状及趋势

从1886年《伯尔尼公约》将复制纳入例外范畴，到1952年UCC将著作权例外的范围进一步明确扩展到复制权、公开表演权及广播权等专有权利，到1994年TRIPs将著作权例外扩展到所有的著作权专有使用权，再到1996年WCT首次将规避技术措施纳入著作权例外的范畴，并初步将著作权例外从前数字环境拓展到数字环境，直至2001年《欧盟信息社会版权指令》首次明确将图书馆列为著作权例外的可适用主体，并明确图书馆可享有技术措施规避例外，适用于图书馆的著作权例外已走过了一段令图书馆界心潮起伏的历程。本章将从适用于图书馆的著作权例外的世界性、地区性著作权立法发展历程出发，在分析当前世界多数国家著作权实体法关于图书馆可适用的著作权例外立法现状、立法特点的基础上，探究可适用图书馆的著作权例外立法的发展趋势。

第一节　著作权协议可适用于图书馆的例外规定的发展历程

世界性、地区性著作权协议可适用于图书馆的例外规定，从实体内容到操作程序，均经历了相当长的一段发展时间。

著作权例外与著作权对专有权的保护是共同出现的。1710年英国颁布的《安娜女王法令》并没有明确规定著作权例外。但是，该法规定，作为作品受版权保护的一项条件，作者必须向英国七大图书馆提交储存本（Deposit Copy）。到了1971年，重新修订的《伯尔尼公约》第9条第2款要求各成员国在著作权法律中规定复制权例外。自《伯尔尼公约》之后，世界性、地区性的著作

权协议逐渐对著作权例外予以高度关注。

与适用于其他情形的著作权例外相比，适用于图书馆的著作权例外也有自身的历史、实践和政治背景的根源。对于一个国家而言，在其著作权法律中规定了适用于图书馆的著作权例外，并规定相关的术语和适用条件，都得依靠多方的力量才能使得这类规定在制定后得以有效实施。从当前的著作权立法来看，多数国家有关著作权例外的规定都在一定程度上受到包括《伯尔尼公约》等世界性或地区性著作权公约或协议的影响。

一、1886 年制定的《伯尔尼公约》

保护文学和艺术作品的《伯尔尼公约》是一项极其重要的国际性著作权协议。《伯尔尼公约》最早制定于 1886 年，在 1971 年、1979 年经过修订。根据有关统计，WIPO 的成员国中，已经有 164 个成员国成为《伯尔尼公约》的签约国。这就意味着，签约国的著作权法律在适用图书馆的著作权例外规定上会有一定程度的相似性。因为为了加入《伯尔尼公约》，申请国必须修订本国的著作权法律，使本国著作权法律的基本立法宗旨与《伯尔尼公约》保持协调。比如，《伯尔尼公约》要求版权的取得不以注册作为前提条件，那么，任何《伯尔尼公约》的成员国均不得要求版权作品创作者通过版权通告或者申请注册的方式来获得版权保护。

《伯尔尼公约》规定了一些与著作权例外相关的条款。其中有一项著作权例外是要求成员国必须在本国著作权法律中予以体现，即“必须允许出于引用的目的而使用已发表的作品”，当然，这种引用有非常明确的使用条件限制。此外，《伯尔尼公约》也规定了一些可由成员国自行操作的著作权例外的原则性条款。比如，第 10 条 bis（Article 10bis）规定了出于报道当前事件的需要，也可以自由使用版权作品。同时，第 11 条 bis（Article 11bis）和第 13 条还规定了在某种情况下可以对版权作品实施强制许可（Compulsory Licences）。较为著名的第 9 条第 2 款，是《伯尔尼公约》关于著作权例外的基本规定。此条款也被国内外多数学者认为是合理使用这一著作权例外情形最有说服力的检验标准。

《伯尔尼公约》第 9 条第 2 款规定[181]：

本同盟成员国法律得允许在某些特殊情况下复制上述作品，只要这种复制不损害作品的正常使用也不致无故侵害作者的合法权益。

作为著名的《伯尔尼公约》的三步检验法的立法规定，该条款允许成员国通过立法制定一定的著作权例外。但这种例外必须同时满足以下3项条件：（1）针对某些特殊情况；（2）不损害作品的正常使用；（3）不致无故侵害作者的合法利益。

近年来，有关《伯尔尼公约》的三步检验法时常受到详细的审查和分析，有关学者和法律制定者对其具体含义以及应用三步检验法的方法不断展开争论[182]。虽然这一规定在各成员国著作权法律中的体现有所不同，但是，它主要是作为成员国一项重要的著作权立法指导原则，为著作权例外提供最低的法律制约标准。

《伯尔尼公约》规定的著作权例外原则性规定究竟应该如何在各国的著作权立法中加以体现，这是社会各界普遍关注的一个问题。一个国家的著作权法律关于著作权例外的规定是否与《伯尔尼公约》第9条第2款保持一致，是一个较有争议的问题。目前，《伯尔尼公约》第9条第2款以及其他与著作权例外相关的规定，多是借助TRIPs及其他相关国际性著作权协议得以落实。

二、1952年UNESCO发起制定的UCC

在20世纪，人们更加关注著作权例外，虽然《伯尔尼公约》规定成员国必须在本国著作权成文法中反映出《伯尔尼公约》关于著作权例外的最低标准，但这一原则性立法指导意见并未将著作权例外适用主体明确指向图书馆。直到1956年，英国版权法将图书馆明确列为著作权例外适用主体，这一状况才得以改变。令人欣慰的是，由UNESCO于1947年准备、1952年在日内瓦缔结、1955年生效（1971年在巴黎修订过一次）的UCC有关著作权例外立法的原则性要求[183]，为20世纪图书馆界争取合理的著作权例外空间提供了更进一步的依据。

该法第4条第2款明确规定[184]：

但是，任何缔约国根据其国内法可以对本条第1款所述的权利作出符合本公约精神和内容的例外规定。凡法律允许作出例外规定的任何缔约国，必须对已作出例外规定的各项权利给予合理而有效的保护。

该条款虽未有明确规定诸如《伯尔尼公约》的关于著作权例外的三步检验原则，但却从国际性著作权公约的角度，对缔约国在著作权专有使用权利方面作出例外规定提供依据。而这种著作权例外，该法第4条第1款也明确列举[185]：

本公约第1条所述的权利，应包括保证作者经济利益的各种基本权利，其中有准许以任何方式复制、公开表演及广播等专有权利。本条的规定可扩大适用于受本公约保护的各类作品，无论它们是原著形式还是从原著演绎而来的任何形式。

与《伯尔尼公约》只是将复制纳入例外范畴相比，UCC将著作权例外的范围进一步明确扩展到复制权、公开表演权及广播权等著作权专有权利。这为各国在制定适用于图书馆的著作权例外时提供了更大的尺度。

三、1994年WTO发起制定的TRIPs

20世纪80年代末90年代初，围绕关税和贸易总协议的有关谈判催生了世界贸易组织的出现。TRIPs于1994年在围绕关税和贸易总协议的“乌拉圭”谈判中得到修订，并将TRIPs纳入其协议系列中[186]。TRIPs的制定与实施具有重要的意义。它不仅对《伯尔尼公约》的有关条款进行调整，而且首次制定了与版权相关协议的执行机制。该协议要求成员国必须通过法庭或国家的其他机关来执行知识产权法律。TRIPs的有关条款规定以及与《伯尔尼公约》相协调的有关问题，将由世界贸易组织审查委员会（WTO Panel）作出审查。需要指出的是，如果世界贸易组织的成员国制定的著作权法律与TRIPs相互抵触，那么，世界贸易组织审查委员会将有权据此对该国作出制裁。

TRIPs与《伯尔尼公约》第9条第2款一脉相承，但又对《伯尔尼公约》进行拓展，在著作权例外规定方面，具有自身的体系与特色。TRIPs第13条规定[187]：

> 全体成员均应将专有权的限制或例外局限于一定特例中。该特例应不与作品的正常利用冲突，也不应不合理地损害版权拥有人的合法利益。

与《伯尔尼公约》相比，TRIPs在著作权例外规定方面具有以下两个特点。

1. TRIPs规定的著作权例外三步检验标准更为严谨

TRIPs第13条规定与《伯尔尼公约》关于著作权例外的用语有一定相似性，也是采用“先要求必须规定著作权例外”，接着又要求对“著作权例外作出限制”的表述方式。尽管如此，两者仍存在一些差别。

第一，与《伯尔尼公约》第9条第2款只是将著作权例外局限于版权作品的复制行为相比，TRIPs第13条允许将著作权例外适用于所有的著作权专有使用权，而不仅仅是复制权例外。

第二，TRIPs措辞更加严谨。比如，《伯尔尼公约》只是要求各国可将三步检验原则以附件性条款（Proviso）的方式在本国的著作权法律中加以体现，而TRIPs则要求各成员国对著作权例外的规定必须以强制性条款（Mandatory Terms）的形式体现在本国的著作权法律中。

第三，将合法利益的主体从作者扩展到版权拥有人。《伯尔尼公约》有关著作权例外的规定只是提及作者的合法利益（the Right Interests of Authors），而TRIPs则将之扩展到版权拥有人的合法利益（the Right Interests of Holders）。

由于版权转让制度的存在，作品在创作完成之后，合法利益所涉及的主体并不仅仅局限于作者本人。如果不将合法利益的主体扩展到版权拥有人，那么，当版权作品经由作者将版权转让给他人后，即作者并不等于版权拥有人时，版权作品的合法利益涉及的主体就不只是作者。若依据《伯尔尼公约》“也不致无故侵害作者的合法利益”为依据，则可能会出现不利于作品的版权拥有人的合法利益的著作权例外条款。实际上，TRIPs扩大了合法利益相关主体的范围，意味着其在一定程度上缩减了《伯尔尼公约》规定的著作权例外空间。但是，从该法将著作权例外从复制权例外扩展到所有著作权专有使用权的例外这一因素考虑，TRIPs却是将《伯尔尼公约》规定的著作权例外空间进一步扩展了。

2. TRIPs规定的著作权例外对成员国更具有约束力

与《伯尔尼公约》相比，TRIPs对成员国更具有约束力。许多国家将TRIPs规定的三步检验原则纳入本国的著作权法律中。在某些国家，三步检验原则以独立的法律条款出现，而在一些国家，三步检验原则会被纳入到适用于图书馆例外的法律条款中。无论是以什么样的形式呈现，这都能显示出国际性著作权公约、协议对成员国著作权立法的深远影响。当然，成员国并不是一定要原封不动地将TRIPs的三步检验原则体现在本国的著作权法律中，而只需要遵循该项规定的立法宗旨，根据本国的国情，灵活规定，将之融入到本国有关著作权例外的规定中，确保有关著作权例外的可操作性。在立法实践中，成员国在本国著作权法律中对TRIPs规定的三步检验法作了一定的调整。比如，澳大利亚著作权法律规定[188]：在同时满足TRIPs的三步检验原则的前提下，对出于维持或运行图书馆或档案馆的需要而使用版权作品的情形，可以适用版权作品使用的概括性例外（General Exception）；保加利亚共和国著作权法律制定了适用于图书馆的复制权例外总条款，并且将TRIPs所规定的三步检验原则以单独条款加以体现[189]。采取类似做法的国家还有刚果[190]和约旦[191]等。而拉脱维亚则在著作权法律中规定了适用于图书馆的技术措施规避例外，即便这种规避与版权作品的正常使用冲突或者是与作者的合法利益产生冲突，规避行为也无须征得版权拥有人的许可[192]。此外，在一些国家中，适用于图书馆的著作权例外一般是在著作权程序法中加以规定，而不是在著作权实体法中加以规定。不过，著作权实体法会作出相应的规定，要求程序法规定的适用于图书馆的著作权例外与TRIPs确定的著作权例外三步检验原则保持一致。

四、1996年WIPO发起制定的WCT

WCT由WIPO颁布实施。作为《伯尔尼公约》“特殊协议”（Special Agreement）的一份正式文件，WCT于1996年12月对所有《伯尔尼公约》成员国生效。虽然WCT行文简洁，但却囊括了很多重要条款，是许多对世界性著作权协议有研究兴趣的学者的重要研究对象。

与 TRIPs 相比，WCT 具有以下 3 个特点。

1. 将合法利益的主体局限于作品作者

从前文分析可知，TRIPs 将合法利益涉及的主体从作者扩展到版权拥有人，但是，WCT 却又将合法利益的主体缩减为作者，与《伯尔尼公约》在合法利益的主体规定上保持一致。该款规定有关著作权例外的表述为[193]：

> 缔约各方在某些不与作品的正常利用相抵触、也不无理地损害作者合法利益的特殊情况下，可在其国内立法中对依本条约授予文学和艺术作品作者的权利实施限制或例外。

2. 首次将技术措施规避纳入著作权例外的范畴

与已有的其他国际性著作权法律在著作权例外方面的规定相比，WCT 第 11 条为国际著作权法律引入一个全新的理念，即从立法上对技术措施予以保护，WCT 第 11 条关于技术措施的义务规定为[194]：

> 缔约各方应规定适当的法律保护和有效的法律补救办法，制止规避由作者为行使本条约所规定的权利而使用的、对就其作品进行未经该有关作者许可或未由法律准许的行为加以约束的有效技术措施。

概括地说，WCT 禁止规避技术措施的有关条款的主要目的，就是要求成员国能够通过立法，禁止破解能够有效控制访问版权作品或者是能够有效保护版权拥有人相关合法利益的编码、密码以及其他技术措施。比如，破解信息资源访问密码，而且该密码是用于控制对版权作品的读取、复制、传播或其他相应处理方式，则是违反了著作权法律。在著作权法律领域，不仅“反规避”是一个全新的概念，而且要求成员国制定立法，保护版权作品的访问权利，这也是世界首次。事实上，即使没有对访问权利作出立法保护，作者所享有的著作人身权和财产权也不会因此而受到不利的影响。虽然技术措施并非一项直接的专有权，但是它却起到专有权的保护作用，是一项隐性的、间接的著作权专有使用权。既然如此，参照 WCT 在著作权限制与例外的立法指导思想，即

“文学和艺术作品作者的权利规定限制或例外”，那么，依据平衡版权拥有人和版权使用者利益的版权立法根本宗旨，既然技术措施成为一个隐性的、间接的专有权受到WCT的确认与保护，那么，理所当然地，它也应是著作权例外作用的范畴。从这一角度理解，WCT是第一部将规避技术措施纳入著作权例外范畴的世界性著作权公约。

3. 初步将著作权例外拓展到数字环境

技术措施是一项重要的数字信息技术，也是构成数字环境不可或缺的主要因素。依据WCT关于著作权例外的规定以及禁止规避技术措施的条款，可以推断出，WCT已经初步将适用于图书馆的著作权例外从前数字环境拓展到数字环境。

虽然WCT未明确规定针对技术措施的规避例外，但是，既然WCT允许成员国在著作权立法中体现“文学和艺术作品作者的权利规定限制或例外”这一立法指导原则，而且将“有效技术措施”界定为“行使本条约所规定的权利而使用的、对就其作品进行未经该有关作者许可或未由法律准许的行为加以约束”的技术措施，即保护著作权专有使用权的一项手段。既然允许对著作权专有使用权作出例外规定，那么，作为著作权专有使用权保护手段的技术措施，对其加以规避，依理类推也应该允许规避例外的存在。事实上，这一规定为WIPO成员国通过著作权立法制定反技术规避条款的例外提供了可能。因此，已经通过立法禁止对技术措施加以规避的成员国，可继续通过本国著作权立法规定技术措施规避例外。

从规定技术措施规避例外的一些国家的立法现状来看，与针对版权拥有人其他专有权的例外一样，各成员国有关技术措施规避例外的规定相当严谨。版权作品使用者可以充分利用规避技术措施的例外，但必须完全满足著作权法律规定的一系列条件。无论各国有关技术措施规避例外规定的表现形式如何，从世界多数国家的著作权立法现状来看，依然有相当多的国家在其著作权法律中规定了适用于图书馆的技术保护规避例外。哥伦比亚大学 Kenneth D. Crews 于2008年11月公布的调查结果表明[195]，目前世界上有79个国家立法禁止对规避保护版权的技术措施，在这79个国家中，有26个国家的著作权法律明确规定了适用于图书馆的技术措施规避例外。

五、2001 年欧盟颁布的《信息社会版权指令》

目前，成立于“二战”后的欧盟，有 27 个成员国，已发展成为一个重要的经济与政治联合体。欧盟作出的决策或指令，已经从多个领域对其成员国法律产生直接影响。通常情况下，欧盟发出的指令，均需要经过一系列复杂的政治程序，比如，均需要由欧盟顾问委员会（the Council）、欧盟委员会（European Commission）以及欧洲议会（European Parliament）提出并审议通过。基于在欧盟各成员国之间构建和谐、协调立法的目的，对于各项新颁布的欧盟指令，成员国往往会有长达数月或数年的宽限期，以将其体现在本国的立法或相关决策中。

迄今为止，欧盟已经颁布了若干项与著作权法律相关的指令。其中，最为著名的著作权指令是欧盟于 2001 于颁布的《欧盟信息社会版权指令（2001）》。一方面，该指令要求欧盟各成员国对著作权法律作出较大幅度的修订。另一方面，该版权指令也规定了一些可由成员国根据本国国情灵活选择的规定，包括适用于图书馆的著作权例外，该指令所规定的各种著作权例外均是可选的，而不是要求成员国必须在本国的著作权法律对之全部加以体现。

根据 WCT 和 WPPT 的有关著作权例外的要求，《欧盟信息社会版权指令》涉及一系列非强制性的指定例外（Prescriptive non – mandatory exceptions），而且规定成员国“应当有权选择”（Member states should be given the option）如何将欧盟所倡议的著作权例外体现在本国的著作权法律中。概括起来，这些非强制性的指定例外主要涉及[196]：临时复制、版权作品的影印、私人使用、文化或教育机构的复制、出于广播的目的而进行的临时复制、为社会机构的广播而进行的复制、出于科学或研究的目的而进行的举例、残障人士对版权作品的使用、为了报道新闻或描述当前发生的事件、为了批评或评论的需要、出于公众安全的目的、为了正常演讲的需要、宗教庆典对版权作品的使用、有关公众场合艺术或建筑物的例外以及作为作品附加材料使用的例外等。

与 WCT 相比，《欧盟信息社会版权指令》有关著作权例外规定有如下 3 个特点。

1. 高度关注著作权例外与数字环境的关系

关于著作权例外的规定，该版权指令在措辞上也采用了《伯尔尼公约

(1976)》和 TRIPs 中有关著作权例外的方式[197]：

> 在适用本指令规定的例外和限制时，对这些例外和限制的行使应当与国际义务相一致。适用这些例外和限制的行为不得有损于权利人的合法利益，或与正常利用其作品或其他客体相抵触。成员国提供此类例外或限制，尤其应充分反映此类例外或限制可能在新的电子环境背景下对经济带来的日益增长的影响。因此，在对版权作品或其他客体出现某种新的利用方式时，应当进一步缩小某些例外或限制的范围。

可以看出，在《欧盟信息社会版权指令》有关著作权例外的规定中，“尤其应充分反映此类例外或限制可能在新的电子环境背景下对经济带来的日益增长的影响”这一表述，将之明显区别于在此之前未有明确关注数字环境下著作权例外的国际性著作权公约、协议。随着数字技术的迅速发展，数字环境下的著作权例外，特别是数字环境下图书馆可能享有的著作权例外空间，于公众获取版权数字作品的影响极大。一部能够对著作权例外作出较为完善规定的著作权成文法，离不开对数字环境下的著作权例外作出清晰界定。

2. 首次明确地将图书馆列为著作权例外的可适用主体

值得一提的是，《欧盟信息社会版权指令》首次明确地将图书馆列为著作权例外的可适用主体。在阐明立法目的的第 34 条，该指令规定[198]：

> 成员国应当有权选择在特定情况下允许某些例外或限制，例如为了教育和科研目的、为了图书馆和档案馆等公共机构的利益、为新闻报道的目的、为了引用、为了供残障人士使用、为了公共安全进行的使用，以及在行政和司法程序中进行的使用。

该指令规定成员国必须基于某些特定情况，在著作权法律中规定有关复制权的例外。其中，关于图书馆可适用的复制权例外，第 5 条第 2 款（c）项规定为[199]：

> 由公众可以进入的图书馆、教育机构或博物馆、档案馆进行的无直接或间接经济或商业利益的特殊复制。

实际上，除了第5条第2款（c）项，该指令第5条第3款（n）项为成员国在著作权法律中规定适用于图书馆的复制权例外提供新的依据。依照该项规定，只要图书馆所进行的复制没有直接或间接的经济或商业利益，即可适用复制权例外。当然，《欧盟信息社会版权指令》有关著作权例外在欧盟各成员国得以实施的直接结果就是各成员国将相关著作权例外反映在本国的著作权法律中。在一些国家，其著作权法律有关著作权例外的规定，几乎是逐字逐句地引用《欧盟信息社会版权指令》的有关规定。但是，在一些国家，著作权立法者却在理解《欧盟信息社会版权指令》有关著作权例外的规定方面存在争议，而最终体现在这些国家著作权成文法中的著作权例外，只能说是各种政治势力相互妥协的结果。因此，一般情况下，制定出来的著作权成文法并不能将实践中的各种著作权例外一一囊括。需要特别指出的是，多数欧盟成员国均在本国的著作权法律中，制定了允许图书馆出于研究的目的可以享有复制权例外，而多数成员国的著作权法律并没有明确规定，图书馆可以将出于研究目的而制作的复制件提供给图书馆用户。

3. 规定技术措施的规避例外，而且图书馆也是这类例外的适用主体之一

《欧盟信息社会版权指令》就成员国在制定规避技术措施的例外方面作出明确的指导性规定。该指令第6条第4款规定[200]：

> 尽管第1款规定了法律保护，在权利人没有采取自愿措施的情况下，包括权利人和其他相关各方之间达成协议的情况，成员国应采取适当的措施，保证权利人使受益方从国内法规定的例外或限制中获益，国内法规定的例外或限制的方式应符合第5条第2款（a）、（c）、（d）、（e）项、第3款（a）、（b）或（e）项的规定。该例外或限制以获益的必要程度为限，且受益方需对有关的受保护作品或其他相关客体有合法的访问权。

针对技术措施规避例外的适用条件，该指令主要规定两种情形：

首先，适用于私人复制需要的技术措施例外。该指令在阐明立法目的的第39条中指出[201]：

> 在提供有效的技术措施的情况下，当适用私人复制的例外或限制时，成员国应适当考虑技术和经济的发展，尤其是关于数字私人复制和补偿机制方面的发展。此种例外或限制不应阻碍或制止规避行为使用技术措施。

其次，图书馆可适用的技术措施规避例外。该指令在立法目的的第48条规定[202]：

> 就有关技术措施提供此类法律保护，能有效地限制未经任何版权、相关权利以及数据库特殊保护权的权利人授权的行为，但不得阻碍电子装置的正常运行及其技术发展。此种保护也不要求装置、产品、组件或服务的设计必须符合技术措施的要求，只要这些装置、产品、组件或服务不违反本指令第6条所禁止的行为。此种法律保护应适当尊重而不是禁止那些并非规避技术保护的有显著商业目的或用途的装置或行为。尤其是，此类保护不应妨碍研究密码术。

事实上，《欧盟信息社会版权指令》进一步拓展了欧盟在世界版权立法领域的影响力，一些并不是欧盟成员国的国家，也正试图通过谈判，在本国著作权立法中，部分或全部引入欧盟有关著作权的指令，以便与欧盟建立更为密切的合作关系。这些国家既有欧洲国家，也有一些非欧洲国家。

第二节　适用于图书馆的著作权例外的立法现状

一、世界多数国家有关图书馆可适用的著作权例外的立法概况

总体而言，随着数字信息技术的发展，在WCT、TRIPs等国际性著作权协议以及一些地区性著作权协议（如《欧盟信息社会版权指令》）的影响下，绝大多数国家在2000年前后对本国著作权法律进行修订，同时积极调整本国著作权法律关于图书馆可适用的例外规定。比如，为了适用数字环境的需要，澳大利亚对本国的著作权法进行修订，制定了适用于数字环境的著作权例外。

《澳大利亚数字议程（2000）》［*The Australian Copyright Amendment*（*Digital Agenda*）*Act 2000*］规定了许多与数字环境有关的著作权例外。这些例外涉及[203]：为了研究或学习的目的、出于批评或评论的目的、报道新闻的需要、图书馆和档案馆交流馆藏资源的需要、临时复制中的复制权例外和教育机构的复制权例外。同时，该法还规定，出于著作权法律允许的目的，具有资格的主体（Qualified Person）可以合法地制造、进口或提供用于规避技术措施的装置。这些被著作权法律允许的目的包括：图书馆或档案馆复制或传播、计算机程序的反向工程、出于教育目的的复制、议会复制和政府其他部门的复制。

从当前绝大多数国家关于图书馆可适用的著作权例外的立法规定来看，世界多数国家适用于图书馆的著作权例外的立法整体情况可以归纳为4个板块、两种类型[204]。

1. 适用于图书馆的著作权例外的4个板块

（1）以英国为代表的第一板块。英国1911年制定的版权法及其修改版本，不仅应用于英国本土，而且也被广泛应用到英属殖民国家中。目前，因详细地列举了图书馆可适用的各种例外情形，英国著作权法律有关图书馆可适用的著作权例外规定具有非常鲜明的特点。受英国影响，包括伯利兹、圣卢西亚、塞拉利昂在内的许多国家，其著作权法律有关图书馆可适用的著作权例外规定，无论是在结构、风格、措辞等方面均与英国有很大的相似性。而澳大利亚、新西兰以及新加坡，虽然这些年来一直在采取各种不同策略解决图书馆可适用的著作权例外问题，但也能反映出英国版权法律对其的影响[205]。

（2）由南美和安第斯共同体组成的第二板块。南美地区有关图书馆可适用的著作权例外规定具有浓郁的区域色彩。依据1969年《卡塔赫纳协定》（*Cartegena Agreement*）组建成安第斯共同体（the Andean Community）的4个国家——玻利维亚、哥伦比亚、厄瓜多尔和秘鲁，在适用于图书馆的著作权例外规定方面，具有很大的相似性。而南美的其他3个国家——阿根廷、巴西和智利，均没有规定适用于图书馆的著作权例外[206]。

（3）由中部非洲和《班吉协定》成员国组成的第三板块。《班吉协定》（*Bangui Agreement*）的成员国来自16个法语国家，主要集中在中部非洲。该协定包括许多版权条款，其中包括图书馆可适用的著作权例外。许多成员国并没有在著作权法律中规定图书馆可适用的著作权例外，但由于《班吉协定》在这些成员国的强制实施，也可据此间接表明这些国家也规定了图书馆可适用的著作权例外。而该地区的其他一些国家，虽然只是规定了一些较为简单的可供图书馆适用的著作权例外，但是，通过这些规定，许多不同类型的图书馆往往可以出于任何一项与图书馆服务相关的目的，享有一定的著作权例外，制作各种类型作品的复制件。而与图书馆服务相关的目的主要包括研究、保存以及其他图书馆业务活动[207]。

（4）以欧盟主要成员国组成的第四板块。受欧盟于2001年颁布的《欧盟信息社会版权指令》的影响，欧盟多数成员国纷纷修订本国著作权法律，并规定可适用于图书馆的技术措施规避例外。虽然欧盟各成员国在这方面的立法规定在措辞上会有一定的相似性，但是在具体适用条件上，国与国之间却相差甚远。这在很大程度上缘于欧盟在《欧盟信息社会版权指令》中只是推荐其成员国根据本国实际情况制定著作权例外，而不是强制性要求各成员国制定《欧盟信息社会版权指令》所提及的所有著作权例外规定。不过，在目前欧盟的27个成员国中，已经有21个国家制定了图书馆可享有技术措施规避例外的著作权法律条款。需要指出的是，一些非欧盟国家，也在借鉴《欧盟信息社会版权指令》有关此方面的著作权例外规定，修订本国著作权法律的相关条款。

2. 适用于图书馆的著作权例外的两种类型

根据著作权法规定的专指度可将适用于图书馆的著作权例外分为以下两类。

第一类是在本国著作权成文法明确规定图书馆可适用的著作权例外的具体情形。据调研[208]，截至2008年8月，在WIPO能获取著作权成文法规的149个成员国中，没有规定任何适用于图书馆的著作权例外的国家只有21个；在著作权成文法中明确规定至少一项可适用于图书馆的著作权例外的国家有128个，约占成员国总数的70%（128/184）；在著作权法中规定一般著作权例外（不仅只是适用图书馆）可适用于图书馆的国家有27个。其中，规定出于研究或学习的目的而适用著作权例外的国家有74个；规定图书馆出于保存的目的而适用著作权例外的国家有72个；规定图书馆出于替换的目的而适用著作权例外的国家有67个；规定允许图书馆规避技术措施的国家有26个。这些国家著作权法律有关图书馆可适用的不同著作权例外的适用条件如表3－1所示。

表3－1　适用于图书馆的不同著作权例外情形的适用条件

例外情形	国家数量	条件与情形
图书馆的日常复制	27	图书馆的任何需要；为图书馆管理的需要；复制件的数量限制；复制与其他运用
为科研和学习而复制	74	为用户复制；为科研或学习；为用户复制的举证；作品类型的限制；未发表作品；馆舍内提供
为保存或替换而复制	保存：72 替换：67	单个或多个复制件；作品受损或其他条件；为本馆永久收藏；其他图书馆存储的需要；可通过市场购买的作品的获取；数字格式
为文献传递或馆际互借而复制	文献传递：17 馆际互借：16	期刊论文或其他类型作品；购买获得；作为购买的替换手段
馆内复制设置	—	图书馆免责；制作用于个人使用的复制件；在设备上张贴通告；向版权所有人支付报酬
赔偿责任例外	—	图书馆与图书馆员的有限责任；完全保护或限制的情形；图书馆员的公平使用信仰
技术措施的规避	26	规避技术措施的目的；条件与限制；出于其他例外的规避；用户的责任或技术措施提供者的责任

第二类是在本国著作权成文法中只规定了图书馆可适用的著作权概括性例外。据调查[209]，在本国著作权法中规定了适用于图书馆的概括性例外（General Library Exception）的国家共有27个，这些国家包括阿尔巴尼亚、安哥拉、奥地利、保加利亚、佛得角、刚果（布）、克罗地亚、塞浦路斯、吉布提、希腊、印度尼西亚、约旦、肯尼亚、莱索托、马拉维、马来西亚、马里、蒙古、尼日利亚、阿曼、葡萄牙、卢旺达、斯洛文尼亚、斯里兰卡、叙利亚、突尼斯和坦桑尼亚。

二、合理使用成为适用于图书馆的一项重要的著作权例外

一些国家的著作权法律规定了面向“所有目的”（All-purpose）的概括性

例外。比如，《美国著作权法（2007）》的合理使用条款（Fair Use）[210]，《英国著作权、外观设计和专利法（2007）》与私人学习、批评或评论、新闻报道有关的合理使用条款（Fair Dealing）[211]。事实上，在英美国家，著作权合理使用的精确定义与解释，一般只能由法院裁定。

明确将图书馆作为著作权例外的适用主体，始于1956年的英国著作权法律。英国早在1710年的《安娜女王法令》中，即有类似于著作权例外的规定，虽然该规定未明确适用主体为图书馆，但图书馆依然可以适用。在美国，始于1976年著作权法的“合理使用”条款（第107条），虽未明确图书馆可以作为适用主体，但依据图书馆的职责和工作性质，多数情况下，图书馆的复制行为仍符合合理使用的4项检验标准，因而，1976年《美国著作权法》规定的“合理使用”条款，也是立法确定图书馆享有著作权例外的依据和标志。需要指出的是，虽然美国直到1976年才明确规定合理使用，但是，有关合理使用相关的判例却早在合理使用得到成文法确认的100多年前就已出现。

依据《美国著作权法（2007）》有关合理使用的规定，只要对作品的使用同时满足以下4项标准，作品使用者即可据此作为应对侵权诉讼的依据：（1）使用的目的和性质，包括是否为商业利用；（2）版权作品的性质；（3）使用的数量及引用的版权作品在新作品中所占的实质分量；（4）使用的影响，包括是否对版权作品的商业市场或价值构成直接的影响。通常来说，出于批评、评论、新闻报道、教学（包括为课堂教学制作多个复制件）、学习或研究等目的，均可以享有著作权例外，但是，只要同时符合以上4项标准，出于其他目的的使用，也可以适用著作权例外规定。美国有关合理使用这种原则性规定，有利于为图书馆可适用的著作权例外提供灵活可操作的依据。

作为著作权的一项重要例外，多数情况下，合理使用更是指基于公众利益的考虑，或者出于研究、学习、批评、评论、新闻报道、法院审判或其他法定目的而制作复制件时，专门设置的一项例外。判例法（Common Law）国家（也称习惯法国家，或称普遍法国家，或称英美法系国家）多数对适用合理使用的有关情形作出原则性规定，而成文法（Statute Law）国家（也称大陆法系国家）对于类似合理使用这样的著作权例外规定，则多以列举的方式加以规定。

三、复制权例外是当前各国著作权成文法重点关注的内容

当前，各国著作权法律赋予图书馆的例外主要涉及：适用图书馆复制的概括性例外（包括图书馆出于自身业务管理需要而进行的复制）、研究或学习、保存或替换、文献传播与馆际互借、馆舍内的复制设备、法律救济的限制、技术措施的例外。在当前绝大多数已经在著作权成文法中规定图书馆可适用的著作权例外的国家中，多数国家对复制权例外格外重视。一般地，复制权例外主要涉及研究或学习的复制权例外和图书馆保存或替换的复制权例外两种情形。

1. 针对研究或学习的复制权例外

从当前世界主要国家著作权法律对适用于图书馆的著作权例外规定来看，针对研究或学习的复制权例外，总体而言，主要涉及以下因素：只能为用户提供复制、复制件只能供研究或学习之用、使用者制作复制件的用途证明、只适用于特定类型的作品、针对未发表作品的有关规定、在图书馆馆舍内提供服务、许可协议的可获得性以及数字格式的使用等。从现有情况来看，各国著作权法律大多会对复制件的数量和未发表作品的使用作出较为明确的规定。此外，针对制作复制件的条件与收费标准，也有著作权法律作出相应规定。比如，在制作复制件时，图书馆员必须提供读者要求复制的使用声明，而且在复制件制作完毕后，图书馆员必须及时销毁制作复制件过程中不可避免而产生的中间复制件。虽然图书馆需要为制作复制件而投入一定的成本从而获得著作权法律允许，收取一定的费用，但这种收费绝对不能超过图书馆制作复制件的成本。

2. 针对图书馆保存或替换的复制权例外

从当前世界主要国家著作权法律对适用于图书馆的著作权例外规定来看，针对保存或替换的复制权例外，总体而言，主要涉及以下因素：复制件的数量限制（一件或者多件）、作品的损坏情况（或替换时作品的状态）、从图书馆馆藏中获取替换复制件、为图书馆长期保存而制作复制件、从其他图书馆获取来制作保存或替换复制件的条件、作品从商业市场的可获得性、数字格式。有些国家会对图书馆保存或替换的作品类型作出严格限制，比如是这种保存或替换适用于图书馆收藏的所有作品，还是只适用于图书馆收藏的部分作品；针对

音像制品、胶片等非文献型作品，与文献型作品相比，在保存或替换方面的著作权例外，部分国家的著作权法律作出了区别性规定；针对图书馆保存的复制权例外，多数国家著作权法律规定作品必须已经毁坏、损坏、丢失或者是失窃，而制作保存复制件的目的是防止作品的丢失或老化；针对作品是否可获得的规定，多数国家著作权法律要求，图书馆必须经过一番努力而无法以合理的价格从商业市场获得；此外，部分国家的著作权法律会要求图书馆制作的保存或替换复制件，其原始复制件（Original Work）必须是在本馆获取，而不能通过其他图书馆获取。

四、适用于图书馆的著作权例外的立法特点

从世界多数国家的著作权立法现状来看，当前适用于图书馆的著作权例外立法主要呈现出以下 5 个特点。

1. 成文法呈现

从世界主要国家著作权法律有关适用于图书馆的著作权例外的立法现状来看，多数情况下，适用于图书馆的著作权例外均以成文法的形式，规定图书馆可以出于研究、保存等目的而复制版权作品。比如，英国、加拿大、南非、澳大利亚、新西兰以及其他联邦制国家，也在其著作权法律中作出了适用于特定目的的著作权例外规定。从这些国家著作权法律有关规定来看，有关著作权例外的适用主体只是局限于个人、教育机构、图书馆或其他文化机构、政府部门等。与美国相比，这些国家有关著作权例外的规定往往适用面较窄。《美国著作权法》还专门设置第 108 条款，对图书馆可以适用的著作权例外作出了较为详尽的规定。不过，这些国家有关著作权例外的规定已得到其国民的普遍认同与遵守。

一般地，制定民法典的国家（Civil Law Countries）往往会在其著作权立法中，对著作权例外作出明确规定。以法国为例，虽然该国有关著作权的法律对版权作品的复制权例外作出了较为严格的限定，但是，法律仍然清晰地规定[212]，只要明确标明作品的创作者和来源，对出于分析、新闻评论，或者批评、教育、辩论或科学研究的目的而进行少量引用等情况，可适用著作权例外。再比如，《德国著作权法（2007）》针对引用和私人使用的情况，对可适

用于著作权例外的情形作出了详细规定[213]。

2. 类型多样性

适用于图书馆的著作权例外具有多类型性。从世界多数国家著作权立法现状来看，适用于图书馆的著作权例外因为适用条件与目的的不同而呈现出多种类型。其中，最为常见的是概括性例外，即允许出于“图书馆的目的”（Purposes of the Library），包括图书馆行政管理的需要，图书馆可制作版权作品的复制件。而其他适用于图书馆的著作权例外均出于比较特定的目的，如出于研究的目的、出于保存或替换的目的等。Kenneth D. Crews 在 2008 年进行的世界主要国家著作权法律的调查结果显示，在能够获取到著作权实体法英文版本的 149 个国家中，有 74 个国家著作权法律规定适用于研究或学习的著作权例外，有 72 个国家著作权法律规定图书馆可出于保存的目的享有著作权例外而制作版权作品的复制件。当然，在原文传递和馆际互借的复制、技术措施规避等方面，图书馆也享有一定的例外。

3. 国家相异性

不同国家可适用于图书馆的著作权例外具有相异性。从著作权的立法现状来看，虽然多数国家会共同参与某一国际性著作权组织，并且在制定本国可适用于图书馆的著作权例外方面受国际性著作权协议的规约，但是，国际性著作权协议有关著作权例外的规定，只是给成员国或签约国提供一项立法原则，即最低限度的例外标准。因此，由于经济发展水平的不同及其他国情因素的差异，多数国家关于著作权例外的有关规定并不完全相同。比如，在图书馆可适用的复制权例外方面，有关复制主体、复制对象、复制目的、例外与《伯尔尼公约》三步检验法之间的关系以及例外与许可的关系等方面，国与国之间的规定均存在一定差别。透过这种差别往往折射出国与国之间在政治、竞争利益、经济和文化价值、历史传统、地区协议等方面的差异。eIFL 在其有关声明中指出[214]，WCT 规定了许多可灵活操作的著作权例外，但是，这些国际性标准并未能在发展中国家的著作权法律中得到充分体现。事实上，与发达国家相比，发展中国家的版权法律对版权作品的使用限制甚至更为严格。

4. 相互影响性

导致著作权法律呈现为多种不同的模式有多种原因。比如，有的立法模式是因为历史的原因造成的，比如，受英国法律的影响；有的立法是因为地域的原因而形成的，比如，一些非洲国家的著作权法律并没有规定适用于图书馆的例外，也没有其他的一般性例外条款使得图书馆可以依据这类条款制作复制件；也有一些立法模式是地区性相互协调的结果，比如欧盟地区，随着《欧盟信息社会版权指令》的出台，虽然 27 个加盟国均有本国的著作权法律，但各国在制定著作权法律时，多以与《欧盟信息社会版权指令》相协调作为重要指导原则。

5. 动态调整性

随着数字技术的发展，尤其是通过互联网和其他类似的多媒体数字网络[215]，作品和文化产品的获取、复制和大量传输的无形化又提出了重新审核著作权例外的各种问题，并在国家、地区和国际等不同层面上引起了广泛争论。IFLA 在“国际图联关于在数字环境下版权问题的立场”中指出[216]，在国家版权立法时，被《伯尔尼公约》准许和被 WCT 认可的著作权和相关权利的例外规定，如有必要，应该被修改，以保证被准许的合理使用，可以相同地应用到电子形式和印刷形式的信息环境中。

第三节　适用于图书馆的著作权例外的立法趋势

对图书馆界实践者而言，站在未来规划现在往往要比站在现在思量未来更具战略意义。同样，对于图书馆界研究者而言，放眼世界，评析当前，关注世界上适用于图书馆的著作权例外的立法发展趋势将更有利于确保理论研究之树常青。

一、维持动态平衡性

适用于图书馆的著作权例外始终处于动态平衡中。Kenneth D. Crews 认为[217]，著作权法律由著作权专有使用权和著作权专有使用权例外共同构成。既要保护作品创作者以及其他版权拥有人的合法利益以提高作者创作的积极性，又要考虑公共利益以扩大作品的传播面与受益面。这是著作权法律永恒的主旋律。而这一主旋律的指挥棒，恰恰就是全人类社会知识进一步丰富和文明程度进一步提升的信息需求。比如，依据 DMCA 第 1201 条款的规定，没有任何一项新增的版权拥有人保护权利，包括有关技术措施的有关规定，会对现有的著作权例外或者限制造成不利的影响，包括合理使用也不会受到影响。为此，DMCA 第 404 条还对美国当时版权法规定的、适用于非营利性图书馆和档案馆的著作权例外做了修订[218]，以使得著作权例外能够与技术发展和非营利性图书馆、档案馆面临的新一轮中的保存活动保持一致。针对新增加的技术措施，该法也规定了一定的著作权例外。依据现有的立法程序，由美国国会图书馆领导的委员会每隔 3 年对规避技术措施的著作权例外进行评估，确保其能与公众利益保持一致。

二、直接受信息技术影响

由于作品的制作、保护和利用与信息技术密切相关，因此，信息技术的迅速发展时期也是适用于图书馆的著作权例外立法规定的修订之时。WCT、WPPT 等从法律层面确认技术措施受保护的法律地位。DMCA 作为第一部响应 WCT 和 WPPT 的国家性著作权法律，较早地对技术措施进行了法律保护，并规定针对技术措施规避的例外。以 DMCA 为例，该法案针对技术措施的例外包括：非营利性图书馆、档案馆和教育机构出于评估是否采购数字资源的需要而规避技术措施、反向工程的需要而规避技术措施、加密研究的需要而规避技术措施、镜像保护的需要而规避技术措施、私人使用而规避技术措施、安全测试而规避技术措施等。尽管《美国著作权法（2007）》规定了 6 项针对技术措施规避的例外。从 Kenneth D. Crews 调研的 149 个国家现行的著作权法律来看，截至 2008 年 12 月底，给予技术措施法律保护的国家已经达到 26 个[219]。事实上，关于技术措施规避例外条款的存在，只是适用于图书馆的著作权例外直接受信息技术影响的一个缩影。在未来，随着信息技术的发展，更多地与信息技术有关的、可适用于图书馆的著作权例外的出现将是人类文明发展的一种必然。

三、国际性的趋势不断加强

虽然国际知识产权与著作权的组织、机构在规定著作权保护和著作权例外方面只是提供最低的标准，但从20年纪90年代以来，响应国际性著作权组织的有关规定，进一步与国际性著作权规定接轨，已经逐步在各国著作权法律有关适用于图书馆的例外规定中得以体现。比如，根据WCT的规定，许多发达国家已经完成或正在进行本国著作权法律的修订。其中，美国、澳大利亚、欧盟等国已经颁布与WCT这一国际性版权规定相一致的著作权法律。截至2003年，欧盟所有成员国均已宣称，已依据欧盟的版权指令，完成本国著作权法律的修订。此外，随着国际上多数国家著作权成文法对技术措施规避例外做出规定，更多的国家也在不断地向这一国际性趋势迈进。比如，我国虽然未在《中华人民共和国著作权法（2001）》中将技术措施规避例外明确列出，但到2006年，随着《信息网络传播权保护条例（2006）》的颁布，我国也将技术措施规避例外加以纳入。这体现了我国在立法上与国际接轨的行动力。事实上，随着全球合作的加强，适用于图书馆的著作权例外规定向国际化迈进，将会是不可逆转的发展趋势。

四、标的物更加多样化

适用于图书馆的著作权例外是实现公共利益的重要手段，而公共利益的衡量标准将最终决定这种例外的具体情形。但是，各国对于公共利益的衡量标准却是千差万别[220]。这就导致各国在适用于图书馆的著作权例外规定上并不一致，从而导致可适用于图书馆的著作权例外标的物（Subject Matter）的多样性。总体而言，当前世界多数国家著作权法律规定的可适用于图书馆的著作权例外所涉及的标的物，从作品的发表状态而言，包括已发表作品和未发表作品；从版权归属的明确程度来划分，包括有主作品和无主作品；从作品的表现形式来说，涉及传统非数字化作品和原生数字作品（Born Digital）等。事实上，随着作品类型的多样化，适用于图书馆的著作权例外所涉及的标的物将进一步多样化。

第四节　适用于图书馆的著作权例外与图书馆实务

从世界性、地区性著作权协议适用于图书馆的例外规定发展历程、世界多数国家适用于图书馆的著作权例外的立法现状来看，在数字信息技术广泛而又深远地影响着图书馆的今天，图书馆面临的著作权例外较为复杂。对于我国图书馆界而言，了解哪些法律能够给予自身可适用的著作权例外、知晓哪些是自身开展业务至为重要的著作权例外显得意义重大。

一、赋予我国图书馆著作权例外的著作权法律

从总体上来说，图书馆处理的版权作品包括本国的版权作品和国外的版权作品。由于图书馆收藏的外国版权作品来自多个国家，这导致处理国外版权作品所涉及的著作权法律依据也较为复杂。

针对本国作品，其涉及的著作权纠纷多可借助我国现行的著作权法律加以处理；而涉及外国作品的著作权纠纷，可依据的法律往往较为复杂。这类著作权法律主要包括：国际性著作权协议或条约、我国的著作权法律、外国作品版权人所在国家的著作权法律、我国与外国作品版权人所在国家签订的著作权双边协定或多边协定、图书馆与版权作品提供者双方协定的第三方国家的著作权法律。由于国际著作权条约往往只是给版权作品提供最低标准的版权保护，多数情况下，国际版权条约多是作为各国制定著作权法的立法参考依据，而较少直接作为具体案例的审理依据。由于各国经济发展的水平和著作权立法保护意识的差别，版权作品拥有者与版权作品使用者往往难以在采用哪一方的著作权法律作为纠纷处理依据上达成一致。因此，实践中，针对外国作品的著作权纠纷处理（如诉讼，仲裁）依据，版权作品拥有者和版权作品使用者多倾向于采用所在国家签订的著作权双边协定或多边协定，或者是双方协定的第三方国家的著作权法律。

有鉴于此，我国图书馆界既需要知晓本国著作权法律规定的、可适用于图书馆的著作权例外，也需要了解与图书馆发生资源订购关系或作品利用关系的国家的著作权法律关于图书馆可适用的著作权例外，更需要了解对图书馆所在的国家及与图书馆发生资源订购关系或作品使用关系的国家均具有约束力的世界性、地区性著作权公约、协议，以及根据双方协定的第三方国家的著作权法律。

二、对我国图书馆较为重要的著作权例外

从世界多数国家适用于图书馆的著作权例外的立法现状来看，虽然图书馆可适用的著作权例外涉及多种情形，但归纳起来主要集中在复制权例外、信息网络传播权例外和技术措施规避例外 3 个方面。其中，虽然技术措施并不是一项著作权专有使用权，但是，它却对著作权专有使用权起到保护作用，从而使得其受到与著作权专有使用权几乎同等的立法保护。与著作权专有使用权例外一样，针对技术措施规避的例外对图书馆的资源建设与信息服务同等重要。

有效了解上述 3 类例外及其立法原则、立法模式，有利于我国图书馆界了解世界多数国家现行著作权法律有关图书馆可适用于著作权例外规定的重点，更为合理地反映自身关于著作权例外的诉求。为此，在后续章节中，本书将基于以下两个方面的考虑，选择从图书馆可适用的复制权例外、信息网络传播权例外和技术措施规避例外 3 个角度，深入剖析图书馆可适用的著作权例外。

1. 从图书馆面临的数字化网络化环境考虑

在数字化网络化技术的推动下，图书馆的服务效率较前数字化网络化时代明显提高，复制从过去基于影印的模拟复制发展到数字复制，传播也从过去的到馆借阅发展到以互联网传输为主。图书馆复制与传播能力的加强以及图书馆由此对版权作品销售市场的潜在影响力的增强，使得版权拥有者更期望在这两方面加强对著作权的限制，反过来，图书馆也密切关注着自身在复制与网络传播方面享有的著作权例外空间。同样需要注意的是，随着技术措施在版权保护方面的普及，图书馆在利用版权作品受到两大限制——法律（主要是著作权法和合同法）和合同协议限制的基础上，再受两道限制——技术措施（TPM，RMI 和 DRM）以及保护技术措施的有关著作权法规定的限制，而在数字作品复制件制作、机构存储库（或学科存储库）和数字资源长期保存等活动开展中，图书馆不可避免地需要规避保护版权作品的技术措施，因此，图书馆在上述 3 方面享有著作权例外，已成为当前乃至未来很长一段时间内国内外图书馆界重要的关注点。

2. 从图书馆当前的资源建设与信息服务考虑

著作权例外主要涉及多种专有权的例外，当然，图书馆可适用的著作权例

外也涉及多种著作权专有使用权。依据笔者的调查，当前我国图书馆开展的资源建设与信息服务可以归纳为30个小类别。在这些类别中，有60%以上的业务活动与复制相关，有75%的业务活动与信息网络传播相关，有20%的业务活动与技术措施规避有关。如果只是从图书馆具体某项业务的角度研究图书馆可适用的著作权例外，则由于图书馆业务的多样性而容易导致挂一漏万，无法全面论述。而如果以图书馆主要业务普遍涉及的著作权专有使用权为切入角度，以专有权将各项业务活动加以汇集，并以这些著作权专有使用权的例外为分析主线，将更能深入全面地剖析图书馆资源建设和信息服务中涉及的著作权例外问题。

随着图书馆的发展、数字信息技术的进步和图书馆服务能力的提升，图书馆越来越期望获得更为宽阔的著作权例外，以便图书馆可以出于学习、研究或者其他的合法目的，充分利用各类版权作品。基于这种原因，各国著作权法中有关图书馆的规定也就变得相当普遍。各国图书馆服务水平的差异，以及各国版权拥有人和出版商对著作权法的期望各有区别，使得适用于图书馆的著作权例外更具有多样化和复杂性。从当前世界主要国家有关图书馆可适用的著作权例外规定来看，可适用于图书馆的著作权例外主要包括复制权例外、信息网络传播权例外和技术措施规避例外。事实上，著作权法并不仅仅是管制图书馆的活动，作为文化、历史和经济的一个反映，各方利益可能会出现冲突，由此，著作权法的重要价值就是平衡相关各方的利益，允许图书馆享有一定的著作权例外，同时，也对版权拥有者、出版商以及其他权益人提供保护。

据考证，在著作权法中明确规定适用于图书馆的例外始于1956年由英国制定的著作权法。由于著作权法律规定的国际性，以及各国立法者在制定法律过程中对其他国家著作权法的仿效，过去几十年来，适用于图书馆的著作权例外相当受关注。在后续部分，本书将选取较有代表性的大陆法系国家——德国、意大利、法国、日本4国现行的著作权实体法，同时选取较有代表性的英美法系国家——美国、英国、加拿大、澳大利亚4国现行的著作权实体法，以及欧盟现行的著作权指令，在复制权例外、信息网络传播权例外和技术措施规避例外等方面，通过对比分析，揭示上述国家、地区在图书馆可适用的著作权例外方面的共性立法原则。一方面使我国图书馆深入了解这些国家图书馆所享有的著作权例外，另一方面也使我国图书馆界通过比照我国现行著作权法律体系有关图书馆可适用的著作例外，知晓我国著作权法律在此方面规定的不足，强化图书馆界避免著作权侵权、在资源建设（特别是通过采购获得资源）和信息服务中更好地维护图书馆合法权益的意识，激发我国图书馆界在参照国外立法实践并结合我国国情的基础上，合理而有依据地、系统地反映我国图书馆界在数字化网络化环境下的著作权例外立法诉求。

第四章　适用于图书馆的复制权例外

在复印机没有出现或者没有广为流行之前，制作一件作品的复制件相当麻烦，大多靠手工抄写。因此，在20世纪50年代之前，复制件并不普遍。在复印机开始出现之时，人们利用图书馆的藏书制作复制件并不会对作品的市场造成实质性影响。随着复制技术的不断发展，现代化的数字复制技术使得制作作品复制件非常方便，保护版权拥有人复制权的有关规定也随之不断被调整。与保护版权拥有人复制权同步，为了满足社会对知识和信息的需要，保障作品的传播利用，著作权法律对复制权的保护实行有限范围的例外。适用于图书馆的复制权例外，正是这种例外的一类重要情形。

第一节　适用于图书馆的复制权例外的基本问题

一、法律意义上的复制概念

在著作权保护的历史上，著作权制度的沿革始终跟随着复制技术的发展和进步。在印刷技术尚未出现之前，人类记录、传递知识的方式是采用原始、繁复的手抄方式，成本高昂的“复制”本身便是保护作者和作品的天然屏障。印刷术的兴起使得复制和传播作品的成本大幅度下降，考虑到随意复制对出版商、作者自身利益造成的直接损害，现代著作权保护制度才以复制权为基础建立起来。自此，复制权即作者自己复制和授权他人复制其作品的权利一直是著作权人所享有的核心权利[221]。认定复制的概念，有利于明确哪些行为是复制权保护的对象，从而为复制权例外的适用提供依据。虽然法律概念可通过学理解释得以明晰，但是法律条文本身作出的解释，无疑最具有权威性。同理，对于复制概念的认定，有必要了解法律的规定。

1996 年，WCT 第 1 条第 4 款规定[222]：

> 缔约各方应遵守《伯尔尼公约》第 1～21 条和附件的规定①(①关于第 1 条第 4 款的议定声明：《伯尔尼公约》第 9 条所规定的复制权及其所允许的例外，完全适用于数字环境，尤其是以数字形式使用作品的情况。不言而喻，在电子媒体中以数字形式存储受保护的作品，构成《伯尔尼公约》第 9 条意义下的复制。

从 WCT 有关复制概念的规定可以看出，随着数字化信息技术的发展，继影印复制等传统复制技术之后，数字化复制也得到了法律的确认。就各国现行的著作权法律而言，绝大多数国家在本国的著作权法律中明确规定复制的概念。比如，《美国著作权法（2007）》第 101 条关于复制概念的规定为[223]：

> 复制是以现在所知的或将来发展出来的方法将作品固定在除了录音制品以外的物质载体上，由此作品能直接地或借助机器或装置被观看、复制或进一步传播的行为，它强调了复制是"固定"在有形载体上。

《英国著作权、设计与专利法案（2007）》明确将临时复制包含在复制的概念之中，并根据不同的被复制对象作了区别定义。该法第 17 条第 2 款规定[224]：

> 关系到文学、戏剧、音乐或艺术作品，复制系指以任何物质形式再现作品。此种复制包括用电子手段将作品存储于任何介质中。

该法第 17 条第 6 款又明确规定[225]：

> 对任何作品的复制都包括制作暂时性的或附属于作品其他用途的复制件。

《日本著作权法（2004）》第 2 条第 1 款第 15 项关于复制的规定为[226]：

复制：使用印刷、照相、复印、录音、录像或其他方法进行有形的再制作。包括以下列举的事项：（1）脚本及其他同类的戏剧著作物：对著作物的演出、广播或有线广播进行录音或录像；（2）建筑著作物：根据与建筑有关的图纸建成建筑物。

《欧盟信息社会版权指令（2001）》虽未有直接对复制作出定义，但透过其有关“复制权”的定义，可以折射出该指令对复制的界定。该指令第2条规定[227]：

成员国应规定下列授权或禁止直接地或间接地、临时地或永久地通过任何方法和以任何形式全部或部分复制的专有权。

从世界多数国家、地区现行的著作权法律分析，在“复制”这一概念的法律认定上，多数国家在著作权成文法的术语解释部分或涉及复制权的有关条款中对“复制”作出统一的界定，但有的国家却是在著作权法律中，根据不同的作品类型来定义复制的概念。比如，《加拿大著作权法（2007）》根据不同复制对象对复制加以界定[228]。

在我国，依据《中华人民共和国著作权法（1990）》第52条的规定[229]，复制是指通过印刷、复印、临摹、拓印、录音、录像、翻录、翻拍等方式获得复制件的行为。到了2001年，《中华人民共和国著作权法（2001）》第10条第5款则将复制规定为[230]，以印刷、复印、拓印、录音、录像、翻录、翻拍等方式制作复制件。与在此之前的著作权法律相比，我国将通过“临摹”获得复制件的方式加以去除。尽管如此，我国这两部著作权法律并未明确将数字化复制的手段加以体现。不过，在《信息网络传播权保护条例（2006）》中[231]，“以数字化形式复制的作品”正式由该法第7条确认。需要指出的是，尽管上述立法在逻辑上没有将“临时复制”排除在“复制”之外，但从其所列举的“复制”的具体方式上，不难发现这些复制方式都是倾向于诸如印刷等能够长久保存复制件的“长久复制”。

二、复制权保护的复制行为

明晰复制在法律意义上的概念，有利于明确哪些复制行为受复制权保护。

通过前文有关分析可知，被著作权法律承认的复制行为，一般均在复制权的保护之列。也只有针对这类受复制权保护的复制行为，才有复制权例外存在的必要。

一般地，从复制的技术手段与复制件的存储载体来划分，可以将复制分为4种形式：（1）将作品由无载体变为有载体的复制，如录音、录像、摄像。（2）不改变作品存储载体的复制，如印刷、静电复印、手抄、利用数字作品制作其数字复制件。（3）改变作品存储载体的复制，如将非数字化作品经由数字化制作为数字化作品，包括扫描、电脑录入等。（4）将作品在二维图形和三维图形之间转换和复制。受数字信息技术的影响，数字化复制的出现使得各国纷纷对复制权保护的复制行为重新加以界定。在此过程中，有关数字化复制，特别是临时复制是否应该纳入复制权保护的范畴，曾有很长一段时间备受法律界争议。在数字化复制方面，随着WCT对数字化复制的认可，绝大多数国家将数字化复制纳入本国复制权保护的范围。在临时复制方面，是否应该将临时复制纳入著作权保护的范畴，至今各国著作权法律对此也未形成统一认识。

从本质上理解，所谓临时复制（Temporary Copy），也称暂时复制，是指一项作品从计算机外部首先进入该计算机随机存储器（Random Access Memory，RAM），并停留于此，最终因为计算机关机、重启、后续信息挤兑等原因消失于随机储存器的过程[232]。

临时复制与长久复制客观上存在“量”的区别，这种“量”的区别主要表现在：（1）前者产生的复制件存在的时间具有暂时性，而非长久性。（2）前者产生的复制件的再复制性和再传播性要远远低于后者产生的复制件。目前，欧美一些国家的著作权法律已将临时复制纳入复制权保护的范畴。以美国为例，1995年，美国“知识产权工作组”在其公布的白皮书第194条脚注中指出[233]，“在用户的计算机与电子布告板系统或其他服务器之间的作品上传或下载，以及计算机网络用户之间的传输，都应当属于版权法意义上的复制，但这种暂时性的、不完整的复制件不应被归入版权人的复制权范围之内”。这样美国法律就将暂时性的、不完整的复制排除在版权拥有人享有的复制权的范围之外。但是，美国联邦法院在“MAI Systems Corp诉Peak Computer”一案的判决中却将计算机内存中形成的暂时性复制件认定为非法复制件，显然将这种暂时性复制纳入了复制权的范围之内[234]。

事实上，2008年3月由《美国著作权法》第108条款研究组颁布的研究报告也将临时复制（Reproduction in the RAM of a computer when a user views a work）纳入复制权保护的范畴[235]。与美国类似，英国著作权法律也将临时复制作为复制权保护的对象（见《英国著作权、设计与专利法案（2007）》第17条第6款）。目前，诸如英美这样把临时复制完全套用传统复制权制度的立法体例并不多见。与英美相比，《欧盟信息社会版权指令》虽然将临时复制纳入复制权保护的范畴（见该指令第2条），但却对其作出了限制。该指令第5条第1款规定[236]：

> 第2条所指的临时复制行为，如果是短暂的或偶然的[以及]是技术处理过程中必要的不可分割的组成部分，其唯一目的是：(a)使作品或其他客体在网络中通过中间服务商在第三方之间传输成为可能，或（b）使作品或其他客体的合法使用成为可能，并且该行为没有独立的经济意义，应免除第2条规定的复制权。

与国外著作权法律相比，我国现行著作权法律并未对临时复制作出立法规定，实际判例中也未将临时复制纳入复制权保护的范畴。一般地，著作权例外只适用于受著作权法律保护的著作权专有使用权。因此，由于临时复制未成为我国著作权法律所规定的复制权的保护范畴，故其也不在我国图书馆可适用的复制权例外之列。

三、复制权例外的内涵界定和类型

1. 复制权例外的内涵界定

依据前文有关著作权例外的内涵界定，可将复制权例外理解为，遵照著作权法律或相关法律的规定，或者是依据版权拥有人让渡复制权的声明，在一定情况下，可以不经版权拥有人授权也无须补偿版权拥有人就可以利用相关复制技术，借助相关复制设备，对处于版权保护期内的作品，制作复制件；或者在一定情况下可以不经版权拥有人授权就可以利用相关复制技术，借助相关复制设备，对处于版权保护期内的作品，制作复制件，但要补偿版权拥有人；或者是不需要承担复制权侵权责任的其他特定情形。

2. 复制权例外的主要类型

由于各国历史背景、风俗习惯、经济发展水平的差异，著作权法律对复制权例外的规定也有所不同。而且目前多数国家著作权法律针对复制的例外并不只是局限于某一情形，而是划分为不同适用类型。以《欧盟信息社会的版权指令（2001）》为例，该指令第5条第3款规定的复制权例外主要包括16种类型[237]：

（1）自然人为私人使用并无论是否有直接或间接的商业目的在任何介质上进行复制。

（2）由公众可以进入的图书馆、教育机构或博物馆、档案馆进行的无直接或间接经济或商业利益的特殊复制。

（3）广播组织利用自有设备为自己的广播对作品制作临时录制品。

（4）由无商业目的的社会机构，如医院或监狱，复制广播，条件是权利人应获得合理补偿。

（5）仅为教学的举例说明目的或科研目的而使用。

（6）为残障人士的利益而使用，与残障直接有关，并且是非商业性的，以特定残障的需求为限。

（7）报刊复制、向公众传播或提供有关当前经济、政治或宗教方面的已发表的文章或广播作品或其他同类性质的客体。

（8）为了公共安全目的或为了保证行政、议会或司法程序的正常履行或报告而使用。

（9）使用政治演讲以及摘录公开演讲或类似的作品或客体。

（10）在宗教庆典或由公共当局组织的官方庆典中使用。

（11）使用永久设置在公共场所的作品，如建筑或雕塑作品。

（12）在其他材料中偶然包含的作品或其他客体。

（13）为给艺术作品的公开展览作宣传或促销的目的而使用。

（14）为漫画、讽刺或滑稽模仿作品而使用。

（15）与为演示有关的内容或维修设备而使用。

（16）为了重建目的，将艺术作品用于建筑物或建筑物的草图或蓝图。

作为地区性的著作权法律，虽然《欧盟信息社会的版权指令（2001）》规定的各种例外，包括复制权例外在内，只是建议成员国依据本国国情，有所选择地加以规定，但是，其在复制权例外方面的立法原则，却能够对欧盟地区的著作权法律有关复制权例外的立法规定产生深远影响。

从适用主体上区分，可以将复制权例外分为适用于私人的复制权例外与适用于机构的复制权例外。

（1）适用于私人的复制权例外。出于私人使用目的的复制权例外是指以个人使用为目的（如研究、教学和娱乐）而对作品进行的复制，原则上它是非商业性的、少量的。从著作权立法现状来看，对于私人复制并没有一个统一的定义。《伯尔尼公约》对此种例外的表述给立法者和司法机关留有很大余地。从权利限制角度看，出于私人使用目的的复制权例外“是指仅复制一件受著作权保护并包括在某个材料中的作品的简短片段或某些孤立的作品，仅供复制者个人使用（例如研究、教学或娱乐）”。[238] 当然，出于私人使用目的的复制权例外包括面向普通人群特定使用目的的复制权例外，也包括与残障人士（比如视障人士或听障人士）直接相关的、非商业性的、以满足特定需求为出发点的复制权例外。

（2）适用于机构的复制权例外。适用于机构的复制权例外主要是指在非商业性、少量复制的前提下，特定机构享有的复制权例外。比如，图书馆适用的复制权例外、学校等教育机构适用的复制权例外、新闻媒体适用的复制权例外及国家管理机关适用的复制权例外等。由于机构的社会职能不同，其享有的复制权例外也往往会被细分为各种不同的情形。以图书馆为例，依据世界多数国家著作权实体法关于图书馆可适用的复制权例外的立法现状，从目的的角度划分，图书馆在复制方面可适用的例外主要涉及：为保存或替换制作复制件而适用的复制权例外，为其他馆提供复制件而适用的复制权例外，为研究或学习制作复制件而适用的复制权例外，为私人使用提供复制件而适用的复制权例外，以及为图书馆管理与提高图书馆服务水平制作复制件而适用的复制权例外 5 种情形。

四、适用于图书馆的复制权例外的界定及适用的主体资格

1. 图书馆可适用的复制权例外的界定

适用于图书馆的复制权例外，是复制权例外在特定目的下或特定领域中的具体表现。其外延至少包括：适用主体明确规定为图书馆的复制权例外；仅规定适用目的但图书馆的业务活动满足该目的时也可适用的复制权例外；规定特定的适用主体但图书馆在特定情形下若可满足该主体资格则相应获得的复制权例外。

2. 适用的主体资格

图书馆的主体资格是认定图书馆可适用于复制权例外的先决条件。与国内相比，多数国家的图书馆类型较为复杂多样。由于图书馆的资助机构、运营目的、服务对象存在不同，并不是所有的图书馆都是政府资助的公益性机构。比如，美国有的知名企业设立了仅向本企业员工提供服务的企业图书馆（或称公司图书馆）。因此，并不是机构名称含有“图书馆”字样的所有图书馆都能够符合可适用于图书馆的复制权例外的主体资格。为便于可适用于图书馆的复制权例外的实施，包括英国、美国、澳大利亚、加拿大等英美法系国家，德国、法国、日本和意大利等大陆法系国家，以及欧盟在内，均在现行著作权法律中，直接或间接地对可适用于图书馆的著作权例外主体作出限定，如表 4 – 1 所示。

值得一提的是，《加拿大著作权法（2007）》特别提道[239]，“政府可以通过条例形式，将与图书馆具有同类性质的其他非营利性机构，作为与图书馆享有同等内容的著作权例外的适用主体”。实际上，这一规定有利于避免只是从机构名称上认定某一机构是否为可适用于图书馆的复制权例外的主体。与此相比，虽然《美国著作权法（2007）》已经对可适用于图书馆的著作权例外的主体资格作出限定，但是，《美国著作权法》第 108 条款研究组于 2008 年 3 月在提交给美国版权局的报告中却要求进一步明确可适用于图书馆复制权例外的主体资格，认为“图书馆”必须同时满足 4 项要素才能成为版权法规定的、可适用于图书馆的著作权例外的主体[240]：具有服务于公共利益的使命；拥有专业的从业人员，比如图书馆员、信息科学家、资源保管专家等；开展相关业务活动，包括资源采购、选择、组织、描述、保管、检索、保存与传播；提供参考咨询服务等；拥有合法的或者授权使用的资源。特别需要指出的是，

该报

表 4-1 主要国家现行著作权实体法对复制权例外中图书馆主体资格的规定对比

法律名称	关于图书馆的资格规定
《美国著作权法（2007）》	第 108 条（a）款第 2 项规定：图书馆或档案馆的馆藏必须：（i）向公众开放，或者（ii）不仅向图书馆或档案馆下属的研究人员，或与图书馆和档案馆所隶属机构有关联的研究人员开放，还要向专门领域从事研究工作的其他人开放
《英国著作权、设计与专利法案（2007）》	第 37 条规定：任何条款所涉及的指定图书馆与档案馆，系由国务大臣出于各条款之目的而制定法规所指定的图书馆或档案馆。其中，“公共图书馆”是指基于以下情形的图书馆：（a）在英国和威尔士，是 1964 年公共图书馆及博物馆法案中所定义的图书馆。（b）在苏格兰，是 1955 年公共图书馆（苏格兰）法案中所定义的图书馆。（c）在北爱尔兰，是教育与图书馆委员会 1986 年制定的教育与图书馆规则（北爱尔兰）中所定义的图书馆
《加拿大著作权法（2007）》	“术语解释”部分规定：不以赢利为目的而建立和运作的，并且其也不属于任何以赢利为目的而建立和运作的机构。此外，政府还可以将其他一些非营利性机构通过条例形式将与图书馆具有同类性质的其他机构，作为图书馆享有同样著作权例外的适用主体
《澳大利亚著作权法（2008）》	第 49 条规定：图书馆是指其收藏的全部或部分文献能直接或通过馆际互借提供给公众的机构
《德国著作权法（2007）》	第 52 条（b）款规定：公众可进入的图书馆
《法国著作权法（2006）》	第 1 条第 8 款：公众可进入的图书馆
《意大利著作权与邻接权保护法（2003）》	第 68 条第 5 款只提及“公共图书馆”，未作更为详细的解释
《日本著作权法（2004）》	第 31 条规定：日本内阁令所认可的、专门向公众提供馆藏资源的图书馆及相关机构，包括国民议会图书馆、地方公共图书馆和大学图书馆等
《欧盟信息社会版权指令（2001）》	第 5 条第 2 款（c）项规定：公众可进入的图书馆
《韩国著作权法（2006）》	第 31 条第 1 款规定：符合《韩国图书馆与阅读促进法》规定的图书馆，或者是符合总统令规定，向公众提供图书、文档、记录或其他资料的机构

《中华人民共和国著作权法（2001）》	未作规定

告还提出建议，认为凡是图书馆可适用的著作权例外，如果某一机构通过承担图书馆委托的业务，在完成该委托业务期间，该机构应该可作为一个适用主体，享有与图书馆同等的著作权例外。

从表4－1可知，国外多数国家现行著作权法律关于可适用于图书馆的复制权例外的主体资格规定，多是从两个角度对图书馆加以限定：一是非营利性；二是公众可自由进入。依据这两个要素可推定，国内的公共图书馆、高校图书馆、专业图书馆等在机构属性上都符合上述性质。不过，令人遗憾的是，无论是《中华人民共和中国著作权法（2001）》，还是《信息网络传播权保护条例（2006）》，均没有对可适用于图书馆的复制权例外的主体资格作出认定。

五、图书馆的复制方式及其涉及的主要业务

随着数字化信息技术在图书馆的深入应用，从传统的影印，到扫描、计算机录入，再到数字化作品的数字化复制，可以说，图书馆几乎涉足各种受复制权保护的复制行为。目前，根据图书馆在资源建设与信息服务过程中的复制行为，可以复制方式为维度，将与复制相关的图书馆主要业务加以归类。

1. 非数字化作品的影印复制

这类形式的复制主要涉及图书馆的到馆复制业务，包括由图书馆员为读者制作复制件和读者利用馆舍内的自助复制设备制作复制件。对于以传真或邮寄方式提供原文传递服务的图书馆，非数字化作品的影印复制还涉及原文传递服务。

2. 非数字化作品的数字化复制

非数字化作品的数字化复制主要包括扫描、计算机录入等。这类形式的复制主要涉及图书馆的扫描服务、馆藏资源数字化、原文传递服务（主要是将非数字化作品扫描后通过电子邮件传递）等。

3. 数字化作品的数字化复制

数字化作品的数字化复制，主要对原生数字资源制作复制件。这类形式的复制主要涉及图书馆的虚拟资源体系建设、数字资源长期保存、原文传递（主要是将数据库中的数字作品制作数字化复制件后通过电子邮件传递）、分布式参考咨询服务、智能搜索引擎服务、跨系统多系统检索、网络信息资源转载及 RSS 信息推送服务等。

第二节　图书馆可适用的复制权例外情形分析

一、图书馆为保存或替换制作复制件而适用的复制权例外

保存人类的文化遗产是图书馆的神圣使命。赋予图书馆可以出于保存或替换的目的而享有一定的复制权例外意义重大。根据调研，目前多数国家著作权实体法有关图书馆为保存或替换制作复制件而适用的复制权例外规定，主要采用两种立法模式：一是将为保存与为替换而制作复制件的例外分开规定；二是将为保存与为替换而制作复制件的例外作为一种统一的情形加以规定。无论采用哪种立法模式，多数国家均会对复制目的、复制内容与数量和复制手段等作出具体规定。

1. 图书馆为保存的需要制作复制件而适用的复制权例外

出于保存人类文化遗产的考虑，规定图书馆可出于保存资源的目的，在无须得到版权拥有人允许的情况下，制作版权作品的复制件，这已经成为国际著作权立法的普遍现象。对此，一些国家（如美国、法国和日本）在著作权法律中，单独将图书馆出于保存的需要制作复制件而适用的复制权例外加以规定。

如表 4－2 所示，《美国著作权法（2007）》、《法国著作权法（2006）》和《日本著作权法（2004）》均对保存的目的加以明确规定，虽然三者规定的复制内容均包括图书馆收藏的各类资源，但是针对未发表的作品，《美国著作权法（2007）》对其可适用的复制权例外在复制数量上加以严格限定，即只能制作 3 份复制件。在复制手段方面，只有《法国著作权法（2006）》没有作出明确限制。需要强调的是，《美国著作权法（2007）》尤其注意数字化复制件的传播范围，明确禁止将出于保存目的而制作的数字化复制件向图书馆或档案馆

以外的公众提供服务。

表 4-2　主要国家著作权法有关图书馆为保存而适用的复制权例外规定比较

法律名称	复制目的	复制内容与数量	复制手段	其他限制条件
《美国著作权法（2007）》	为了保存及安全，或为另一机构的研究储备文献，复制及传播行为应该与任何商业利益无关	图书馆收藏的作品。对于未发表的作品，且被图书馆或档案馆收藏，可复制3份	本法规定的复制形式	所制作的复制件或录音制品属于图书馆或档案馆的现有馆藏；以数字格式制作的上述复制件或录音制品不能以数字格式传播，而且不能以数字格式向图书馆或档案馆以外的公众提供服务
《法国著作权法（2006）》	出于保存的目的，保存机构不得寻求任何直接或间接的经济利益	作品	未作明确规定	未作明确规定
《日本著作权法（2004）》	图书馆为保存版本的需要	必须是图书馆收藏的资源。包括图书、文件及其他馆藏资源	本法规定的复制形式	未作明确规定

2. 图书馆为替换的需要制作复制件而适用的复制权例外

有些国家的著作权法律以单独条款的形式，对图书馆出于替换而适用的复制权例外加以明确规定。在《美国著作权法（2007）》中，图书馆出于替换的需要制作复制件而享有的复制权例外，无论是在复制目的、复制主体，还是在复制内容、复制手段等方面，均受到严格的限制。该法第 108 条 c 款规定[241]：

> 本条所述复制权适用于仅为替代损毁、濒于损毁、丢失或失窃的作品或录音制品，或者作品现有的存储格式已经过时。制作已出版作品的 3 份复制件或录音制品，复制必须符合以下条件：（1）图书馆或档案馆在进行适当努力之后，断定无法以合理的价格取得一份未经使用的替代本；（2）以数字格式制作的复制件或录音制品，不能以数字格式向合法拥有

此类复制件的图书馆或档案馆以外的公众提供服务。就本款意图而言，若识读以一种格式存储的作品所必需的机器或设备不再生产，或者无法在商业市场合理获得，则应当认定该保存格式过时。

3. 图书馆为保存或替换的需要制作复制件而适用的复制权例外

多数国家会将图书馆出于保存或替换目的的制作复制件而享有的复制权例外，作为同一种情形，在适用例外的条件和限制上，采用统一的方式加以规定。例如，英国、加拿大、澳大利亚。依据《中华人民共和国著作权法(2001)》第22条第8款的规定表明，我国也是采用这种立法模式。如表4－3所示，包括《英国著作权、设计与专利法案(2007)》、《加拿大著作权法(2007)》、《澳大利亚著作权法(2008)》和我国现行著作权法律在内，图书馆出于保存或替换的需要制作复制件而享有的复制权例外，均会在复制目的、复制内容等方面受到严格限制。

表4－3　主要国家著作权法有关图书馆为保存和替换而适用的复制权例外规定比较

法律名称	复制目的	复制内容	复制手段	其他限制条件
《英国著作权、设计与专利法案(2007)》	为保存或代替原作品以使复制件成为永久馆藏；为其他指定的图书馆或档案馆代替已丢失、破损的作品，保证馆藏的永久性	机构永久保存的作品	未作明确限定	当在实际情况下，不可能购买到作品的另一版本时，可以复制作品；对于文学、戏剧或音乐作品，复制时应包含作品中的任一图表；对于公开发表的作品，复制时应保留作品的印刷排版格式
《加拿大著作权法(2007)》	出于对本机构永久保存的资料进行维护与管理的目的；其他类型的图书馆、档案馆或博物馆出于对本机构永久保存的资料进行维护与管理的目的	本机构所收藏的已发表和未发表的作品或其他标的物	未作明确限定	加拿大版权委员会通过相关的著作权实施条例，对制作复制件有关细节加以规定

续表

法律名称	复制目的	复制内容	复制手段	其他限制条件
《澳大利亚著作权法（2008）》	为了保存、替换的目的；为了其他图书馆研究的目的；出于图书馆管理的需要	图书馆或档案馆所收藏的手稿、原创艺术作品、已出版的作品以及其他馆藏作品	可采取任何复制手段	按照条款 § 51A，必须注明复制的时间，还需注明复制作品是代表某一机构（ § 203H(1)）；对于未发表作品的复制及传播行为不应视为该作品的发表（ § 51A (5))
《中华人民共和国著作权法（2001)》	为陈列或者保存版本的需要	本馆收藏的作品	未作明确限定	《信息网络传播权保护条例（2006)》规定，为陈列或者保存版本需要以数字化形式复制的作品，应当是已经损毁或者濒临损毁、丢失或者失窃，或者其存储格式已经过时，并且在市场上无法购买或者只能以明显高于标定的价格购买的作品

以《加拿大著作权法（2007)》为例，该法对关于图书馆出于保存或替换目的而适用的复制权例外作出如下规定[242]：适用于图书馆出于保存或替换的复制权例外，必须满足以下某一条件：(1）作品原件较为稀少，或者是作品仍未正式发表。而且作品原件濒临毁坏、破损、丢失，或者是有毁坏、破损或丢失的风险。(2）由于作品自身或者作品保存环境的原因导致作品原件无法被阅读、处理或收听，而且所制作的复制件只用于到馆咨询服务。(3）作品原件的格式过于陈旧，或者是识别作品原件的技术无法获得，而采用另外一种格式制作该作品的复制件。(4）复制件的制作是出于记录保存或编目的需要。(5）复制件的制作是保险公司或警察调查的需要。(6）出于修复的目的而制作复制件。

成立的前提是，可通过商业渠道获取作品的复制件，而且该复制件的质量并不影响使用，则条件（1)、(2）和（3）不能成立。如果需要通过中间复制件（Intermediate Copy）才能完成法律允许的复制件的制作，复制件制作完成后，必须将该中间复制件销毁。

与加拿大相比，澳大利亚对图书馆出于保存或替换的目的制作复制件而享有的复制权例外的限制，也是相当严格。在适用条件上，《澳大利亚著作权法(2008)》规定[243]，对于已发表的作品，管理者必须确保：经过合理调查后发现，在合理时间范围内、以正常的市场价格不能获得某作品的复制版本（不是二手版本）或其他版次的情况下，才能对该作品进行复制。如果可以获得该作品的其他版次的复制版本，则需说明复制的原因。

与此同时，在图书馆出于保存或替换的需要制作复制件而享有复制权例外方面，《澳大利亚著作权法（2008）》还对不同类型的作品加以区分[244]：对于手稿及原创艺术作品，为了使这类作品免受遗失或损害，或是以研究为目的，可以制作复制件以保存这些作品；对于已发表作品，如果该作品已经损坏、遗失或被盗，可以对该作品进行复制以替代该作品；对于原创的艺术作品，如果原作品已经丢失或破损，或不能使用和显示时，保存的复制件可以通过计算机终端在线传播，在此前提下，用户不能复制和传播电子版复制件和纸版复制件；对于任何作品的复制，都应该是基于管理目的，即直接与馆藏管理相关的目的。在此前提下，这些复制版本可以通过电脑终端传播给图书馆或档案馆的管理者。

与国外著作权法在这方面的规定相比，我国现行著作权法律有关图书馆出于保存或替换的目的制作复制件的复制权例外的规定，显得过于简略、模糊。《中华人民共和国著作权法（2001）》第22条关于图书馆为保存制作复制件而享有的复制权例外规定为[245]：

> 在下列情况下使用作品，可以不经著作权人许可，不向其支付报酬，但应当指明作者姓名、作品名称，并且不得侵犯著作权人依照本法享有的其他权利：……（八）图书馆、档案馆、纪念馆、博物馆、美术馆等为陈列或者保存版本的需要，复制本馆收藏的作品……

而《信息网络传播权保护条例（2006）》关于图书馆为保存制作复制件而享有的复制权例外规定为[246]：

> 第7条　图书馆、档案馆、纪念馆、博物馆、美术馆等可以不经

> 著作权人许可，通过信息网络向本馆馆舍内服务对象提供本馆收藏的合法出版的数字作品和依法为陈列或者保存版本的需要以数字化形式复制的作品，不向其支付报酬，但不得直接或者间接获得经济利益。当事人另有约定的除外。
>
> 前款规定的为陈列或者保存版本需要以数字化形式复制的作品，应当是已经损毁或者濒临损毁、丢失或者失窃，或者其存储格式已经过时，并且在市场上无法购买或者只能以明显高于标定的价格购买的作品。

从《中华人民共和国著作权法（2001）》关于图书馆复制权例外的规定可以看出，我国并未在复制的作品类型（是文学作品，还是音像制品）、复制作品的发表状态（是否已经发表）、复制的技术手段（是采用静电复制，还是采用数字化复制）等方面作出具体规定。而从《信息网络传播权保护条例（2006）》有关图书馆可适用的复制权例外规定可以看出，虽然该法已经允许图书馆出于陈列或保存的需要，能够“以数字化形式”复制作品，但并未对非数字形式的作品和数字化形式的作品，在数字化形式复制方面作出明确区分。

值得注意的是，无论是《中华人民共和国著作权法（2001）》，还是《信息网络传播权保护条例（2006）》，与图书馆保存有关的复制权例外，都只提及“陈列”（Display）与“保存”（Conservation and Preservation），而对国外多数著作权法律都给予关注的“替换”（Replacement，也译作“替代”）却只字未提。显然，“陈列”并不能涵盖“替换”。

二、图书馆为其他图书馆提供复制件而适用的复制权例外

图书馆为其他图书馆提供馆藏资源复制件是图书馆之间实现资源共享、扩大知识传播受益面的重要手段。在实践活动中，图书馆向他馆提供复制件一般会出现在馆际互借和原文传递服务中。如果说，允许图书馆为到馆用户提供基于个人研究、学习之用的复制件会在一定程度上对版权拥有人通过出售版权作品获取利润带来冲击，那么，允许图书馆为他馆提供复制件，多少会使这种冲

击进一步扩大。基于平衡版权拥有人和版权使用者的版权立法宗旨，各国著作权法律立法者在赋予图书馆为他馆提供复制件以促进知识传播的同时，也对这种例外给予限制。比如，《美国著作权法（2007）》、《英国著作权、设计与专利法案（2007）》和《日本著作权法（2004）》。表4－4从目的及其限制、内容及其限制的角度，揭示上述3部著作权实体法有关图书馆为他馆提供复制件而适用的复制权例外规定的异同点。

表4－4　美、英、日著作权法关于图书馆为他馆提供复制件而适用的复制权例外规定比较

法律名称	目的及其限制	内容及其限制
《美国著作权法（2007）》	目的：通过馆际互借获得作品。 限制条件：复制及传播行为应该与任何商业利益无关。馆际互借活动的目的或作用，不能使接受这类复制件或录音制品的图书馆或档案馆因获得大量复制件，而取代对这类作品的订购或购买	内容：可复制的作品是条款第108条及其他版权法案已经规定的。这里只阐述假定复制是法律所允许的情况下，图书馆获得复制件的权利。 限制条件：第108条款禁止对复制件的复制及传播，但这个限制并不妨碍图书馆或档案馆参与馆际互借。图书馆或档案馆参与馆际互借是因为它们没有某作品，但需要该作品提供服务，基于资源共享原则，从其他馆借入该作品，从而代替购买或订购
《英国著作权、设计与专利法案（2007）》	目的：为指定图书馆提供复制件。 限制条件：未作限定	内容：期刊上的文章，包括图表及印刷排版格式。文学、戏剧或音乐作品的全部或部分，包括图表及印刷排版格式。 限制条件：对于文学、戏剧或音乐作品，如果图书馆员知道或能通过合理渠道得知版权所有人的姓名及地址，则不能复制该作品。接受复制件的图书馆必须提交一份相关事实的声明
《日本著作权法（2004）》	目的：可以为其他图书馆提供一份复制件。 限制条件：由于脱印或其他类似原因导致无法通过正常商业渠道获取。必须出于非赢利目的	内容：作品。 限制条件：作品必须是图书馆馆藏资料。馆藏资料是指由图书馆收藏的图书、文件及相关资料

从表4－4可以看出，这3部著作权法律均对图书馆他馆提供复制件方面享有的复制权例外作出严格限制，特别是《美国著作权法（2007）》，更是在第108条（g）款第2项规定[247]：

进行（d）款所述资料的单份或多份复制件或录音制品的系统复制或发行：前提是，本项的任何规定都不妨碍图书馆或档案馆参与各种馆际互借活动，但是，馆际互借活动的目的或作用，不能使接受这类复制件或录音制品的图书馆或档案馆因获得的复制件总量，足以取代该馆对这类作品的订购或购买。

上述规定表明，若提供的复制件总量（Aggregate Quantities）超过足以让请求获得该复制件的图书馆取代对这类作品的订购或购买，图书馆的行为就有可能超出《美国著作权法（2007）》有关图书馆为他馆制作复制件而享有复制权例外的规定。那么，复制件的总量是如何确定的呢？虽然美国著作权法律对此未作出明确限定，但是，美国版权作品新技术使用全国委员会（National Commission on New Technology Uses of Copyrighted Works，CONTU）在其“图书馆馆际互借复制指南”（CONTU Guidelines for Interlibrary Loan Photocopying）中，对“复制件总量”作了更为量化的规定。即[248]：

在一个自然年内，针对其他图书馆发出的复制请求，接受复制请求的图书馆依靠从同一期刊中自请求发出日之前的5年内所发表的若干篇或同一篇文章而制作的复制件，总数不得超过6篇（含6篇）。否则，图书馆就超出了著作权法第108条有关图书馆为他馆提供复制件而享有的复制权例外的规定。

虽然“图书馆馆际互借复制指南”没有强制性，但却与《美国著作权法（2007）》一起，成为美国多数图书馆制定馆际互借版权政策的重要依据。与《美国著作权法（2007）》和《日本著作权法（2004）》相比，《英国著作权、设计与专利法案（2007）》虽然未对为他馆制作复制件的复制权例外适用目的作出明确限定，但是，在复制内容上，《英国著作权、设计与专利法案（2007）》却作出严格的数量限制。该法第41条规定[249]：

（1）在满足指定条件的情况下，指定图书馆的馆员可以制作并向其他指定图书馆提供以下作品的一份复制件：（a）一篇期刊论文，或者已出版的文学、戏剧或音乐作品的全部或部分，（b）上述行为不侵犯所复制论文正文、作品、与论文或作品文字相配的任何图解或其版面安排的著作权。（2）若图书馆员在制作复制件时知道，或通过合理调查能确认有资格授权制作上述复制件的个人的姓名和地址，则第1款（b）项规定不能适用。

与国外相比，国内现行的著作权法律并未在图书馆为他馆提供复制件而享有复制权例外这一方面做出规定。

三、图书馆为研究或学习制作复制件而适用的复制权例外

为研究或学习制作复制件而适用的复制权例外是图书馆一项重要的著作权例外。从世界多数国家著作权法律在这方面的规定来看，可以将著作权法律有关图书馆为研究或学习制作复制件而适用的复制权例外规定划分为两种模式。

1. 详细区分作品属性的立法模式

详细区分作品属性的立法模式，以英国、美国和澳大利亚的著作权法律为代表，其突出特点是从作品发表状态和作品类型出发确定著作权例外的适用情形。在作品的发表状态方面，区分为已发表的作品与未发表作品；在作品的类型方面，将作品划分为文章、文学、戏剧或音乐作品等。

（1）《美国著作权法（2007）》有关图书馆为研究或学习而适用的复制权例外规定。如表4－5所示，《美国著作权法（2007）》将图书馆为研究或学习而适用的复制权例外的对象局限为文章和短篇作品、整部作品和最后20年版权保护期的作品，并对目的及限制条件、内容及限制条件作出限定[250]。与对文章和短篇作品、整部作品这两类作品的复制手段未作出限制不同，最后20年版权保护期的作品的复制只能采用“数字化复制或与原作品存储格式相同的复制方式”。不过，对于这3类作品的复制，《美国著作权法（2007）》规定其复制主体只能是“图书馆或档案馆，包括其职工”，并且图书馆需在显著位置张贴美国版权局的版权法规，复制时需注明作品的版权提示，如果没有发现作品的版权提示，也应说明该作品受版权保护。

表 4-5　《美国著作权法（2007）》有关图书馆为研究或学习而适用的复制权例外规定

作品类型	目的及其限制条件	内容及其限制条件
文章和短篇作品	目的：为个人学习、学术及研究，或基于用户请求。 限制条件：图书馆或档案馆需保证复制是基于法定的合理目的；复制件为用户所拥有；复制及传播行为应该与任何商业利益无关	内容：从收藏机构或其他有收藏资格的机构中复制单篇文章、其他有关版权作品的信息或期刊出版信息，包括插图、图表或作品的附录；从收藏机构或其他有收藏资格的机构中复制作品的一小部分。 限制条件：仅能复制一份；该作品不是音乐、画报、绘画及雕刻作品，也不是电影或视听作品及新闻视听作品，但是复制中包括以图表及插图形式存在的画报及绘画作品
整部作品	目的：为个人学习、学术及研究，或基于用户请求。 限制条件：图书馆或档案馆需保证复制是基于法定的合理目的；复制件为用户所拥有；复制及传播行为应该与任何商业利益无关	内容：从收藏机构或其他有收藏资格的机构中复制整本作品或作品的实质部分，包括插图、图表或作品的附录。 限制条件：仅能复制一份；机构在基于合理调查后发现该作品不能以合理的价格获得；该作品不是音乐、画报、绘画及雕刻作品，也不是电影或视听作品及新闻视听作品，但是复制中包括以图表及插图形式存在的画报及绘画作品
最后 20 年版权保护期的作品	目的：为个人学习、学术及研究。 限制条件：复制及传播行为应该与任何商业利益无关	内容：在最后的 20 年版权期内的公开发表作品的全部或部分进行复制。 限制条件：本款规定不允许进行以下复制、发行、展示或传播：（A）出于商业应用的目的；（B）复制件或录音制品能够以合理价格获得；或者（C）著作权所有者或其代理人发布依照版权局颁布的法规制定的通告，该通告适用于上述（A）和（B）规定的任意一个条件

（2）《英国著作权、设计与专利法案（2007）》有关图书馆为研究或学习而适用的复制权例外规定。与美国相类似，如表 4-6 所示，《英国著作权、设计与专利法案（2007）》对图书馆为研究或学习而适用的复制权例外的复制对象作了明确区分[251]，主要包括：期刊上的文章；文学、戏剧或音乐作品；未发表的作品 3 类。根据《英国著作权、设计与专利法案（2007）》规定，上

述3类作品的复制件均被严格限制为一份。虽然未有对复制方式加以规定，但是这3类作品的复制主体都只能为指定图书馆的图书馆员，而且图书馆可以对接受复制件的用户收取一定的费用，但不能超过制作复制件的成本。

表4-6 《英国著作权、设计与专利法案（2007）》关于图书馆为研究或学习而适用的复制权例外规定

作品类型	目的及其限制	内容及其限制
期刊上的文章	目的：非商业目的的研究或个人学习。 限制条件：用户需向图书馆员保证复制件是基于合理目的而非其他目的使用；用户必须向图书馆员保证自身对复制件的需求与他人对复制件的需求是不相似的。对资料的请求“相似”是指两个用户完全基于相同目的及在相同时间内提出请求。对资料的请求“相关”是指两人在相同时间及地点，接受的教育所需的材料相关	内容：期刊上的文章，包括图表及印刷排版格式。 限制条件：只能复制一份；只能复制一本期刊中至多一篇文章
文学、戏剧或音乐作品	目的：非商业目的的研究或个人学习。 限制条件：用户需向图书馆员保证复制件是基于合理目的而非其他目的使用；用户必须向图书馆员保证自身对复制件的需求与他人对复制件的需求是不相似的。对资料的请求“相似”是指两个用户完全基于相同目的及在相同时间内提出请求。对资料的请求“相关”是指两人在相同时间及地点，接受的教育所需的材料相关	内容：文学、戏剧或音乐作品的合法比例，包括图表及印刷排版格式。 限制条件：只能复制一份
未发表的作品	目的：非商业目的的研究或个人学习。 限制条件：用户需向图书馆员保证复制件是基于合理目的而非其他目的使用	内容：文学、戏剧或音乐作品的全部或部分，包括图表。或其他收藏的作品。 限制条件：作品是1989年8月1日或在此之后创作的；图书馆收藏该作品时，该作品还未发表；如果版权所有人禁止作品复制，则不能复制；用户只能获取该作品的一份复制件

（3）《澳大利亚著作权法（2008）》有关图书馆为研究或学习而适用的复制权例外规定。与英美两国的做法类似，《澳大利亚著作权法（2008）》有关图书馆为研究或学习而适用的复制权例外规定[252]，将作品的划分为公开发表的作品、未发表的作品和未发表的学位论文3类，如表4-7所示。

表4－7 《澳大利亚著作权法（2008）》有关图书馆为研究或学习而适用的复制权例外规定

<table>
<tr><th>作品类型</th><th>目的及其限制</th><th>内容及其限制</th></tr>
<tr><td rowspan="2">公开发表作品</td><td>目的：以研究或学习为目的或基于用户在写作中的请求，提供给用户。
限制条件：详见正文分析</td><td rowspan="2">内容：机构所收藏的连续出版物中的全部或部分文章可复制；机构所收藏的全部或部分公开发表的作品可复制。
限制条件：详见正文分析</td></tr>
<tr><td>目的：为研究或学习、或基于用户请求，提供给远程用户。
限制条件：详见正文分析</td></tr>
<tr><td>未发表的作品</td><td>目的：研究、学习或浏览。
限制条件：图书馆或档案馆的管理者仅向为合理目的而非其他目的的用户提供某作品的复制</td><td>内容：未发表的文学、戏剧、音乐或艺术等作品。
限制条件：这类作品仍受版权法保护，作品的作者死后50年才能复制作品；这类作品的复制件或手稿须保存在图书馆或档案馆中；这类作品的复制件或手稿需向公众开放，并遵循相关法律</td></tr>
<tr><td>未发表的学位论文</td><td>目的：研究或学习。
限制条件：图书馆或档案馆管理者仅向为合理目的的用户提供复制件</td><td>内容：大学图书馆、其他相似机构或档案馆中收藏的未发表的学位论文及文学作品。
限制条件：未作明确规定</td></tr>
</table>

对于公开发表的作品为研究或学习而适用的复制权例外，在适用的目的方面，《澳大利亚著作权法（2008）》将之限制为“以研究或学习为目的或基于用户在写作中的请求，提供给用户”和“为研究或学习或基于用户请求，提供给远程用户”两类，其中，出于“以研究或学习为目的或基于用户在写作中的请求，提供给用户”而制作复制件，有“复制件只能提供给申请人”的限制[253]。当然，用户的申请也可能会不符合法律允许的条件。用户需向图书馆或档案馆的管理员提供书面声明，保证是为学习或研究而不是出于其他目的而复制某作品，并保证以前没有在图书馆或档案馆获取该作品的同一复制件。如果图书馆或档案馆的授权管理员发现该声明不符合任何条款，则不能制作复制件。

以“为研究或学习或基于用户请求，提供给远程用户”而制作复制件，则需要受到如下限制[254]：用户需向图书馆或档案馆的管理员保证，是为学习或研究而非其他目的复制某作品。用户需保证以前没有在图书馆或档案馆获取该作品的同一复制件。由于远程用户无法方便到馆，用户在其需要复制的时候不能方便地签署声明。为此，该法规定，为了撰写著作的需要而请求的复制，可不需要提供声明。授权的管理者需要仔细审核用户的申请及声明，以确保用户提供的都是真实的声明，包括复制的目的、以前是否获取了该作品的同一复制件以及地理位置信息的真实性。

在复制内容方面，《澳大利亚著作权法（2008）》有关公开发表的作品为研究或学习而适用的复制权例外的规定尤其详细[255]：（1）仅可复制一份。除非是来自同一研究或同一学习课程的请求，否则不能复制同一期刊中的两篇或更多的文章。（2）不能复制整本著作（不包括非期刊中的文章），复制规模不能超过著作内容的合理比例，除非该作品是来自图书馆或档案馆的收藏，且授权的管理者经过合理调查后发现，在合理时间范围内以正常的市场价格无法获得该作品的复制版本（不是二手版本）的情况下，才能对该作品进行复制。（3）合理比例的确定是根据第 10 条第 1 款确定的。为了确定作品的复制件是否能在合理时间范围内以正常的市场价格获得，授权的管理者必须考虑：（1）用户所需复制件的时间；（2）复制件可以在正常市场价格下传递给用户的时间；（3）电子版的复制件是否可以在合理时间范围内以正常的市场价格获得。根据第 51 条 A 款第 1 项的规定，复制件可以通过复制图书馆收藏的该作品的另一复制版本获得。

针对未发表的作品为研究或学习而适用的复制权例外，《澳大利亚著作权法（2008）》规定[256]，对以上作品的采用：如果一项新的文学、戏剧或音乐作品包含了第 51 条第 1 款中的作品，并不会对已有作品构成侵权。新作品的权利需有所注明，但权利会延伸到作品的后续发表及其他使用中。对于音像作品为研究或学习而适用的复制权例外，该法第 110 条 A 款规定，音像作品需在该作品完成日期超过 50 年之后才能适用为研究或学习的复制权例外。

此外，《澳大利亚著作权法（2008）》规定[257]，如果图书馆或档案馆收藏了连续出版物中的文章或公开发表著作的电子版本，管理员可以将其上传到网络，但必须保证用户不能使用图书馆或档案馆提供的任何设备复制或传播该电子版作品。同时，针对这 3 类可成为研究或学习而适用的复制权例外的作品，图书馆或档案馆可以收取复制费，但不能超过复制件的制作成本。同时，必须在复制件上注明复制是代表本机构的服务宗旨，并注明复制的时间。

2. 对作品属性未作细分的立法模式

在图书馆为研究或学习制作复制件而适用的复制权例外方面，加拿大、德国、法国和日本是对作品属性未作细分的主要国家。比如，《加拿大著作权法（2007）》只将作品规定为“机构所收藏的作品或主题信息”，而《日本著作权法（2004）》、《德国著作权法（2007）》和《意大利著作权与邻接权保护法（2003）》则将适用这类复制权例外的作品概括性地限定为“本馆收藏的作品”。如表4－8所示，包括加拿大、德国、意大利、日本和我国在内的著作权法律，均在目的及其限制、内容及其限制上对研究或学习而制作复制件可适用的复制权例外作出限定。

表4－8　5个国家现行著作权法有关图书馆为研究或学习而适用的复制权例外规定

法律名称	作品类型	目的及其限制	内容及其限制
《加拿大著作权法（2007）》	已经公开发表的作品	目的：由个人出于研究或私人学习的目的而发出的请求。 限制条件：可以通过影印复制而不得以数字复制件的形式给其他图书馆的用户提供复制件。如果需要通过中间复制件才能完成法律允许的复制件的制作，复制件制作完成后，必须将该中间复制件销毁	内容：发表在学术与学术、科学与技术期刊上的论文；发表于报纸以及非学术、科学与技术期刊上的论文，一年以后，才可以对其进行复制。 限制条件：本条款不适用于小说、诗歌、戏剧或音乐作品；用户只能将复制件用于研究或个人学习；个人只能制作一份复制件
《德国著作权法（2007）》	本馆收藏的已公开发表的作品	目的：为了研究或私人学习。 限制条件：未作明确规定	内容：本馆收藏的已公开发表的作品。 限制条件：如果相关条款不允许提供给公众访问，则不得进行复制；所制作的复制件，其数量不得超过本馆收藏的所有复制件数量
《意大利著作权与邻接权保护法（2003）》	机构所收藏的作品或主题信息	目的：为了研究或学习需要。 限制条件：未作明确规定	内容：机构所收藏的作品或主题信息。 限制条件：未作明确规定

续表

法律名称	作品类型	目的及其限制	内容及其限制
《日本著作权法（2004）》	已发表的作品	目的：图书馆用户出于调查或研究的目的。 限制条件：未作明确规定	内容：已发表作品的某一部分；已经发表了一段时间的个人期刊论文。 限制条件：只能制作一份复制件；作品必须是图书馆馆藏资料。馆藏资料是指由图书馆收藏的图书、文件及相关资料
《中华人民共和国著作权法（2001）》	已发表的作品。	目的：为学校课堂教学或者科学研究。 限制条件：未作明确限定	内容：已发表作品的一小部分。 限制条件：少量复制已发表作品，供教学或者科研人员使用，不得出版发行

值得一提的是，《加拿大著作权法（2007）》在目的的限制方面，特别提到中间复制件。这主要是考虑到，在某些情况下，由于技术的原因，在制作复制件的过程中不可避免地出现中间复制件，为防止该中间复制件被不适当传播，有必要在立法中对其存留期限作出限定。此外，《加拿大著作权法（2007）》对于已公开作品出于研究或学习而享有的著作权例外的复制方式规定只能是采用影印的方式。对于未公开发表作品却在复制方式上未有明确规定，但其并不是图书馆可出于研究或学习而适用复制权例外的对象，该类作品出于研究或学习而适用的复制权例外主体只能是档案馆。与《日本著作权法（2004）》在这类复制权例外方面只允许制作一份复制件相比，《德国著作权法（2007）》在复制件的数量限定上相对宽松些，只要求“数量不得超过本馆收藏的所有复制件数量”。但在复制方式方面，该法规定，利用本馆馆舍内专门提供的复制终端，必须支付合理的补偿。而《意大利著作权与邻接权保护法（2003）》则无论是对目的的限制，还是对内容的限制，在这类复制权可适用的例外限定方面都较为宽泛些。

与国外著作权法关于图书馆出于研究或学习制作复制件而适用的复制权例外规定，我国现行著作权法律将复制的对象严格限制为已发表的作品。《中华人民共和国著作权法（2001）》第22条规定[258]：

第22条　在下列情况下使用作品，可以不经著作权人许可，不向其支付报酬，但应当指明作者姓名、作品名称，并且不得侵犯著作权人依照本法享有的其他权利：……（六）为学校课堂教学或者科学研究，翻译或者少量复制已经发表的作品，供教学或者科研人员使用，但不得出版发行……

上述规定表明，在我国，对于未发表但受版权保护的作品，图书馆不得出于研究或学习的目的，为用户提供其复制件。否则，在未经版权拥有人许可使用的情况下，图书馆将可能侵犯著作权。从表4－8可以看出，虽然我国著作权法对此类例外的目的和内容作出限制，但是，在数量限定方面，与加拿大、德国和日本等国家现行的著作权法对适用于这类复制权例外的复制件数量作出的严格规定相比，我国现行著作权法，包括著作权实体法和著作权程序法在内，在这方面均没有作出量化规定，而只是宽泛地限定为“少量”。

四、图书馆为私人使用提供复制件而适用的复制权例外

与适用于研究或学习制作复制件的复制权例外相比，图书馆为私人使用提供复制件而适用的复制权例外，在目的上，后者比前者更加宽泛。私人使用多数情况下也是用于个人学习或研究，图书馆依照这类复制权例外，可以接受的复制请求往往局限于个人。这一点是这类例外与基于研究或学习提供复制件而适用的复制权例外的最大不同。在某些国家，图书馆依照研究或学习提供复制件而适用的复制权例外的规定，可以接受来自包括个人和机构在内的复制请求。比如，如表4－8所示，《德国著作权法（2007）》和《意大利著作权与邻接权保护法（2003）》均未有对符合研究或学习而适用的复制权例外的情形在复制请求主体上作出明确限制。

如表4－9所示，德国、法国、意大利现行著作权法有关图书馆为私人使用制作复制件而适用的复制权例外，在复制主体及其限制、复制内容及其限制、复制目的及其限制和复制技术及其限制规定等方面均作出详细规定。需要指出的是，虽然已经规定了图书馆基于研究或学习而适用的复制权例外，但是，《德国著作权法（2007）》仍然专设一款针对个人使用的、可适用图书馆

的复制权例外规定。与法国著作权法律对图书馆为私人使用提供复制件的复制权例外将服务对象严格限定为到馆用户相比，《德国著作权法（2007）》将此类复制权例外的服务对象规定为“可以提供给发出请求的个人”，依此规定推断，到馆用户和远程用户都能符合“发出请求的个人”这一要求。该法还允许图书馆通过邮寄或传真的方式传递复制件，尽管这种传递方式受该法第53条的限制。在意大利现行著作权法律中，符合为私人使用制作复制件的复制权例外的规定并没有对图书馆的服务对象作出明确规定，只是限定为“个人使用”，不过，在对复制主体、复制内容和复制技术进行限定的基础上，《意大利著作权与邻接权保护法（2003）》规定[259]，基于为私人使用提供复制件的复制权例外的规定，图书馆每年必须向版权所有者协会支付一定费用。但是，这一限制不适用于那些当前在出版目录中找不到或较为稀少的作品，因为这些作品通过商业渠道也难以获取。

表4－9　德法意著作权法有关图书馆为私人使用制作复制件而适用的复制权例外规定

法律名称	复制主体及其限制	复制内容及其限制	复制目的及其限制	复制技术及其限制	其他限制
《德国著作权法（2007）》	主体：公共图书馆。 限制条件:无	内容：已发表的某篇期刊论文或某篇新闻报道；其他类型文章的某一部分。 限制条件：作品可以通过邮寄或传真方式传递；制作数字复制件将受到限制。必须主要依据非商业利用这一目的作出裁定；依据具有等同效力的合同条款的规定，只有公众不一定能在自身期望的时间或地点获取该作品时，才可以制作数字复制件	目的：可以提供给发出请求的个人。 限制条件：出于个人使用的目的，通过邮寄或传真传递的复制件必须与第53条关于个人复制的规定保持一致；数字复制件只能用于教学或科学研究中的讲解	技术：任何技术与介质均可。 限制条件：作品可以通过邮寄或传真的方式传递；数字复制件只能制作为图片格式的复制件	允许进行复制与传输；必须支付合理的补偿，由权利管理组织发出获得补偿的有效声明

续表

法律名称	复制主体及其限制	复制内容及其限制	复制目的及其限制	复制技术及其限制	其他限制
《法国著作权法（2006）》	主体：公众可利用的图书馆、博物馆和档案馆。限制条件：保存机构不得寻求任何直接或间接的经济利益	内容：作品。限制条件：未作规定	目的：到馆咨询。限制条件：未作规定	未作规定	就涉及的其他相关专有权进行规定
意大利著作权与邻接权保护法(2003)》	主体：图书馆的员工或用户。限制条件：未作规定	内容：公共图书馆中的作品。限制条件：不包括乐谱；复制必须在图书馆内完成；复制的文件必须限制在每卷或每本杂志的15%以内，但不包括广告页	目的：个人使用。限制条件：未作规定	技术：采用影印、静电复制等类似的形式）。限制条件：未作规定	详见正文分析

五、图书馆为管理或提高服务水平的需要而适用的复制权例外

图书馆依据自身管理的需要，或者是为提高自身服务水平的需要，而享有一定的复制权例外，是一些国家（比如，意大利、加拿大和澳大利亚）著作权法律给予的一种相对较为宽泛的图书馆可适用的复制权例外情形。在意大利现行的著作权法律中，公共图书馆或学院图书馆、公共博物馆、公共档案馆均可出于提高本机构服务水平的目的，对本机构收藏的作品，享有一定的复制权例外。与意大利不同，虽然澳大利亚和加拿大也允许图书馆出于管理目的而享有一定的复制权例外，但两国现行的著作权法律均将这种情形的复制权例外与出于“保存或替换”目的的复制权例外，统一为一种适用情形，并作出统一

的限制。尽管如此，这些规定了图书馆可出于管理目的制作复制件并享有复制权例外的图书馆，均规定图书馆在制作复制件时，必须“没有任何直接或间接的商业利益”。

从世界多数国家现行著作权法律有关图书馆可适用的复制权例外规定分析，总体而言，从适用的目的上划分，可以将图书馆享有的复制权例外归纳为5种类型：图书馆为保存或替换制作复制件而适用的复制权例外，图书馆为他馆提供复制件而适用的复制权例外，图书馆为研究或学习制作复制件而适用的复制权例外，图书馆为私人使用提供复制件而适用的复制权例外，以及图书馆为管理的需要或提高服务水平制作复制件而适用的复制权例外。

作为一项最受各国著作权法律关注的著作权专有使用权的例外——复制权例外，特别是适用于图书馆的复制权例外，是对版权拥有人依靠版权作品获取利润的一项重要制约手段。而从平衡各方权益的版权立法宗旨上考虑，对复制权例外，特别是图书馆可适用的复制权例外施以严格的限定也成为一种必然。为此，多数国家现行著作权法律在规定图书馆可适用的复制权例外时，往往会从复制目的、复制主体、复制内容、复制数量、复制的技术手段、复制周期、源复制件的数量及复制件的传播方式和传播范围等作出限定。

从本章的分析可以看出，相比于以德国、法国、意大利和日本为代表的大陆法系国家，以英国、美国、澳大利亚和加拿大为代表的英美法系国家在图书馆可适用的复制权例外规定方面，著作权法律往往会作出非常严密、详细的规定，而大陆法系国家却显得较为简略、宽泛。其中，本章举例涉及的这些英美法系国家，在图书馆可适用的复制权例外方面尤其注重量化限制、期限限制、技术手段限制和传播范围限制。

当然，关于图书馆可适用的复制权例外，若规定得过于宽泛，或者是过于狭窄，甚至是不作规定，都不利于执行。从法理学的角度思考，法律条文永远落后于社会实践的需求，是一个需要动态调整的对象。而理想的状态只能是处于一种动态的平衡。为此，建立完善的著作权立法机制，尤其是修订机制，将有利于将实践中出现的新问题、新的合理的立法诉求在法律条文中加以体现，更好地平衡公权和私权的关系。尽管著作权法律的规定存在固有的滞后性，但是，目前世界多数国家有关图书馆可适用的复制权例外规定，也在很大程度上解决了图书馆在馆藏资源数字化、馆际互借、原文传递、到馆复制等业务涉及的著作权问题。

与国外著作权法律在图书馆可适用的复制权例外规定方面相比，我国目前的著作权法律在图书馆可适用的复制权例外规定方面是相当薄弱的。这种薄弱所带来的不利影响，首当其冲的是我国图书馆的资源建设与信息服务。由于立法的不足、模糊，图书馆在开展与复制相关的业务活动过程中，往往缺乏足够的底气。随着我国新修订的著作权法律的出台，这方面的问题有望得到解决。

第五章　适用于图书馆的信息网络传播权例外

在网络环境下，数字作品的专有使用权受到著作权法律的严格保护。但是，如果过度地保护数字作品版权拥有人的权益，将与网络自由和共享的精神相悖，并有可能产生两种不良后果：一是守法的网络使用者不能方便地利用网络；二是由于过度保护将会导致网络侵权现象的大量出现，从而导致著作权拥有人维权成本的增高。图书馆作为沟通数字作品版权拥有人与使用者的重要桥梁，通过网络可以非常方便地将自身的资源与服务以桌面的方式提供给用户使用，在促进数字作品的传播方面具有重要作用。在著作权立法方面，无论是将信息网络传播权规定为一项单独的著作权专有使用权的国家，还是将信息网络传播权分散体现在原有若干项著作权专有使用权（如公开展示权、公开表演权）中的国家，均在给予数字作品版权拥有人提供信息网络传播权保护的同时，规定了信息网络传播权的例外。无疑，适用于图书馆的信息网络传播权例外，将有利于进一步提升图书馆依靠网络促进人类知识传播与共享的能力。本章将从网络传播涉及的法律因素出发，深入剖析可适用于图书馆的信息网络传播权例外。

第一节　适用于图书馆的信息网络传播权例外的基本问题

一、信息网络传播流程及各环节涉及的著作权问题

信息网络传播权的权利内容具有复合性，其突出特点是指作品的传播和使用混合了多种技术方式。从技术上说，它可以分解为以下 4 个子环节：作品数字化、上传、网络公开展示、下载。若从传统著作权法对作品一般采取分解保

护这一角度考虑，即将任何一种使用和传播作品的行为如复制、表演、播放、展览、发行、摄制电影、电视、录像或者改编、翻译、注释、编辑等分别规定为一项著作权专有使用权，那么，从总体上分析，信息网络传播将涉及多项著作权专有使用权。

1. 作品数字化

作品数字化是作品进行计算机网络传输的前提。从技术上讲，传播作品的数字化转换只是机械性的代码转换，并没有在实质上改变作品的内容和表达形式。因此，数字化的本质是一种机械复制。目前，世界上多数国家的著作权法律已经明确将数字化规定为复制行为，我国《关于制作数字化制品的著作权规定》和《信息网络传播权保护条例（2006）》也将作品的数字化行为认定为复制。因此，作为信息网络传输的第一步，作品数字化需要处理与复制权有关的问题。

2. 上传

上传是指版权拥有人将数字化作品上传到网络服务器硬盘上的一种行为。一般地，作品上传有3种方式：一是网站工作人员在运行网络服务器的计算机上将作品数字化并直接将其复制到该计算机的硬盘上，这种上传方式只涉及复制；二是将数字化作品从存储有数字化作品的计算机硬盘传输到网络服务器的硬盘上，或者是从一个网站的服务器传输到另一个网站的服务器上，这种上传方式涉及传输与复制；三是将一个存储有数字化作品的局域网的网络服务器链接到另外一个像国际互联网这样的可为公众自由访问的网络服务器上，由于链接者本身并没有复制他人的作品，这种上传方式只涉及传输。归纳起来，上传作品有可能涉及复制权和发行权（各国著作权法律对发行权的规定差异极大，此处关于发行权的界定与美国现行著作权法律对发行权的界定取同一含义）。

3. 网络公开展示

网络公开展示（On-site Public Display）是指版权拥有人在网络上公开展示作品。网络公开展示，实际就是数字化作品被上传到某一网站的网络浏览器硬盘后得以向网络公众公开展示该数字化作品的一项活动。网络公开展示主要有两种方式：一是网站直接将作品复制到计算机硬盘并通过网络进行传播，用户可以将该作品临时复制到自己的计算机随机存储器上，借助浏览器进行阅读；

二是网站没有将作品直接复制到自己网络服务器的硬盘上，而是通过链接技术，为用户提供导航，用户点击后即可自动跳转到原始网页。总体而言，网络公开展示主要可能涉及著作权法律中的展览权和表演权（各国著作权法律对展览权和表演权的规定存在差异，此处关于展览权和表演权的界定与美国现行著作权法律对发行权的界定取相同含义）。

4. 下载

网络用户在浏览网络作品时，计算机会自动将该作品下载到随机存储器上形成临时复制件供用户浏览，或者是用户将作品下载到计算机硬盘上形成永久复制件。下载主要涉及临时复制和永久复制。目前，各国立法者对临时复制与永久复制是否作为著作权法律保护的对象存在不同意见。如第四章所述，美国将临时复制纳入著作权保护的范畴，而我国却未将临时复制作为著作权的保护对象。概括起来，下载的过程主要涉及复制权和发行权（各国著作权对复制权和发行权的规定存在差异，此处关于发行权的界定与美国现行著作权法律对发行权的界定取同一含义）。

二、信息网络传播权的边界

明确信息网络传播权的法律界定，有利于明确信息网络传播权的例外边界。一般地，将信息网络传播权作为一项独立的著作权专有使用权加以保护的国家或地区，其著作权法律往往会对信息网络传播权加以明确界定。比如，我国《信息网络传播权保护条例（2006）》将信息网络传播权限定为[260]：

> 信息网络传播权指以有线或者无线方式向公众提供作品、表演或者录音录像制品，使公众可以在其个人选定的时间和地点获得作品、表演或者录音录像制品的权利。

而根据《欧盟信息社会版权指令（2001）》的规定，信息网络传播权则是[261]：

> 本指令应当进一步协调作者的向公众传播权。对该权利应作广义的理解，即它覆盖了所有向传播发生地之外的公众进行传播的行为。

该权利应当包括就某一作品通过有线或无线形式向公众进行的包括广播在内的任何此种传输或转播。该权利不包括任何其他行为。

三、信息网络传播权的立法模式与信息网络传播权例外的界定、类型

正是因为信息网络传播涉及对作品的多种不同操作，因此，各国对信息网络传输权的立法保护模式也存在不同，由此产生不同类型的信息网络传播权例外。

1. 信息网络传播权的立法模式

信息网络传播权的立法模式体现为著作权法律对信息网络传播权的规定方式。1996 年 12 月 20 日，WIPO 制定的 WCT 和 WPPT 最先对信息网络传播的行为进行了规范，并规定了“向公众传播的权利”。按照 WCT 和 WPPT 的解释，“向公众传播的权利”是文学和艺术作品的作者应享有专有权，它是指作者以有线或无线的方式，包括使公众可以在自己选择的时间和地点获得作品的方式向公众传播其作品。为了实施 WIPO 制定的上述两个条约，各成员国纷纷通过修订本国著作权法律对信息网络传播权加以保护。

总体而言，目前有关信息网络传播权的立法模式主要有 3 种：（1）新增式。即在原有著作权专有使用权的基础上，增设新的著作权专有使用权，并将之界定为“信息网络传播权”，我国即是采用这种立法模式。（2）分散式。依据信息网络传播过程中涉及的对作品的各种操作属性，将信息网络传播权的保护分散地体现在已有的若干项著作权专有使用权中。比如，美国没有新增“信息网络传播权”，而是将“信息网络传播权”通过发行权（the right to distribute copies of the work to the public）、公开展示权（the right to display the work publicly）和公开表演权（the right to perform the work publicly）加以保护。（3）重组式。即对原有的若干项著作权专有使用权加以重新组合，并冠以新的名称。如澳大利亚即是将 1968 年制定的著作权法所规定的“广播权”和“发送权”重组为“公开传播权”（the right to communicate the work to the public）并体现在 2008 年最新修订的著作权法律中，从而将网络传播的有关问题

归入到该专有权的范畴中。

2. 信息网络传播权例外的内涵界定

依据本书第二章有关著作权例外的内涵界定，可将信息网络传播权例外理解为，依据著作权法律或相关法律的规定，或者是依据版权拥有人让渡信息网络传播权的声明，在一定情况下，可以不经版权拥有人授权也无须补偿版权拥有人就可以借助有线或无线的形式来传播、利用版权作品；或者在一定情况下可以不经版权拥有人授权借助有线或无线的形式来传播、利用版权作品，但要补偿版权拥有人；或者是不需要承担信息网络传播权侵权责任的其他特定情形。

3. 信息网络传播权例外的类型

根据信息网络传播权的立法模式与例外的适用条件可将信息网络传播权例外分为两类。

（1）按立法模式划分。

信息网络传播权例外的类型与信息网络传播权的立法模式密切相关。根据信息网络传播权的立法模式，可以将信息网络传播权例外分为针对信息网络传播权的例外和针对若干项与信息网络传播相关的著作权专有使用权的例外。对于新增式或重组式的信息网络传播权立法模式，有关信息网络传播权例外与其他著作权专有使用权的例外类似，即针对信息网络传播权这一权利，根据不同主体、不同目的，规定例外的适用情形；对分散式的信息网络传播权立法模式，有关信息网络传播权例外往往会转嫁到用于保护信息网络传播权的若干项著作权专有使用权上，在针对这些著作权专有使用权的例外中，与数字传输等有关的例外，大多是信息网络传播者可享有的例外。以《美国著作权法(2007)》为例，该法第110条“专有权的限制：某些表演和展示的免责规定”即规定了“数字传输情况下”公开表演权和公开展示权的例外，这种例外显然是信息网络传播者可适用的例外。

（2）按例外适用条件划分。

依据信息网络传播权例外的适用条件，可以将信息网络传播权例外分为适用特定主体的信息网络传播权例外和适用于特定目的的信息网络传播权例外。适用于特定主体的信息网络传播权例外，是指依据著作权法律规定的特定主体资格，规定该主体在某种情况下享有信息网络传播权例外。比如，图书馆可适用的网络传播权例外、可适用于发挥传输管道功能的 ISP（Inernet Service Provider）的信息网络传播权例外、可适用于发挥履行系统缓存功能的 ISP 的信息网络传播权例外等。适用于特定目的的信息网络传播权例外，主要是在不明确限定例外的可适用主体的情况下，从信息网络传输目的的角度，确定的信息网络传播权例外。比如，我国《信息网络传播权保护条例（2006）》规定的“为扶助贫困，通过信息网络向农村地区的公众免费提供”而可以享有的信息网络传播权例外。这种情形的信息网络传播权例外的特点就是没有明确限定主体，只要网络信息提供者能够在某一行为中符合这种目的，即可适用这种情形的例外。

四、适用于图书馆的信息网络传播权例外的界定

1. 图书馆的业务与信息网络传播

可以说，在数字化网络化的今天，离开计算机网络，图书馆的服务功能将大打折扣。计算机网络技术的不断发展，进一步使得图书馆基于计算机信息网络提供的服务项目得到扩展。在计算机网络发展初期，图书馆主要是借助静态网页提供单向式服务，而随着动态交互技术的发展，图书馆可以通过新闻列表、电子公告板等方式与用户进行交互。在 RSS 技术发展起来后，图书馆便可以更为快捷地为用户提供基于网络的个性化定制服务。而随着搜索引擎技术的发展，部分技术实力雄厚的图书馆已经开展了智能搜索服务。时至今日，图书馆基于计算机网络开展的信息服务，已经使得图书馆同时涉足自我选择信息内容进行网络传播，为用户提供信息存储空间和包括馆藏资源在内的网络资源搜索等信息服务。

一般地，根据图书馆基于计算机网络的服务对象范围，可以将图书馆基于计算机网络的服务划分为面向到馆用户的网络服务和面向馆外用户的网络服务。目前，图书馆面向到馆用户开展的网络服务包括但不局限于以下项目：在本馆物理建筑内提供有线上网访问，包括电子资源在内的各类馆藏资源、在本馆物理建筑内提供 PDA（掌上电脑）接入服务、在本馆物理建筑内提供无线上网访问本馆电子资源、在本馆物理建筑内通过计算机网络展示作品等。基于计算机网络面向馆外用户开展的服务包括但不局限于以下内容：网络信息资源链接、分布式数字参考咨询服务、利用 P2P 技术进行资源传递与共享、利用 RSS 技术提供信息推送服务、原文传递、学科门户服务、智能搜索引擎服务、

跨系统多系统检索、远程全文下载服务。当然，这两类服务并不是完全分隔的。在多数情况下，馆外用户可以利用的网络服务，馆内用户一般也能获取到；而馆内用户可以利用的网络服务，馆外用户有时并不能获取到。比如，有些图书馆订购的电子资源只能通过本馆 IP 进行访问。

2. 适用于图书馆的信息网络传播权例外的界定

图书馆可适用的信息网络传播权例外，是信息网络传播权例外在图书馆资源建设与信息服务中的特定适用情形。而信息网络传播权例外的适用与主体资格认定密切相关。在网络传播过程中，图书馆在法律上究竟应该被视为“图书馆”，还是“网络信息提供者”，或者既是图书馆，也是“网络信息提供者”，这直接关系到图书馆可适用的网络传播权例外空间的大小。

依据本书第二章的分析，适用于图书馆的著作权例外，从适用主体和适用目的结合的角度，可以分为 3 种情形：（1）明确规定适用主体为图书馆的著作权例外。（2）明确规定适用主体但图书馆也可适用的著作权例外。（3）只规定适用的目的而没有明确规定适用主体但图书馆依据其行为性质符合该目的的著作权例外。在信息网络传播的过程中，图书馆往往是以网络信息提供者的身份进行网络信息的上传、下载、组织和利用等。由此产生一个问题：针对一些著作权法律没有明确规定图书馆可适用、但却规定网络服务提供者可适用的例外，如果图书馆可以在法律上被视为一种网络信息提供者，那么，适用于网络信息提供者的网络传播权例外的例外，当然也可以适用于图书馆。

在国内，一般认为，ISP 是网络服务提供者，负责向广大用户提供 Internet 接入与相关服务（包括存储空间服务）。ISP 可分为两大类：一类是互联网接入服务提供者，即 IAP（Internet Access Provider），它只向用户提供拨号入网服务，局域性强，一般没有自身的信息源，用户仅被作为一个上网的节点看待。国内比较有名的 IAP 包括中国电信、吉通、网通、联通等电信或信息网络公司。另一类是网络内容服务提供者，即 ICP（Internet Content Provider）。这类 ISP 拥有自身的特色信息资源，还能为用户提供全方位的信息服务。但是，在某些情况下，ICP 和 ISP 并未被明确区分。比如，2000 年《最高人民法院关于审理涉及计算机网络著作权纠纷案件适用法律若干问题的解释》规定将 ICP 界定为“提供内容服务的网络服务提供者”，而《互联网站管理工作细则》则将

ICP 理解为“互联网信息服务提供者”[262]。显然后者将 ICP 的功能扩大了。

国外现行著作权法律对 ISP 的界定在用语上也存在差异，但含义却倾向于一致。比如，DMCA 第 512 条（K）款第 1 项（B）目将“网络服务提供者”界定为“网上服务或网络访问的提供者，或用于此目的的设施的操作者”，使用“Online Service Provider（OSP）”代表 ISP 的表达。对于图书馆能否被视为法律意义上的 ISP，美国得克萨斯大学知识产权实践小组认为[263]，DMCA 将 OSP 界定为“在线服务或网络内容的提供者”，这一规定相当宽泛。因此，图书馆能否被视为 DMCA 规定的 OSP，应视情况而定。一般地，只要图书馆同时满足以下至少 5 项条件，将在一定程度上符合 DMCA 规定的 ISP 资格，因而必须申请注册成为一个 ISP（covered by the parts of the DMCA that require you to register an agent）。这些条件包括：（1）拥有接入互联网的计算机。（2）接入互联网可供公众使用。（3）拥有接入互联网的服务器。（4）在接入互联网的服务器存储本馆信息资源。（5）允许公众通过本馆服务器查找信息资源。（6）服务器提供包含信息查找工具的页面，这类信息查找工具包括指南、索引、参考书目、导航、馆外资源链接，或者是，通过服务器的查找功能可以将包含馆外资源的查找结果反馈给用户计算机。也即是说，图书馆能否被视为网络信息提供者需要依据图书馆的业务活动来定，在经过网络信息提供者资格的注册审理后，著作权法律中适用于网络信息提供者的网络信息传播权例外，即可以适用于图书馆。

与美国得克萨斯大学知识产权实践小组的观点类似，2009 年 3 月 27 日在新西兰实施的《新西兰著作权法（1994）修正案》专门规定[264]，“网络服务提供者”（ISP）的定义包含了图书馆。而新西兰图书馆协会（the New Zealand Library Association）著作权特别工作组则为此专门出台了《著作权法（1994）修正案：图书馆员指南》（*Copyright Act* 1994 *and Amendments*: *Guidelines for Librarians*）归纳了图书馆在网络传播过程中可应用的著作权例外。

依据我国《互联网站管理工作细则》的有关规定，在中华人民共和国境内提供非经营性互联网信息服务，应当依法履行备案手续[265]。本办法所称在中华人民共和国境内提供非经营性互联网信息服务，是指在中华人民共和国境内的组织或个人利用通过互联网域名访问的网站或者利用仅能通过互联网

IP地址访问的网站，提供非经营性互联网信息服务。因此，图书馆利用计算机网络开展信息服务必须注册成为ICP，才可以参与到网络信息传播中。在大多数情况下，ICP往往是直接、主动地选择、组织信息并将其上传，属于网络传播者，应当承担网络内容提供者的责任。但是，在某些情况下，如果ICP为用户提供网上论坛、聊天室、博客、Wiki、Twitter等服务，让用户在此网络空间上自由上传信息，那么，ICP的作用与一般的网络服务提供者相似，应该按照网络服务提供者的标准承担责任。随着计算机网络技术的发展，图书馆依托计算机网络提供的服务，涉及自我选择信息内容进行网络传播、为用户提供信息存储空间、提供包括馆藏资源在内的网络资源搜索等方面，这使得图书馆并不仅仅是一个ICP，而同时具有ISP的特征。

鉴于上述分析，本书认为，在网络传播的过程中，图书馆既充当着ICP的角色，在某些服务项目中，也具有ISP的身份。因此，本书将图书馆在信息网络传播权例外上的适用主体名称，统一表达为“网络信息提供者”，这与中国图书馆学会2006年发表的《关于网络环境下著作权问题的声明》将图书馆视为一种“网络信息提供者”的表达是一致的。而“网络信息提供者”对应的英文表达为OSP，或ISP，或SP（修订于2007年10月的美国现行著作权法律，已经将“网络信息提供者”的表达，由DMCA中的“OSP”修改为“SP”，《英国著作权、设计与专利法案（2007）》和《澳大利亚著作权法（2008）》也采用与美国同样的表达）。因此，国外著作权法律中关于ISP、ICP、SP和OSP所享有的网络传播权例外，均是本书重点关注的对象，由于图书馆所开展的网络信息服务的特点，这些适用于ISP、ICP、SP和OSP所享有的网络传播权例外，在很大程度上也可适用于图书馆。

3. 适用于图书馆的信息网络传播权例外的类型

与其他著作权专有使用权的例外一样，信息网络传播权的例外也是出于平衡版权拥有人和作品使用者之间权益的需要而存在。可适用于图书馆的信息网络传播权，是信息网络传播权例外的一种。一般地，依据对信息网络传播权立法模式和信息网络传播权例外的适用主体这两个角度，可以将适用于图书馆的信息网络传播权例外划分为两类。

从信息网络传播权立法模式来看，适用于图书馆的信息网络传播权例外可以分为适用于图书馆的信息网络传播权例外及已承载了信息网络传播权保护功能的若干项著作权专有使用权例外所构成的、可适用于图书馆的信息网络传播权例外。比如，我国对信息网络传播权采用新增式立法模式，《信息网络传播权保护条例（2006）》即对信息网络传播权设置多种例外，并有多种情形的例外可以适用于图书馆；而采用分散式立法模式规定信息网络传播权的美国，其有关图书馆可适用的信息网络传播权例外，往往转化为可适用于图书馆的公开表演权例外和可适用于图书馆的公开展示权例外。

从信息网络传播权例外的适用主体来看，适用于图书馆的信息网络传播权例外可以分为适用主体为图书馆的信息网络传播权例外及适用主体为网络信息提供者的信息网络传播权例外。对于后一类信息网络传播权例外来说，虽然著作权法明确将其适用主体规定为“网络信息提供者”，但是，如本章前文分析，根据图书馆在网络传播中的角色与作用，这类信息网络传播权例外仍可适用于图书馆。在立法实践中，适用主体为图书馆的信息网络传播权例外，一般会明确对图书馆可以从事的行为加以规定，比如，我国《信息网络传播权保护条例（2006）》第6条规定，在没有直接或者间接获得经济利益，而且作品版权拥有人没有明确声明未经许可不得利用作品的前提下，图书馆可以不经版权拥有人许可，也无须向其支付报酬，即可通过信息网络向本馆馆舍内服务对象提供本馆收藏的合法出版的数字作品。适用主体为网络信息提供者的信息网络传播权例外，一般是从临时复制、系统缓存、自办网站转载材料和信息搜索工具等方面规定网络信息提供者可享有的侵权责任例外。比如，《美国著作权法（2007）》第512条为“与联机资源相关的著作权侵权责任限制”（Limitations on liability relating to material online）。此部分主要解决对信息网络传输权的保护及其例外的限定。针对网络信息提供者所从事的特定类型的活动，制定了著作权侵权责任例外条款，主要涉及：（1）对临时传播的侵权责任例外；（2）对系统缓存的侵权责任例外；（3）对用户存储在系统或网络中的信息的侵权责任例外；（4）对信息搜索工具的侵权责任例外。

本章的后续内容将从适用主体为图书馆的信息网络传播权例外和适用主体为网络信息提供者的信息网络传播权例外这两个角度，对图书馆可适用的信息网络传播权例外加以深入剖析。

五、可适用于图书馆的信息网络传播权例外的重要性

信息网络传播权的行使要考虑到权利专有与社会公共利益的平衡点，既要保护版权拥有人的合法权益，激励其创作与传播作品的积极性；又要发挥计算机网络交互性、开放性、便捷性等特点，促进公众对社会智力成果的掌握，推动整个社会的文明进步。因此，如果不为信息网络传播权设置一定的例外情形，必然导致权利滥用，妨碍公共利益，有碍整个社会的文明进步。在网络环境下，作为一种信息网络传播者，图书馆在促进人类信息自由和知识共享方面具有重要作用。享有一定的信息网络传播权例外，对图书馆资源建设与信息服务具有重要意义。

在国内，2006 年，在我国《信息网络传播权保护条例（草案）》征询意见之际，中国图书馆学会随即作出响应，发布了《关于网络环境下著作权问题的声明》，其内容涉及：公益性图书馆局域网络信息传播相对于信息网络传播权的例外、公益性图书馆对学校教学所需教学资料的复制与网络传播豁免、公益性图书馆建设信息导航系统链接网络资源与网络传播豁免、公益性图书馆采取网络传输方式进行限量馆际互借的豁免和作为网络信息提供者的公益性图书馆因第三方侵权引发纠纷的责任豁免。中国图书馆学会对图书馆可适用的信息网络传播权例外的诉求可在很大程度上表明，可适用于图书馆的信息网络传播权例外，对图书馆资源建设与信息服务的重要价值。

在国外，2008 年 11 月 8 日，eIFL 从图书馆职责和功能的角度，在其针对欧盟于 2008 年 7 月 16 日发布的《知识经济中的版权（绿皮书）》发表了题为“eIFL 的回应：知识经济中的版权（绿皮书）”的声明。在该声明中，eIFL 指出，欧洲公民希望在线获取欧洲文化信息。Europeana（欧洲数字图书馆、博物馆及档案馆）自 2008 年 11 月 20 日建立以来，已达到每小时 1 000 万用户的访问量，3 000 个并发用户检索其中的著名文化作品（如蒙娜丽莎）及 Kafka 等人的作品。该站点的受欢迎程度远远超过预期，访问的高峰时段，由于服务器超负荷运转甚至导致其被临时关闭。这在很大程度上表明，借助计算机网络，图书馆在人类知识传播方面的功能得到了极大的发挥。虽然欧洲的各大图书馆在不断努力地收集、组织和保存与文化、教育及研究有关的各类资源，并使之可供公众通过网络加以获取。但是，多数情况下，这些资源通常是图书馆通过公共资助资金购买获得的，并受著作权法律保护。因此，图书馆往往不能

大量将其所拥有的资源提供上网浏览、下载，因而也就不能最大限度地满足用户的合理需求。除非法律能够解决这个问题，使图书馆能够将其拥有的大量资源通过网络提供获取，否则，欧洲的政策制定者将会让他们的民众失望，民众也将有可能转向其他途径获取文化和娱乐资源[266]。

第二节　适用主体为图书馆的信息网络传播权例外

一、适用主体为图书馆的信息网络传播权例外的立法模式

根据前文分析，在一些国家的著作权法律中，信息网络传播权被分散到已有的若干项著作权专有使用权中加以保护。因此，在这些国家中，有关信息网络传播权的例外，就转嫁为针对若干项与信息网络传播权有关的著作权专有使用权的例外。同样，适用于图书馆的信息网络传播权例外，也就转化为可适用于图书馆的若干项著作权专有使用权的例外。依据世界主要国家有关图书馆可适用的信息网络传播权例外的立法现状，可将其划分为3类立法模式（见图5－1）。

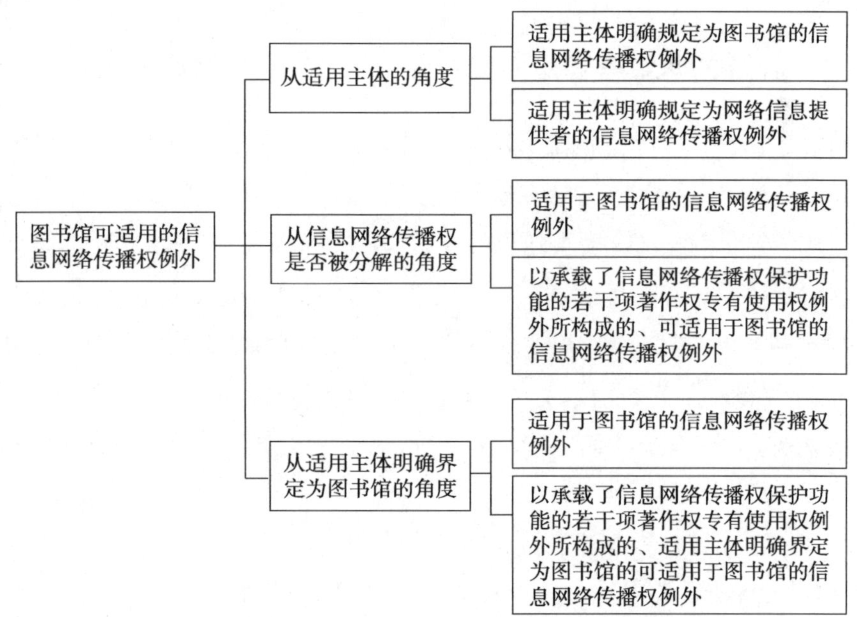

图5－1　可适用于图书馆的信息网络传播权例外的基本立法模式

第一类从信息网络传播权例外的适用主体划分，适用于图书馆的信息网络传播权例外可以分为适用主体为图书馆的信息网络传播权例外及适用主体为网络信息提供者的信息网络传播权例外。

第二类从信息网络传播权是否被分解的角度划分，适用于图书馆的信息网络传播权例外可以分为适用于图书馆的信息网络传播权例外及以承载了信息网络传播权保护功能的若干项著作权专有使用权例外所构成的、可适用于图书馆的信息网络传播权例外。

第三类从适用主体明确界定为图书馆的角度划分，可细分为两种方式，一种是适用于图书馆的信息网络传播权例外；另一种是以承载了信息网络传播权保护功能的若干项著作权专有使用权例外所构成的、适用主体明确界定为图书馆的可适用于图书馆的信息网络传播权例外。

总体而言，在这3类立法模式中，采用第一种立法方式的代表性著作权法律有《澳大利亚著作权法（2008）》和我国的《信息网络传播权保护条例（2006）》，而采用最后一种立法方式的代表性著作权法律为《美国著作权法（2007）》。

二、适用主体明确规定为图书馆的信息网络传播权例外

从总体上看，国际上将图书馆明确规定为信息网络传播权例外适用主体的立法都极其严格。包括《美国著作权法（2007）》、《英国著作权、设计与专利法案（2007）》和《加拿大著作权法（2007）》在内的多部著作权法律，均没有专门规定适用主体明确为图书馆的信息网络传播权例外。虽然我国现行法律和《澳大利亚著作权法（2008）》规定了适用主体明确为图书馆的信息网络传播权例外，但图书馆可利用的信息网络传播权例外的空间并不广阔。

1.《澳大利亚著作权法（2008）》适用主体为图书馆的信息网络传播权例外

与多数国家著作权法律未有明确规定适用主体为图书馆的信息网络传播权例外相比，2008年修订的《澳大利亚著作权法》对图书馆可适用的信息网络传播权例外的适用条件虽然作了相当严格的限制，但是，其考虑的角度却较为全面。从作品类型来看，该法对图书馆在馆内通过信息网络传播期刊论文、专

著、艺术作品、录音制品和录像制品等方面可适用的信息网络传播权例外均作了规定，而且更为重要的是，该法还对图书馆出于行政管理的目的而享有信息网络传播权例外，以及通过馆际互借获得的数字作品在计算机网络传播方面可适用于图书馆的信息网络传播权例外加以阐释。

（1）在期刊论文和专著的计算机网络传播方面图书馆可享有的信息网络传播权例外。根据《澳大利亚著作权法（2008）》第49条第5款A项的规定[267]，图书馆或档案馆可以将本馆收藏的一篇期刊论文或一部已发表的专著，通过本馆馆舍内的局域网，在确保用户无法利用图书馆或档案馆任何设备制作该作品的复制件，或者是传播该作品复制件的前提下，将以电子格式存储的该作品复制件提供给到馆用户浏览。从该款规定的核心内容可以看出，《澳大利亚著作权法（2008）》允许图书馆借助计算机为到馆用户提供本馆馆藏电子资源的浏览服务，但不得采用移动设备将该电子资源复制。

（2）图书馆出于行政管理的需要而享有的信息网络传播权例外。根据《澳大利亚著作权法（2008）》第51条A款第2项规定，图书馆或档案馆的主管官员，或代表该主管官员的有关人员，出于图书馆或档案馆行政管理的需要（Administrative Purposes），制作图书馆或档案馆馆藏作品的复制件，不被视为侵犯该作品的著作权。第51条A款第3项规定，在图书馆或档案馆主管部门的批准下，图书馆或档案馆的主管人员，或代表该主管人员的有关人员，将根据第51条A款第2项的规定为图书馆或档案馆管理人员（Officers）制作的馆藏作品复制件，借助安装在本馆馆舍内的计算机终端，通过信息网络供到馆用户浏览，不被视为侵犯该馆藏作品的著作权。从该规定的主要内容可以看出，图书馆出于行政管理的目的而享有的信息网络传播权例外，必须满足三大基本条件：首先，图书馆必须出于行政管理的目的而享有复制权的例外，制作馆馆藏作品复制件；其次，要获得图书馆管理部门的批准；再次，通过计算机信息网络提供访问必须只能局限于图书馆馆舍内。

（3）在艺术作品的计算机网络传播方面图书馆可享有的信息网络传播权例外。《澳大利亚著作权法（2008）》第51条A款第3项A目和第51条A款第3项B目专门就图书馆在艺术作品的计算机网络传播方面规定了相应的例外。根据该法规定，如果艺术作品原件处于以下状态之中的一种时：（a）制作艺术作品原件的复制件时，该艺术作品原件已经丢失，或者已经受损严重；（b）艺术作品原件已相当不稳定，无法在不导致其有损坏风险的情况下展示它。那么，图书馆或档案馆的主管人员，或者是代表该主管人员的有关人员，在确保访问该保存复制件的到馆用户不能够制作该保存复制件的数字化复制件或不能够进行硬拷贝的前提下，借助安装在图书馆或档案馆馆舍内的计算机终端，通过信息网络向到馆用户提供艺术作品保存复制件的浏览，不被视为侵犯该艺术作品原件的著作权[268]。

（4）在录音制品和录像制品的计算机网络传播方面图书馆可享有的信息网络传播权例外。在图书馆或档案馆主管部门的批准下，图书馆或档案馆的主管人员，或代表该主管人员的有关人员，根据《澳大利亚著作权法（2008）》第110条B款第1项或第110条B款第2项规定的目的，为图书馆或档案馆管理人员制作本馆收藏的录音制品、录像制品及其附属标的物的复制件，借助安装在本馆馆舍内的计算机终端，通过信息网络供到馆用户浏览，不被视为侵犯该馆藏录音制品、录像制品及其附属标的物的著作权。该法第110条B款第1项规定：出于保存丢失或老化录音制品的需要，或出于研究的目的，而借助存储在其他图书馆的该录音制品复制件，制作复制件；出于替换的目的，制作已经受损坏或受毁坏的录音制品的复制件；出于替换的目的，制作已经失窃或丢失的录音制品的复制件。该法第110条B款第2项规定，出于保存丢失或老化录像制品的需要，或出于研究的目的，而借助存储在其他图书馆的该录像制品复制件，制作复制件；出于替换的目的，制作已经受损坏或受毁坏的录像制品的复制件；出于替换的目的，制作已经失窃或丢失的录像制品的复制件。

（5）通过馆际互借获得的数字作品在计算机网络传播方面可适用于图书馆的信息网络传播权例外。根据《澳大利亚著作权法（2008）》的规定，通过馆际互借获得的作品复制件能够通过信息网络提供给本馆馆舍内的服务对象浏览。该法第110条B款第2项规定，如果录音制品和录像制品的复制件由本节所规定的图书馆或档案馆的主管人员，或者是代表该主管人员的相关人员制作完成，并且该复制件正在或即将在其他图书馆传播，其目的是研究的需要，那么，在图书馆或档案馆主管部门的批准下，图书馆或档案馆的主管人员，或代表该主管人员的有关人员，为他馆制作本馆收藏的录音制品、录像制品及其附属标的物的复制件，借助安装在他馆馆舍内的计算机终端，通过信息网络供他馆的到馆用户浏览，不被视为侵犯该馆藏录音制品、录像制品及其附属标的物的著作权。

2. 我国现行著作权法律的规定

与《澳大利亚著作权法（2008）》相比，我国《信息网络传播权保护条例（2006）》对图书馆在信息网络传播权例外方面的规定，既从作品类型的角度加以规定，也从适用的目的方面作出限制。更为突出的是，我国《信息网络传播权保护条例（2006）》针对特定的使用目的和特定的作品类型，赋予图书馆在进行计算机网络传播时享有合理使用、法定许可等著作权例外，这间接使得图书馆获得一揽子著作权专有使用权的例外。

（1）适用于图书馆在信息网络传播方面的合理使用。根据《信息网络传播权保护条例（2006）》第6条的规定，图书馆在自身建设的网站上，向公众提供以下类型的作品时，可以享有合理使用：在信息网络上已经发表的时事性文章、公众集会上的讲话、图书馆为学校课堂教学或科学研究提供少量已经发表的作品、图书馆提供以少数民族语言文字翻译的汉语言文字作品、图书馆以盲人能够感知的独特方式向其提供的文字作品。其中，图书馆以盲人能够感知的独特方式向其提供文字作品时，享有合理使用的基本前提是，不以营利为目的。

（2）在本馆馆舍内通过计算机网络传播数字作品时可适用于图书馆的信息网络传播权例外。根据《信息网络传播权保护条例（2006）》第7条的规定，图书馆通过信息网络，可以向本馆馆舍内的服务对象，提供本馆收藏的合法出版的数字作品，以及依法为陈列或者保存版本的需要以数字化形式复制的作品。在没有直接或者间接获得经济利益的前提下，可以不向作品的版权拥有人支付报酬。根据《信息网络传播权保护条例（2006）》第10条第1项规定，图书馆这种通过信息网络向本馆馆舍内服务对象提供作品的行为还不受作者事先声明不许提供的限制。不过，需要指出的是，图书馆本身对收藏的作品进行数字化，仅限于“已经损毁或者濒临损毁、丢失或者失窃，或者其存储格式已经过时，并且在市场上无法购买或者只能以明显高于标定的价格购买的作品”；而且要采取技术措施，防止服务对象以外的其他人获得版权拥有人的作品，并防止服务对象的复制行为对版权拥有人利益造成实质性损害。

（3）适用于图书馆在信息网络传播方面的法定许可。根据《信息网络传播权保护条例（2006）》第8条和第9条的规定，图书馆参与的符合国家教育规划的网络教学、面向贫困地区或人群网络传播可适用法定许可的规定。而图书馆在信息传播方面享有的法定许可可适用的作品只能是“种植养殖、防病治病、防灾减灾等与扶助贫困有关的作品和适用基本文化需求的作品”。同时，《信息网络传播权保护条例（2006）》规定传播这类作品时，采用“公告制”的法定许可，即网络信息提供者应当在提供公告前拟提供的作品及其作者，拟支付报酬的标准。自公告之日起30日内，著作权人不同意提供的，网络服务提供者不得提供其作品；自公告之日起满30日，著作权人没有异议的，网络服务提供者可以提供其作品，并按照公告的标准向著作权人支付报酬。需要强调的是，图书馆以这种方式通过计算机网络传播作品的行为，不得直接或者间接获得经济利益。依据图书馆可适用的这一信息网络传播权例外，目前设在我国各级公共图书馆的“全国文化信息资源共享工程”基层点，即可以通过信息网络向农村地区的公众传播扶助贫困和适用基本文化需求的作品。也就是说，作为共享工程的基层点，图书馆可以向馆外传播共享工程的资源。

3. 共同性与差异性分析

与《澳大利亚著作权法（2008）》关于图书馆可适用的信息网络传播权例外的规定相比，中澳两国著作权法律各有所侧重，也存在一定的共性。《澳大利亚著作权法（2008）》关于图书馆可适用的信息网络传播权例外，更集中从作品类型的角度加以界定，而我国《信息网络传播权保护条例（2006）》侧重于从使用目的的角度进行限定。不过，与《澳大利亚著作权法（2008）》相比，我国《信息网络传播权保护条例（2006）》并没有对图书馆出于行政管理的目的和利用馆际互借获得的作品在计算机网络传播方面涉及的信息网络传播权例外做出规定。在这方面的规定中，两国并没有就计算机网络传播过程中作品的使用数量、传播范围和使用频度作出明确限制。比如，依据我国《信息网络传播权保护条例（2006）》第6条第3款规定，为学校课堂教学或者科学研究，向少数教学、科研人员提供少量已经发表的作品，可适用合理使用。事实上，该法对以这种方式获取到作品的人数并未作明确限制，而是采用模糊用语“少数”；出于这种目的提供的作品数量也没有被明确限定，而是采用模糊用语“少量”；同时，对这种传播方式可能涉及同一作品的传播频度限制，该法也未涉及。同样，《澳大利亚著作权法（2008）》在这方面也未作出明确规定。

三、图书馆可适用的公开展示权例外和公开表演权例外

如本章前文分析，对信息网络传播权采用分散式立法模式的著作权法律，有关信息网络传播权例外往往会转嫁到用于保护信息网络传播权的若干项著作权专有使用权上，在针对这些著作权专有使用权的例外中，与数字传输等有关的例外，大多是信息网络传播者可享有的例外。这方面的典型例子是《美国著作权法（2007）》。

《美国著作权法（2007）》并没有增设新的著作权专有使用权对网络信息提供者的信息网络传播权利进行保护，而是将之分散到发行权、公开展示权和公开表演权等著作权专有使用权中，结合数字传输的有关情形，对信息网络传播的相关权利加以保护。事实上，在信息网络传播相关权利的规定方面，美国采用这种立法模式经历了一个过程。1993 年，“Playboy Enter. 公司诉 Frena 案”的判决指出[269]，“使得作品通过信息网络被公众接收（received）或浏览（viewed）属于将作品进行公开展示或公开表演”，从而表明，在美国信息网络传播权将通过“公开表演权”和“公开展示权”加以保护。而 1997 年“Playboy Enter. 公司诉 Russ Hardenburgh 公司案”和 2001 年“A & M Records 公司诉 Napster 公司案”的判决结果却将以下行为纳入发行权的范畴[270]：“通过向公众提供复制件的下载属于发行权的范畴”，从而使美国著作权法律之前规定的发行权的内涵——“以出售、转让、租赁、出租或出借等方式传播复制件”进一步扩大。这也表明，美国著作权法律对信息网络传播相关权利的保护还通过发行权予以确认。

根据《美国著作权法（2007）》第 110 条“专有权的限制：某些表演和展示的免责”规定，表演非戏剧性文字作品、音乐作品，以及其他任何作品的合理有限的部分，或者以与面对面课堂教学相同的数量展示作品，可以享有公开表演权和公开展示权的例外。同时，在数字传输情况下，享有著作权侵权例

外的作品传输时必须符合以下 2 个条件：（1）采取技术措施，合理防止下述情况：接收者以可存取的方式将从传输团体或机构接收的作品进行超过教学时限的保存，而且接收者未经授权以可存取的方式将作品进一步提供给他人；（2）不允许干预著作权人用于防止超期保存或未经授权进行进一步传播的技术措施。

出于平衡版权拥有人和作品使用者利益的考虑，《美国著作权法（2007）》对公开展示权和公开表演权的例外作了如下限定：主要为表演和展示目的制作或销售的作为中介教学活动构成部分、通过数字网络传输的作品，或者表演或展示不按本法规定制作、获得，且传输控制机构或经过认证的非营利性教育机构已知，或有理由认为不是合法制作并获得的复制品或唱片，则不在此限。同时，该法对中介性教学活动作了严格限定。与以数字传输方式播放或展示作品有关的术语“中介性教学活动”指以下行为：将该作品作为课程教学不可分割的一部分，由教师控制或在教师的监管下，并且类似于在面对面课堂教学环境中所进行的播放或展示。该术语不包含以下使用行为：在一门课程的一个或多个学期的教学活动中，使用通常应由高校学生为个人单独使用和保存而购买或自备的教科书、成套教学参考资料，或任何媒体形式的其他资料等作品的复制品或唱片，或者使用通常应由中、小学学生为独自拥有并单独使用而购买或自备的教科书、成套教学参考资料，或任何媒体形式的其他资料等作品的复制品或唱片。

依据《美国著作权法（2007）》的规定，信息的网络传输可分解为在线发行、在线公开展示和在线公开表演。针对第 110 条的规定，图书馆在提供远程教育服务时，在满足第 110 条关于例外适用的条件下，可以享有一定的信息网络传播权例外。

第三节　适用主体为网络信息提供者的信息网络传播权例外

一、主要国家有关网络信息提供者的信息网络传播权例外规定

在网络环境下，作为网络信息提供者的图书馆，其可以适用的信息网络传

播权例外，核心价值在于图书馆在从事哪些网络行为，或作为哪种网络传播角色时，不需要承担侵权责任。自20世纪90年代以来，各国针对网络信息提供的侵权责任例外，多通过立法的形式加以确定。对信息网络传播者的信息网络传播行为在侵权责任上作出限制的国家，主要有美国、澳大利亚、德国、新加坡和英国等。

1.《澳大利亚数字议程（2000）》的规定

澳大利亚1999年颁布的《澳大利亚数字议程（2000）》[271]，对网络信息提供者的侵权责任作了原则性规定：除非网络信息提供者能够控制信息或者同意他人进行侵权活动，对于其他情况，网络信息提供者不需要为他人利用其网络或系统向公众传播信息的行为负直接侵权责任；但是，在某些情况下，网络信息提供者有可能要承担间接侵权责任。

2. 德国《信息和通信服务规范法（1997）》的规定

1997年8月1日生效的《信息和通讯服务规范法》对网络信息提供者的网络侵权责任例外作出了规定。依据该法，网络信息提供者根据一般的法律对自己提供的内容负责。对于他人提供的内容，只有在网络信息提供者了解这些内容并且在技术上有可能阻止、而且进行阻止并不超过其承受能力的情况下才负有责任。否则，不需要承担侵权责任。同时，网络信息提供者只对由自己提供利用途径，而不需对他人提供的内容负责任。根据用户要求自动和短时间地提供他人的内容被认为是对利用途径的介绍。另外，如果网络信息提供者在不违背电信法第85条关于保守电信秘密的规定的情况下了解了这些内容并有技术可能加以阻止，而且进行阻止并不超过其承受能力，那么它有义务按普遍法律阻止利用违法的内容[272]。

3. 美国《网络著作权侵权责任限制法》的规定

1998年已被纳入《美国著作权法（2007）》第512条的《网络著作权侵权责任限制法》（*Online Copyright Infringement Liability Limitation Act*）规定，网络信息提供者在满足以下条件时，就他人的侵权行为可以免除直接侵权或者代位侵权责任[273]：（1）非其将资料上传到网络；（2）非自身制作、选择、修改的该资料；（3）自身不决定资料的接收者；（4）没有从他人的侵权行为中直接获得利益；（5）不知道或者没有收到通知获知上传的资料为侵权物；（6）

为了使网络信息提供者能就用户的侵权行为采取积极的措施。法律还规定，网络信息提供者获得侵权通知后及时除去相关侵权材料即可以享有侵权责任例外。

4. 新加坡《电子交易法》的规定

《电子交易法》对网络信息提供者的责任加以限定。该法第 10 条规定[274]：在任何法律规则下，网络信息提供者不因提供他人借以进入的第三人电子记录的途径而承担民事或刑事的责任，如果该责任建立在：（1）提供者制作、传播或出版有关资料中的声明；（2）该资料包含的或涉及的任何侵权行为。

5.《英国著作权、设计与专利法案（2007)》的规定

该法从传输管道（Mere Conduit)、系统缓存和宿主服务（Hosting）等角度规定了网络信息提供者的侵权责任例外。

此外，一些地区性法律，比如，《2000 年 6 月 8 日欧洲议会及欧盟理事会关于共同体内部市场的信息社会服务，尤其是电子商务的若干法律方面的第 2000/31/EC 号指令》(*Directive 2000/31/EC of the European Parliament and of the Council of 8 June 2000 on certain legal aspects of information society services*, *in particular electronic commerce*, *in the Internal Market*，简称《欧盟电子商务指令(2000)》）也对信息网络传播过程中网络信息提供者的侵权责任例外做出规定。

总体而言，从当前有关国家和地区对网络信息提供者的网络侵权责任例外的有关规定来看，信息网络传播过程所涉及的信息通道、系统缓存、网站载有侵权材料以及网站提供信息搜索等方面，在符合法律规定的条件下，网络信息提供者均可以享有网络侵权责任例外。本节后续部分将对这 4 个方面的侵权责任例外，选取较有代表性的法律规定作为分析依据，结合图书馆当前信息服务涉及的网络行为，剖析图书馆在信息通道、系统缓存、登载有侵权材料及提供信息搜索方面，作为网络信息提供者可以享有的侵权责任例外。

二、对信息网络传播过程中信息通道的侵权责任例外

在信息网络传播过程中，借助网络平台提供服务的图书馆，应用户使用要

求提供网络接入服务，在多数情况下仅发挥数据信道的功能。多数国家或地区通过著作权法律或相关法律规定网络信息提供者充当信息通道时可享有一定的侵权责任例外。比如，《美国著作权法（2007）》、《欧盟电子商务指令》和《信息网络传播权保护案例（2006）》等。

1.《美国著作权法（2007）》

《美国著作权法（2007）》对信息网络传播过程中网络信息提供者在充当信息通道时可以享有的侵权责任例外作了规定，但有着非常严格的适用条件限制。该法第512条（a）款规定对网络信息提供者的责任限制适用于以下情况，即当网络信息提供者仅行使数据通道的职责，应其他人的请求，将数字信息从网络的一点传输到另一点的情况。此处的限制所包括的行为有：转发、接通指定线路或者为信息以及网络操作过程中自动生成的中介和临时复制品提供的链接。对临时复制的免责规定和免责条件，只有符合该法第512条（a）款的规定才能适用。主要涉及：（1）传输必须是由网络信息提供者以外的人发起的；（2）传输、引导、提供链接或复制，必须是由计算机系统自动化处理技术程序完成的，同时网络信息提供者未对材料进行选择；（3）网络信息提供者不必决定材料的接收者；（4）除所期望的接收者外，任何中介性复制品在正常情况下必须无法被他人存取，而且保存时间不能超过所需的合理时间；（5）所传播的材料内容必须未经任何修改。

2.《欧盟电子商务指令（2000）》

与《美国著作权法（2007）》类似，《欧盟电子商务指令（2000）》从信息发起者、传输的内容和临时复制件保存的时间等网络信息提供者在临时复制方面可享有侵权责任例外加以限定。该指令第12条第1款规定[275]，网络信息提供者履行传输功能时享有侵权责任豁免。指令要求成员国应在其国内立法中规定，作为中介服务者的网络信息提供者在履行传输功能或接入服务时，除违反法律禁令外，符合下列条件时对其传输的信息内容不负责任：（1）信息是由他人发送的（即，不是首先进行传输的一方）；（2）信息的接收者是由他人而不是由网络信息提供者选择的；（3）网络信息提供者没有选择或更改其传输的信息内容；（4）信息的传输、存储是自动的、中介的和临时性的，且不超过合理所需的时间。

与《美国著作权法（2007）》和《欧盟电子商务指令（2000）》相比，我国《信息网络传播权保护条例（2006）》关于网络信息提供者仅充当信息通道时可获得的免责例外规定较为简洁。该法第20条规定，网络服务提供者根据服务对象的指令提供网络自动接入服务，或者对服务对象提供的作品、表演、录音录像制品提供自动传输服务，并具备下列条件的，不承担赔偿责任：（1）未选择并且未改变所传输的作品、表演、录音录像制品；（2）向指定的服务对象提供该作品、表演、录音录像制品，并防止指定的服务对象以外的其他人获得。

三、对信息网络传播过程中系统缓存的侵权责任例外

系统缓存，也称临时复制，主要是指网络信息提供者的系统对以前用户要求访问的信息复制件自动存储一段时间，以满足后续用户对相同信息的访问要求而无须从源网站重新取得。系统缓存既降低了对网络信息提供者的带宽要求，又减少了用户的等待时间。由于系统缓存妨碍了信息提供者的版权控制能力，因而需要对网络信息提供者履行这一功能时给予一定的侵权责任例外。在借助计算机网络提供信息服务时，图书馆为了提高服务效率，可以借助缓存的方法在其虚拟馆藏中保存其他网站的数字文件复制件，其作用是针对同一信息请求，后续用户可以直接从图书馆的网站而不需要从原始网站检索该数字文件。因此，图书馆享有这方面的侵权责任例外，具有重要意义。包括《美国著作权法（2007）》、《欧盟电子商务指令（2000）》和我国《信息网络传播权保护条例（2006）》在内，多数国家的著作权法律或相关法律均对此做出规定。

1.《美国著作权法（2007）》

针对信息网络传播过程中网络信息提供者在系统缓存方面可享有的侵权责任例外，《美国著作权法（2007）》规定，符合第512条（b）款规定的网络信息提供者的责任限制，必须适用于以下情况，即由网络信息提供者以外的行为主体上网传输的材料，在短时间内由网络信息提供者保存其复制品，随后又按照该行为主体的指定，传输给用户。网络信息提供者保留这些材料是为了通过传输保留的复制品，满足日后对同一材料的检索需求，而不必从网上的原始出处检索该材料。此处的限制包括由自动化技术处理过程执行的中介性和临时存

储行为。享受该例外须符合以下条件：（1）所保存的内容必须不被修改。（2）当规定执行普遍采纳的产业标准数据通信协议时，网络信息提供者必须执行利用原始地址的材料更新材料并替换所保存的复制品的规定。（3）在技术满足特定要求的情况下，网络信息提供者必须不干预将合适的信息退还给材料张贴人所采用的技术。（4）网络信息提供者必须按照材料张贴人所要求的存取条件（口令保护），限制用户存取该材料。（5）一旦网络信息提供者接到通知，未经版权拥有人同意而张贴的材料，已在原始网站上删除、封存或已被下令删除或封存，网络信息提供者必须立即将其删除或封存。

2.《欧盟电子商务指令（2000）》

针对信息网络传播过程中网络信息提供者在系统缓存方面可享有的侵权责任例外，《欧盟电子商务指令》要求成员国应在国内立法中规定：对于履行系统缓存功能的网络信息提供者，在为提高信息传输速度，对前面访问者访问后在其系统中自动、中介和临时性存储留下的信息复制以便后访问者能及时获得该信息的行为，除违反法律的禁止性规定外，只要符合下列条件，即可不负责任：（1）提供者没有更改信息；（2）提供者遵守了获得信息的条件；（3）提供者遵守了更新信息的规则，该规则以一种被产业界广泛认可和使用的方式确定；（4）提供者不干预为获得有关信息使用的数据而对得到产业界广泛认可和使用的技术的合法使用；（5）提供者在得知处于原始传输来源的信息已在网络上被移除，或者获得该信息的途径已被阻止，或者法院或行政机关已下令进行上述移除或阻止获得的行为的事实后，迅速地移除或阻止他人获得其存储的信息。

从上述两部法律有关网络信息提供者在系统缓存方面享有的侵权责任例外规定可以分析出，《美国著作权法（2007）》、《欧盟电子商务指令（2000）》有关系统缓存的侵权责任例外规定，在适用条件上均要求不改变自动存储的内容，与信息源对自动存储的内容在操作上保持一致，在更新、删除或屏蔽等操作上保持同步。不过，《美国著作权法（2007）》在侵权责任例外的适用条件规定上，更加关注张贴材料者的利益。比如，要求“服务提供者必须按照张贴材料的人所要求的存取条件（口令保护），限制用户存取该材料”，而且“服务提供者必须不干预将合适的信息退还给张贴材料的人所采用的技术”。虽然有关国家法律给予网络信息提供者在系统缓存方面享有一定的侵权责任例外，但是由于我国著作权法律未将临时复制件纳入著作权的保护范畴，因此我国《信息网络传播权保护条例（2006)》并未就网络信息提供者在临时复制方面可以享有的侵权责任例外做出规定。

四、对自办网站载有侵权材料的侵权责任例外

作为网络信息提供者，在信息网络传播的过程中，图书馆借助自身建设的网站，收集、组织资源，或者是提供链接，或者是提供信息存储空间，向用户提供各种信息服务。在此过程中，图书馆可能会面临这样的一种情况，即自办网站载有侵权材料（包括图书馆自身发布的信息出现侵权、由用户向信息存储空间上传的材料出现侵权）。针对这种情况，图书馆可以借助著作权法律及相关法律针对自办网站载有侵权材料可适用的侵权责任例外规定，使自身不被追究侵权。在此方面，《美国著作权法（2007)》和《欧盟电子商务指令》等相关法律作出了明确规定。

1.《美国著作权法（2007)》

针对网络信息提供者自办网站载有侵权材料可享有的侵权责任例外，《美国著作权法（2007)》第512条（c）款限定的条件为：（1）不知晓侵权行为已经发生；（2）如果网络信息提供者有权利、有能力控制该侵权行为，则其必须没有从侵权行为中获利；（3）在接到侵权通知后，必须撤销该材料的访问途径；（4）需要专门任命一位代理人负责接收侵权通知，该代理人要在版权局备案，版权局网站将公布代理人名单；（5）版权拥有人发出侵权通知后，网络信息提供者不按通知人的合法要求进行纠正，则不享受“不了解侵权行为”的免责规定；若能及时纠正，可免于处罚。

为了确保侵权通知得到有效执行，《美国著作权法（2007)》第512条还规定，版权拥有人必须向网络信息提供者指定的代理人提交附有伪证罚金及具体细节的通知。若版权拥有人不切实履行法律的要求，则意味着在断定网络信息提供者是否知晓侵权行为时，对该通知不予考虑。如果网络信息提供者接到正当的通知，就立即删除通知所指出的材料或封锁对该材料的存取途径，便可以免于侵权处罚。此外，网络信息提供者可以不承担任何人对已撤销的材料所提出的权利主张的责任。针对可能出现的错误通知或欺诈性通知，《美国著作

权法（2007）》第512条提供了一些保护条款。第512条（g）款第1项给用户提供了利用提出反通知对通知与撤销作出反应的机会。为了有资格因撤销材料获得责任保护，网络信息提供者必须立即给用户发通知，告诉用户自己根据版权拥有人的通知，已经撤销该材料或阻止对该材料的存取。如果用户按照法律的要求提出反通知，其中指出该材料系由于错误或识别有误而被删除或阻止其存取，那么，除非版权拥有人采取行动要求法庭对用户发布命令，网络信息提供者在接到反通知后，必须在10～14个营业日（Business Day）之内恢复该材料。无论在通知还是反通知中故意进行实质性的错误表述都要受到惩罚。任何故意实质性地错误指出材料侵权或材料因错误或识别有误而被删除或封锁的个人，都要对所导致的一切损失负责，无论损失是由被指称的侵权者、版权拥有人或其许可人还是网络信息提供者造成的都不能例外。

2.《欧盟电子商务指令（2000）》

针对网络信息提供者自办网站载有侵权材料可享有的侵权责任例外，《欧盟电子商务指令（2000）》要求成员国应在其国内立法中规定，若提供的信息社会服务包括存储由服务接受者提供的信息，成员国应当确保服务提供者不因根据接受服务者的要求存储信息而承担责任，即，网络信息提供者在提供服务器空间、虚拟主机服务时，对其系统或网络中存储的信息内容，除违反法律的禁止性规定外，可享有民事责任和刑事责任的例外。但必须满足以下条件：（1）提供者对违法活动或违法信息不知情，并且就损害赔偿而言，提供者对显然存在违法活动或违法信息的事实或者情况毫不知情。（2）提供者一旦获得或者知晓相关信息，就马上移除了信息或者阻止他人获得此种信息。

为严格限制网络信息提供者在此方面可享有侵权责任例外，《欧盟电子商务指令（2000）》还做出另外两方面的限制：（1）如果服务接受者是在提供者的授权或控制之下进行活动，则本条规定的免责例外不能适用。（2）本条不应当影响法院或行政机关根据成员国的法律制度，要求网络信息提供者终止或者预防侵权行为的可能性。本条也不影响成员国制定管理移除信息或者阻止他人获得信息的规定的可能性。

3.我国《信息网络传播权保护条例（2006）》及相关司法解释

针对网络信息提供者自办网站载有侵权材料可享有的侵权责任例外，我国著作权法律及相关司法解释主要从网站转载、链接等方面加以规定。

在《信息网络传播权保护条例（2006）》未正式颁布前，我国《最高人民法院关于审理涉及计算机网络著作权纠纷案件适用法律若干问题的解释（2003）》对网站在转载资料的过程中可以享有侵权责任例外作了规定。该司法解释第3条规定，已在报刊上刊登或者网络上传播的作品，除著作权人声明或者报刊、期刊社、网络信息提供者受著作权人委托声明不得转载、摘编的以外，在网络进行转载、摘编并按有关规定支付报酬、注明出处的，不构成侵权。但转载、摘编作品超过有关报刊转载作品范围的，应当认定为侵权。依据该司法解释，“网站”当然可以是图书馆创建的网站，而图书馆若通过转载的方式获得网络作品并将之在图书馆网站上予以发布，要想适用这种例外情形，必须充分满足以下四大要件：（1）著作权人没有声明或者上传该作品的网络信息提供者没有受著作权人的委托声明不得转载、摘编该作品；（2）按有关规定支付报酬；（3）注明出处；（4）转载、摘编作品不得超过有关报刊或者网站转载作品范围。

图书馆可能会使用超文本链接、网络索引、搜索引擎等信息搜索工具来建立虚拟馆藏，并通过网络将用户引向或链接到其他相关网站。如果相关网站含有侵权材料，又或者是，图书馆自身发布的信息出现侵权，或由用户向信息存储空间上传的材料出现侵权，那么，图书馆在什么条件下可以享有侵权责任的例外呢？继2003年我国司法解释对网站转载资料规定侵权责任之后，2006年，随着我国《信息网络传播权保护条例（2006）》的实施，网络信息提供者在此方面可以享有的侵权责任例外，也有了法律依据。《信息网络传播权保护条例（2006）》第22条规定，网络服务提供者为服务对象提供信息存储空间，供服务对象通过信息网络向公众提供作品、表演、录音录像制品，并具备下列条件的，不承担赔偿责任：（1）明确标示该信息存储空间是为服务对象所提供，并公开网络服务提供者的名称、联系人、网络地址；（2）未改变服务对象所提供的作品、表演、录音录像制品；（3）不知道也没有合理的理由应当知道服务对象提供的作品、表演、录音录像制品侵权；（4）未从服务对象提供作品、表演、录音录像制品中直接获得经济利益；（5）在接到权利人的通知书后，根据本条例规定删除权利人认为侵权的作品、表演、录音录像制品。

为了让网络信息提供者更为明确侵权责任例外的操作程序，该法就此做了三个方面的规定：

第一，网络信息提供者接到版权拥有人有关的侵权通知。依据《信息网络传播权保护条例（2006）》第 15 条的规定，网络服务提供者接到版权拥有人的通知书后，应当立即删除涉嫌侵权的作品、表演、录音录像制品，或者断开与涉嫌侵权的作品、表演、录音录像制品的链接，并同时将通知书转送提供作品、表演、录音录像制品的服务对象；服务对象网络地址不明、无法转送的，应当将通知书的内容同时在信息网络上公告。

第二，服务对象证明自身未侵犯他人权利。依据《信息网络传播权保护条例（2006）》第 16 条规定，服务对象接到网络服务提供者转送的通知书后，认为其提供的作品、表演、录音录像制品未侵犯他人权利的，可以向网络服务提供者提交书面说明，要求恢复被删除的作品、表演、录音录像制品，或者恢复与被断开的作品、表演、录音录像制品的链接。书面说明应当包含下列内容：（1）服务对象的姓名（名称）、联系方式和地址；（2）要求恢复的作品、表演、录音录像制品的名称和网络地址；（3）不构成侵权的初步证明材料；（4）服务对象应当对书面说明的真实性负责。

第三，未侵犯他人权利的举证成立，网络信息提供者需要恢复被删除的内容。《信息网络传播权保护条例（2006）》第 17 条规定，网络服务提供者接到服务对象的书面说明后，应当立即恢复被删除的作品、表演、录音录像制品，或者可以恢复与被断开的作品、表演、录音录像制品的链接，同时将服务对象的书面说明转送权利人。权利人不得再通知网络服务提供者删除该作品、表演、录音录像制品，或者断开与该作品、表演、录音录像制品的链接。

五、对信息网络传播过程中信息搜索工具的侵权责任例外

随着计算机网络技术的迅速发展，图书馆在资源建设与信息服务的过程中对信息技术的应用也日益成熟。图书馆跨库检索服务的出现，使得图书馆在网络信息传播过程中具备信息搜索工具的功能日渐显露。目前，国内外一些注重信息查找、检索服务的图书馆，甚至已经在其自办网站上，将一些搜索引擎的检索入口加以嵌入。针对这种情况，作为网络信息提供者的图书馆，需要寻求

自身作为信息搜索工具时，在网络信息传播中可以享有侵权责任例外。目前，包括《美国著作权法（2007）》和我国《信息网络传播权保护条例（2006）》的一些著作权法律，均对此做出规定。不过，在这类例外可适用的条件规定方面，国与国之间的法律规定的侧重点并不相同。

1.《美国著作权法（2007）》

针对网络信息提供者在网络信息传播过程中充当信息搜索工具时可以适用的侵权责任例外，《美国著作权法（2007）》第512条（d）款规定，对利用信息搜索工具将用户引向或链接到含有侵权材料网站的行为，如果满足以下3个条件，就可以享有侵权责任例外：（1）提供者不了解材料侵权的必要知识。必要知识的掌握标准与网络信息提供者在信息系统和网络中储存信息的限制标准类似。（2）如果提供者有权利和能力控制侵权活动，提供者必须没有直接从侵权活动中获利。（3）在接到指称侵权的通知后，提供者必须立即撤销该材料或封锁对该材料的存取途径。

2.《欧盟电子商务指令（2000）》

实际上，《欧盟电子商务指令（2000）》针对网络信息提供者作为信息搜索引擎时所能适用的侵权责任例外也做了规定，只不过此方面的规定被合并在网络信息提供者充当信息通道时可适用的侵权责任例外中。即前文提到的《欧盟电子商务指令（2000）》有关网络信息提供者充当信息通道所享有的侵权责任例外的第12条第1款，也可成为网络信息提供者在作为信息搜索引擎时出现侵权时追求侵权责任例外的重要法律依据。

3.《信息网络传播权保护条例（2006）》

关于信息网络传播过程中网络信息提供者在作为信息搜索引擎方面可享有的侵权责任例外，《信息网络传播权保护条例（2006）》第21条规定，网络服务提供者为提高网络传输效率，自动存储从其他网络服务提供者获得的作品、表演、录音录像制品，根据技术安排自动向服务对象提供，并具备下列条件的，不承担赔偿责任：（1）未改变自动存储的作品、表演、录音录像制品；（2）不影响提供作品、表演、录音录像制品的原网络服务提供者掌握服务对象获取该作品、表演、录音录像制品的情况；（3）在原网络服务提供者修改、删除或者屏蔽该作品、表演、录音录像制品时，根据技术安排自动予以修改、删除或者屏蔽。

此外，针对网络信息提供者在网络信息传播过程中充当信息搜索工具时可以适用的侵权责任例外，我国《信息网络传播权保护条例（2006）》第14条还进一步规定，对提供信息存储空间或者提供搜索、链接服务的网络服务提供者，版权拥有人认为其服务所涉及的作品、表演、录音录像制品，侵犯自己的信息网络传播权或者被删除、改变了自己的权利管理电子信息的，可以向该网络服务提供者提交书面通知，要求网络服务提供者删除该作品、表演、录音录像制品，或者断开与该作品、表演、录音录像制品的链接。通知书应当包含下列内容：（1）版权拥有人的姓名（名称）、联系方式和地址。（2）要求删除或者断开链接的侵权作品、表演、录音录像制品的名称和网络地址。（3）构成侵权的初步证明材料。（4）版权拥有人应当对通知书的真实性负责。

从上述三部法律的规定可以看出，我国与美国的著作权法律针对网络信息提供者在网络信息传播过程中充当信息搜索工具时可以适用的侵权责任例外的规定，在适用条件方面存在很大的相似性。不过，针对网络信息者在充当信息搜索工具及其他网络传播角色时可以享有的侵权责任例外，美国现行著作权法律的有关规定显得更为严谨。理由是，即便《美国著作权法（2007）》已经从临时复制，系统缓存、自办网站转载材料和信息搜索工具等方面就网络信息提供者可适用的侵权责任例外作出了较为具体的限制，但该法仍然设置了侵权责任例外适用的概括性限制条件。《美国著作权法（2007）》规定，所有网络信息提供者在适用侵权责任限制例外时必须具备两个共同条件：一是它必须制定和合理实施一项政策，即如果其用户再次侵权，则必须终止其账号；二是它必须采用“标准技术措施”。这种措施是版权主体与网络信息提供者之间所达成的用以表明或保护其版权作品的协议。

六、共同性与差异性分析

网络传播侵权责任与网络传播侵权责任例外是著作权立法追求各方利益平衡的立法宗旨在网络环境下的一种延伸，两者存在一种此消彼长的关系。从各国有关信息网络传播权的立法现状来分析，一般地，有什么样的网络传播侵权责任，就会有对应的网络传播侵权责任例外。如果某种网络传播行为不被法律界定为侵权行为，那么，就不会出现针对这种网络侵权责任的例外。比如，我国未将临时复制产生的临时复制件纳入著作权法律保护的范围，在此种情况下，与其他国家著作权规定网络临时复制过程中网络信息提供者可享有侵权责任例外的情形相比，我国相关著作权法律就没有必要在这方面作出侵权责任例外规定，事实上，我国《信息网络传播权保护条例（2006）》即体现了这一点。

在多数情况下，对网络传播侵权责任的限制，就是对网络传播侵权的一种例外适用。而这种例外适用并不是不受任何限制的，相反，在适用目的、适用主体等方面，网络信息传播权的例外均受到严格的限制。包括《欧盟电子商务指令（2000）》、《美国著作权法（2007）》、《英国著作权、设计与专利法案（2007）》及我国《信息网络传播权保护条例（2006）》在内，绝大多数国家的著作权法律及相关法律对信息网络传播权例外的适用条件的严格限制，是这些著作权法律及相关法律对信息网络传播权例外立法的重要共性。

根据确定法律责任的重要因素——主观过错（Subjective Fault），可以将网络信息传播的侵权责任划分为直接侵权责任和间接侵权责任。直接侵权责任主要表现为网络信息提供者在从事上传、转载、转摘等网络信息传播行为时，发生侵权而应负的责任。间接侵权责任主要表现为以下 3 种情形：（1）网络信息提供者在从事相关网络传播的过程中，由于技术本身原因所引起的、不可回避的、网络信息提供商无法知晓或难以控制的行为，可能引发的侵权行为而需承担的责任；（2）网络信息提供者提供设施服务、接入服务等可能引发侵权行为而需要承担的责任；（3）网络信息提供者提供存储空间、信息搜索等服务时，可能引起侵权行为而需要承担的责任。事实上，网络信息提供者的侵权责任的标准和范围不仅直接影响网络环境下版权保护的水平和质量，而且直接影响到网络服务业的繁荣和发展。因此，世界许多国家的著作权法律在界定网络信息提供者责任的同时，无论是在直接侵权责任方面，还是在间接侵权责任方面，均实施了必要的责任限制，允许侵权责任例外的存在，即使这种侵权责任例外在适用条件上也受到严格的限制。

当前世界多数国家有关网络信息提供者可以享有的网络侵权责任例外，具有一定的差异性，从总体上可以将这类网络侵权责任例外的规定划分为针对网络直接侵权责任例外的规定和针对网络间接侵权责任例外的规定。

首先，针对网络直接侵权责任例外的规定。对网络信息提供者直接侵权责任的例外，是指对网络信息提供者在为履行其信息传输中介的职责时发生的网络侵权行为给予必要的豁免或适当的限制。网络信息提供者为履行信息传输中介的职责，可能会涉及对他人版权作品的使用，这种使用主要表现为“传输管道”、“服务器代理缓存”两种情况。针对这些情况可能引起的侵权行为，包括《美国著作权法（2007）》、《欧盟电子商务指令（2000）》和《英国著作权、设计与专利法案（2007）》在内的著作权法律及相关法律，均规定了网络信息提供者可享有这方面的侵权例外。

其次，针对网络间接侵权责任例外的规定。由于网络信息提供者的服务对象可能利用网络信息提供者的设备、信息存储空间服务及其他类型的服务从事各种非法活动，包括版权侵权、传播非法或有害信息、侵犯隐私权等。多数情况下，网络信息提供者虽然没有直接实施网络侵权行为，但其提供的设备和服务，却在很大程度上成为其服务对象实施网络侵权行为的主要手段或工具，使得版权作品未经版权拥有人授权，就在信息网络空间中传播。在此过程中，虽然网络信息提供者在其服务对象实施的侵权行为中，是在不自觉，甚至是无法察觉的情况下，间接促进了非法行为的发生，其主观虽无过错，但结果却与其提供的设备和服务密切相关。如果要其为此承担严格的侵权责任，往往会挫伤网络信息提供者的积极性。从长远来看，这并不利于网络的发展。鉴于此，从促进网络事业发展的角度考虑，往往需要给予网络信息提供者一定的网络侵权责任例外。比如《美国著作权法（2007）》和我国《信息网络传播权保护条例（2006）》规定了在网络信息提供者提供信息检索服务时可适用的网络侵权例外。在网络信息提供者提供信息寄存空间服务时，也可以享有一定的网络侵权例外，我国《信息网络传播权保护条件（2006）》即有此方面的规定。

由于网络信息传播涉及对作品的多项操作，各国对信息网络传播权的立法模式也存在差异，归纳起来，主要有新增式、重组式和分散式3种。对信息网络传播权立法模式的不同，催生了信息网络传播权例外的多样性。这种多样性体现为：从立法模式的角度，可以将信息网络传播权例外分为针对信息网络传播权的例外和针对若干项与信息网络传播相关的著作权专有使用权的例外。而依据信息网络传播权例外的适用条件，可以将信息网络传播权例外分为适用特定主体的信息网络传播权例外和适用于特定目的的信息网络传播权例外。

网络信息传播过程中行为主体的多样性导致信息网络传播权例外的适用主体也具有多样性。图书馆只是信息网络传播权例外可适用的众多主体中的一种。依据图书馆在网络信息传播过程中所发挥的功能与角色定位，可以将图书馆可适用的信息传播权例外划分为适用主体明确规定为图书馆的信息网络传播权例外和适用主体为网络信息提供者的信息网络传播权例外。

首先，在适用主体明确规定为图书馆的信息网络传播权例外方面。当前，世界多数国家的著作权法律对适用主体明确为图书馆的信息网络传播权例外的适用条件实行严格限制。包括美国、英国、加拿大在内的多数国家，其现行著作权法律均没有专门规定适用主体明确为图书馆的信息网络传播权例外。从一些著作权法律将信息网络传播权例外适用主体明确规定为图书馆的立法现状来看，对图书馆作为可适用主体而享有的信息网络传播权例外，往往会在适用目的、适用的作品类型上受到限制。多数情况下，这类将适用主体明确界定为图书馆的信息网络传播权例外，往往只适用图书馆在馆舍内利用安装在本馆的计算机开展网络信息服务。与《澳大利亚著作权法（2008）》允许图书馆出于行政管理的目的而享有一定的信息网络传播权例外（或者对依靠馆际互借而获得的作品可依借馆舍内的计算机通过信息网络提供给用户浏览）这些规定相比，我国在适用主体明确为图书馆的信息网络传播权例外方面的规定，仍存在明显不足，并不能满足图书馆实践活动的需要。

其次，在适用主体为网络信息提供者的信息网络传播权例外方面。网络环境下，图书馆作为一种重要的网络信息提供者，依据自身在网络传播中的角度与功能定位，使得自身在很大程度上可以作为适用于网络信息提供者的信息网络传播权例外的适用主体。从当前世界多数国家有关网络信息提供者可适用的信息网络传播权例外——侵权责任例外的有关规定分析，网络信息提供者主要可以在信息通道、系统缓存、自身网站载有侵权材料以及作为信息搜索工具等方面享有侵权责任例外。

在法律对图书馆可适用的信息网络传播权例外的规定相当狭窄，甚至是缺失的情况下，再加上技术措施和资源授权协议对图书馆可适用的著作权例外的钳制，事实上，借助网络开展的信息服务往往需要图书馆投入极大的成本。诚如 eIFL 于 2008 年 11 月 8 日发布的报告——“eIFL 的回应：知识经济中的版权（绿皮书）”中所述，通常情况下，为了节约资源建设成本，图书馆会组成一个资源采购联盟，与出版商协商授权许可协议的条款及价格，以获得最佳交易。尽管如此，图书馆每年仍需花费数以百万计的欧元用于支付授权许可费。而用户能够通过网络检索并获取的资源，完全需要依靠图书馆与资源提供商签订授权许可协议并支付高昂的许可费。

虽然绝大多数图书馆已在网络环境中受益多年，并已通过自建网站的方式，向用户提供各种基于网络的信息服务，但是，对于图书馆在网络传播过程中能够享有的信息网络传播权例外的相关问题，国内外图书馆界对此仍未形成统一认识。2008 年专门调研了 WIPO 的 149 个成员国现行著作权实体法有关适用于图书馆的著作权例外，并将可适用于图书馆的著作权例外概括为复制权例外与技术措施规避例外的 Kenneth D. Crews，在其提交给 WIPO 的最终报告中，并未将图书馆可适用的信息网络传播权例外问题加以反映；2008 年 3 月，专门就美国现行著作权法律与图书馆可适用的著作权例外开展调研的《美国著作权法》第 108 条款研究组，在其历时 3 年才宣告完成的、反映图书馆界对可适用于图书馆的著作权例外立法诉求的研究报告中，就数字图书馆能否成为《美国著作权法》第 108 条款的适用主体，或者数字图书馆能否与图书馆一样，在适用于著作权例外上具有主体资格平等性的问题，均存在极大的分歧。这足以在很大程度上表明，图书馆可适用的信息网络传播权例外所涉及的问题相当复杂。

第六章　适用于图书馆的技术措施规避例外

从国际著作权法制发展观察著作权法律有关技术措施的保护规定，是数字网络环境下保护著作权的重要手段，也是以法律保护科技的典型，其目的在于确保技术措施的有效性。虽然技术措施并不赋予版权拥有人任何新的著作权专有使用权，但其却对版权拥有人的著作权专有使用权起到保护作用，可以视为一种隐形的、间接的专有权利，对版权保护具有重要影响。从平衡各方利益的立法宗旨考虑，著作权法律关于技术措施的条款，必须基于公益与私权的合理平衡。在给予技术措施保护的同时，规定一定的技术措施例外条款。实际上，随着1996年WCT将技术措施纳入著作权法律保护范畴加以保护，依据WCT"文学和艺术作品作者的权利规定限制或例外"的著作权例外立法指导思想推演，允许技术措施规避例外的出现已成为一种必然。其中，可适用于图书馆的技术措施规避例外，正是这类例外的一种特殊情形。

第一节　适用于图书馆的技术措施规避例外的基本问题

一、技术措施与技术措施规避

1. 技术措施的边界与法律地位

（1）技术措施的边界。

技术措施是指用于防止、限制未经权利人许可浏览、欣赏作品、表演、录音录像制品的或者通过信息网络向公众提供作品、表演、录音录像制品的有效技术、装置或者部件。

在著作权立法实践中，为保证与技术措施有关的立法规定更加明确、专指，立法者通常会对技术措施作出严格的定义。比如，《欧盟信息社会版权指令（2000）》第 6 条第 3 款规定[276]：

> 在本指令中，“技术措施”一词是指任何正常运行时用于防止或限制未经任何法律规定的版权或版权相关权利或根据《第 96/9/EC 号指令》第三章规定的特殊权利的权利人的授权使用作品或其他客体的技术、装置或组件的行为。当受保护的作品或其他客体由权利人通过所使用的访问控制或保护程序，如对作品或其他客体加密、扰频或其他改变、控制复制机制，实现保护目标时，技术措施应被视为“有效”。

美国 DMCA 对技术措施的定义则分布在第 1201 条（a）款和 1201 条（b）款第 2 项（B）目中。该法第 1201 条（a）款规定[277]：在对本章所保护的作品的访问进行有效控制的技术措施。并在第 1201 条（b）款第 2 项（B）目进一步规定[278]：如果一项措施在其通常的操作过程中可以防止、禁止或者限制对于在这一章下的版权中的一项权利的实施，那么这一技术措施便是对于这一章下的版权中的一项权利的有效保护。我国法律有关技术措施的定义，主要体现在我国《信息网络传播权保护条例》中。该法第 26 条第 2 款指出[279]：技术措施，是指用于防止、限制未经权利人许可浏览、欣赏作品、表演、录音录像制品的或者通过信息网络向公众提供作品、表演、录音录像制品的有效技术、装置或者部件。

（2）TPM 与 DRM、RMI 的关系。

数字权利管理（Digital Right Management，DRM）是数字信息产品在生产、交易、传输和利用过程中实现版权保护与管理的有效工具，由数字信息描述层、数字内容技术措施层和数字内容版权管理信息层组成。数字权利管理技术具备两方面功能：（1）对版权作品的来源与权利归属的确认（Identification）；（2）对著作权的执行（Enforcement）实施有效控制。前者通过权利管理信息（Rights Management Information，RMI），在版权作品上标示水印或以其他数字权利标示来实现，而后者则是依据技术措施得到实现。由此可见，从功能上分析，DRM 包含 TPM 和 RMI。

（3）技术措施与著作权专有使用权受到同等的法律保护待遇。

早在 20 世纪 70 年代，计算机软件开发者为维护自身的专有权，即已经开始采用某些技术上的“加密”手段，来防止分阶段复制自己开发的程序。20 世纪 90 年代后，确保数字作品的版权拥有人有权禁止他人规避其专门用于控制作品访问或使用的技术措施成为发达国家立法界较为关注的问题。比如，1996 年之前，美国制定的“绿皮书”、“白皮书”，欧盟制定的“绿皮书”，澳大利亚通过的“信息高速公路与知识产权立法建议”，均规定了保护技术措施的刑事、行政及民事责任。1996 年签署的 WCT 和 WPPT，为版权拥有人在数字环境下建立起了三级保护机制——处于第一级的版权保护、处于第二级的保护访问和使用作品的技术措施、处于第三级的保护技术措施的法定措施。虽然技术措施不是一项著作权专有使用权，但却是保护著作权专有使用权的一种有效手段，从而在著作权立法上受到与著作权专有使用权同等的保护待遇[280]。

2. 技术措施的类型

版权人可以采取的技术措施多种多样，根据不同的标准可以划分成不同的种类。学者张今将技术措施分为 4 类[281]：控制访问作品的技术措施、控制使用作品的技术措施、保护作品完整性的技术措施和保护支付报酬的技术措施。学者马治国认为[282]，从功能角度来看，技术措施可分为预防性、识别性和制裁性。其中，预防性技术措施主要是加密技术和不得打印、保存或浏览次数限定的功能限制技术；识别性技术措施是一种可通过事先隐藏在作品内的标记来识别侵权行为并向版权人报告的技术；制裁性技术措施一般是通过隐藏在作品内的程序对非法用户的计算机进行破坏，当然，这种技术措施因其破坏性的不可控制往往未能得到法律的允许。国外学者 Eric Schlachter 认为[283]，技术措施可以分为作品发行前的技术措施、保证支付报酬的技术措施和确认侵权的技术措施。

3. 技术措施规避

从本质上分析，技术措施是权利人主动通过技术手段，保护和管理自身的权利以防止他人侵权的行为。它是一种有利于及时维护权利人利益的私力救济方法，但又不可避免地侵犯了社会公众对作品合理使用的合法权益。因此，作为社会公众的个体便试图也用私力救济的方式，即规避技术措施的手段来维护个人利益。这两种私力救济方法实际上体现了一种动态的利益平衡。从各国立法实践来看，技术措施可以分为两类：一类是控制访问的技术措施；另一类是控制作品使用的技术措施。因此，技术措施规避可对应划分为两类：规避作品访问控制技术措施和规避作品使用控制技术措施。

二、技术措施规避的禁止

技术措施规避的禁止，主要体现为著作权法律对技术措施的保护。在网络化数字化环境下，对作品的复制或修改变得极为简便、快捷，并且廉价、高质，而版权拥有人往往采取技术措施来保证自身权利的实现，因此，通过立法保护技术措施显得相当必要。1996 年，WCT 第 11 条规定了技术措施的义务，要求缔约各方应在法律中规定——“未经权利人许可或法律准许，禁止规避由权利人为实现版权保护而采取的技术措施为侵权行为”。WCT 将技术措施限定为：保证版权得到有效保护所采取的技术措施，其他的技术措施不在本条约的约束之列。而具体对技术措施提供哪种法律救济，则由各国自行决定。随后，包括美国在内的 WIPO 成员国，均在本国著作权法律中制定了禁止规避技术措施的规定。比如，1998 年，作为响应 WCT 的要求将技术措施纳入著作权法保护范畴的第一部国家性法律，美国 DMCA 将“禁止规避设备的制造及其交易行为”界定为[284]：任何人不得制造、进口、向公众提供或非法买卖任何可构成下列 3 种情形之一的技术、产品、服务、设施、部件或零件：（1）主要的设计或制造目的是规避“访问控制技术”或“版权保护措施”；（2）除了以上目的之外，仅具有限的商业用途；（3）由明知其将被用于规避技术措施的人士销售。到了 2001 年，欧盟在其推出的《欧盟信息社会版权指令》中，除了要求各成员国对技术措施加以保护，还对制造专门用于规避技术措施的设备、提供破解服务也给予制裁。《欧盟信息社会版权指令》前言第 47 条规定[285]：

技术的发展将允许任何版权、相关权利以及数据库特别保护权的权利人利用技术措施来防止或禁止未经他们授权的行为。然而，仍然

> 存在为促成或便利规避这些措施提供的技术保护的非法活动。为避免对内部市场的运行可能构成潜在妨碍的分散的法律手段，有必要规定协调的法律保护制止规避有效的技术措施的行为，以及提供具有相同效果的装置、产品或服务的行为。

包括《欧盟信息社会版权指令》在内，各国著作权法律有关技术措施规避行为的定位，多以“未经版权人许可，对加密的作品进行解密，或对技术措施进行躲避、绕过、移动、关闭或妨碍”为主要描述点。此外，著作权法律还将辅助实现规避技术措施的设备、服务或者是针对这类设备和服务的商业广告也加以禁止。在有些国家，具有“商业目的”的拥有专门用于规避技术措施的装置，也在著作权法律的禁止之列。

了解著作权法律禁止有关技术措施规避的情况，有利于明确区分哪些是受著作权法律禁止规避的范畴，哪些是不受著作权法律禁止规避的范畴。对于那些未被著作权法律明确禁止的规避行为，图书馆完全可以根据需要加以规避。而对于那些被法律禁止规避的行为，图书馆对其规避，若要避免侵权，就得严格遵循著作权法律确立的技术措施规避的例外规定。

三、技术措施规避的例外

1. 技术措施规避例外存在的必要性

技术措施就其本质而言，意在控制版权产品的非法访问和非法使用，特别是复制。技术措施的法律保护意在制裁为侵犯他人版权而破坏有效控制作品的技术措施，和有意为谋利而提供破坏技术措施的设备和服务的行为。而这些正是新技术条件下版权法所面临的外部经济性加强的表现。技术措施阻止他人未经授权对作品的“擅自入内”行为，结果由于技术本身固有的原因，个人用户面对被设置了技术措施的作品，往往无法对其进行合理使用。比如，受技术措施的影响，个人用户无法出于研究或学习的目的而使用作品。技术措施在法律手段之外给版权添加了一层保护外衣，固然有效地保护了版权人的利益。但是，它又实实在在地冲击了版权合理使用制度，让版权合理使用制度在网络环境下形同虚设。技术措施对版权合理使用制度的冲击在深层次上又波及了版权法的利益平衡原则，使得利益的天平倾向了作者、传播者和相关的版权人。

更为重要的是，当作品被采取技术措施保护后，本来可以因著作权保护期限届满而自由利用的作品却不能被自由使用，这使得原来通过著作权法确定的有期限保护被无限制的技术措施打破，从而使得作品的财产权在保护期届满后仍变相地获得永久性保护，导致本已进入公共领域的、应当为全体公众自由使用的作品由于技术措施的存在而无法被自由使用。基于平衡各方利益的立法宗旨，对规避技术措施的行为设置相应的例外显得相当必要。

2. 确定技术措施规避例外的依据与原则

与著作权法规定的其他例外相似，各国著作权法律立法者在确定技术措施的规避例外时，往往需要综合考虑各方面的因素，并遵循一定的立法原则。比如，依据《美国著作权法（2007）》第1201条（版权保护系统规避条款）（a）款第1项（C）目的规定，国会图书馆馆长在发布通令时，要征询版权局局长的意见，而版权局局长在提出意见前，也要与商务部负责传播与信息业务的助理部长交换意见。而国会图书馆馆长在决定不适用禁止规避访问控制作品的技术措施规定的著作种类时，也要考虑以下因素[286]：（1）作品对于一般大众的供给情形；（2）作品对于非营利性的档案、保存或教育目的之使用的供给情形；（3）禁止规避技术措施对于评论、新闻报道、教学、学术或研究所可能产生的负面影响；（4）技术措施对于作品市场的影响；（5）国会图书馆馆长认为合适的其他因素。

3. 主要地区、国家著作权法律关于技术措施规避例外的规定

技术措施规避例外的实质是指规避技术措施的行为不被视为侵犯著作权。在给予技术措施保护的同时，有关地区、国家均在著作权法律中规定了技术措施规避的例外条款。比如，《欧盟信息社会版权指令》前言第39条规定[287]：

> 在提供有效的技术措施的情况下，当适用私人复制的例外或限制时，成员国应适当考虑技术和经济的发展，尤其是关于数字私人复制和补偿机制方面的发展。此种例外或限制不应阻碍或制止规避行为使用技术措施。

同时，《欧盟信息社会版权指令》还规定，对技术措施的限制性措施——成员国有义务采取适当措施，使例外受益人能有效地享有下列行为带来的利益：图书馆和文化机构、临时录制、社会机构的广播、教育和研究、残疾人、公共安全和立法程序等。该规定旨在避免技术措施产生对作品不合法垄断的后果，通过这样的适当限制和例外的措施确保公众能够受益。该规定表明，法律保障技术措施不能限制正常的合理使用。为了实现合理使用而规避相关技术措施的，应以侵权例外对待。

澳大利亚在将1996年WCT引进国内法后，在《数字议程法》中规定了禁止破坏技术措施的例外[288]，涉及计算机程序的反编译、安全测试和图书馆复制等。

与欧盟、澳大利亚的做法类似，美国DMCA在给予技术措施充分保护的同时，也规定了规避技术措施的6项例外。DMCA确立的技术措施规避例外，主要涉及到非营利性机构、政府部门公务活动、反向工程、加密研究、安全测试以及个人隐私保护等方面。这些规避例外，旨在平衡和协调著作权人和与作品有关的不同利益主体的利益关系。例如，为平衡相关制造业和研究开发部门与著作权人之间的利益，DMCA对技术措施的保护设置了诸如反向工程例外、善意加密例外、安全测试例外，并规定规避措施侵权限于商业目的和用途，在销售者侵权方面实行过错责任原则。此外，为平衡著作权人和网络作品用户之间的利益，DMCA规定使用经非营利性图书馆解密的作品不构成侵犯技术措施的要件，为保护网上个人隐私而可以规避技术措施等[289]。

四、图书馆与技术措施规避例外

1. 图书馆可适用的技术措施规避例外的界定

根据世界多数国家现行著作权法律的规定，可适用技术措施规避例外的规定涉及多种情形。适用于图书馆的技术措施例外，具体是指，非营利性图书馆出于著作权法规定的合理目的，规避专门用于控制版权数字作品的访问或使用的技术措施而不被视为侵权的情形。根据技术措施的功能，可以将适用于图书馆的技术措施规避例外划分为：控制访问的技术措施规避例外、控制使用的技术措施规避例外，以及控制访问的技术措施和控制使用的技术措施的规避例外。

2. 适用于图书馆的技术措施规避例外对图书馆的影响

从当前世界多数国家有关技术措施规避例外的规定来看，包括美国、澳大利亚和法国在内的著作权法律，均专门规定了适用于图书馆的技术措施规避例外。这充分表明各国著作权法律立法者对图书馆享有技术措施规避例外的重视。与此同时，国际性图书馆组织、各国图书馆学会也通过各种渠道，反映图书馆享有技术措施规避例外的必要性和内容诉求。诚如前文分析，虽然技术措施给予版权拥有人充分的保护，却给图书馆利用作品向公众提供服务带来影响。IFLA 指出[290]，大多限制性的知识产权法、技术措施和数字锁定装置，以及通过合同强制实施的特许“合理使用”，在获取信息、促进研究和革新上造成了严重的障碍。为此，2006 年 5 月，在 WIPO 于日内瓦召开的会议上，来自 IFLA 与 eIFL 的与会成员，代表国际图书馆界向 WIPO 表达了图书馆界对享有技术措施规避例外的诉求[291]。归纳起来，IFLA 与 eIFL 代表一致认为，适用于图书馆的技术措施规避例外将对图书馆在版权数字资源利用和数字资源长期保存方面产生重要影响。

首先，对版权数字资源利用的影响。图书馆已经深刻感受到技术措施对电子图书、电子期刊、数据库和多媒体作品（如电影、广播和录音制品）的使用控制。而利用著作权法律赋予图书馆可享有的技术措施规避例外，图书馆就能够更为方便地利用版权数字作品提供服务。比如，出于将版权数字作品提供给视障人士的服务目的，图书馆可以将原本受到复制控制的数字作品的技术保护措施加以破解，制作复制件，并通过发声软件来满足视障人士的信息需求。一般情况下，对于受技术措施控制的数字产品，一旦其停产，不仅其技术措施不一定能够与新的操作系统兼容，而且图书馆也很难将其内容移植到新的平台上。更为重要的是，技术措施并不能随着版权数字作品的版权保护期限的失效而过时。比如，虽然过了版权保护期限，但受技术措施控制的数字作品仍然无法让图书馆自由进行包括复制在内的各项操作。在此情况下，若加上版权拥有人可能无法顺利联系，而且图书馆也不享有这方面的规避例外，那么，这类作品的传播和利用将受到严重影响。

其次，对版权数字资源保存的影响。IFLA 和 eIFL 的代表认为，图书馆出于为公众利益的考虑，为了使得版权数字作品能在保护期后可供公众完全自由地访问和利用，需要对版权数字作品进行长期保存。因此，图书馆需要转换版权数字作品的存储格式和存储平台。事实上，技术措施在给版权数字作品的版权拥有人提供保护的同时，也使得其不容易被下一代的研究人员获取。图书馆的职责之一就是保存人类创造的文明财富，如果图书馆不享有这方面的例外，如果图书馆缺乏规避这类技术保护措施的技术支撑，那么，许多数字资源也将得不到永久保存，这种后果是相当严重的。如果法律实在没有给予图书馆足够的规避技术措施的例外空间，那么，也有一种成本相当低廉的解决办法——由数字资源提供商为图书馆提供没有设置技术措施的数字作品复制件（Clean Digital Copies），使得图书馆可以出于保存、替换或其他著作权法律允许的例外行为的目的，将这类数字作品在不同的平台中迁移，并最终利用该数字作品有效地服务于公众利益。

第二节　适用于图书馆的技术措施规避例外

一、世界当前可适用于图书馆的技术措施规避例外的规定概况

随着 WCT 的颁布实施，各国著作权法律有关禁止规避技术措施的规定有了国际性的法律依据。据 WIPO 统计，目前已经有 65 个签约国承认了禁止规避技术措施这一概念。当然，这并不意味着，这些国家已经在本国的著作权法律中将禁止规避技术措施加以体现。而据 Kenneth D. Crews 于 2008 年启动的调查表明，当前 WIPO 的成员国中，已经有 79 个国家在本国的著作权立法中明确禁止规避技术措施。

虽然许多国家的著作权法律明确禁止规避技术措施，但也有一些国家在本国法律中规定了技术措施规避的例外。根据 Kenneth D. Crews 的调查，目前，在本国著作权实体法中规定了技术措施规避例外的国家共有 26 个。这些国家包括[292]比利时、克罗地亚、塞浦路斯、丹麦、爱沙尼亚、芬兰、法国、德国、希腊、匈牙利、爱尔兰、意大利、拉脱维亚、立陶宛、卢森堡、马耳他、荷兰、挪威、葡萄牙、斯洛伐克、西班牙、瑞典、英国、澳大利亚、新加坡和

美国等。

在这些国家中，美国是较早响应 WCT 立法保护技术措施这一规定的国家之一。通过 1998 年颁布的 DMCA（相关规定已被纳入美国于 2007 年 10 月修订的著作权法典中），美国既禁止规避技术措施，也相应规定了技术措施规避的例外条款。比如，DMCA 允许出于以下目的规避版权作品的技术措施：出于法庭调查的目的，出于保护个人隐私的目的，出于实现软件兼容性的目的等。更为重要的是，美国法律授权美国国会图书馆，由其详细列举适用于技术措施规避的例外情形，并形成反馈机制，每 3 年修订一次这些例外是否适合实践活动的需要。自 2000 年首次启动以来，美国国会图书馆已分别在 2000 年、2003 年和 2006 年共 3 次颁布了有关技术措施规避的例外规定。虽然这些例外规定涉及多个方面，但可适用对象和可适用范围都非常狭窄，可灵活应用的幅度不大。

图书馆可适用的技术措施规避例外规定往往会对适用条件和适用范畴作出非常详细的限定。在这一方面，美国著作权法律有关图书馆可适用的技术措施规避例外的规定显得独树一帜。DMCA 规定，图书馆可以出于评估是否购买某一版权资源的目的，规避保护该版权作品的技术措施。实际上，该项规避例外规定使得图书馆可以在作出昂贵的或者是难以确定的购买决策前，先行浏览数据库，或者是其他受访问控制技术或者是使用控制技术保护的版权数字作品。基于这一规定，图书馆不仅需要确定其打算购买的版权作品是否符合购买要求，而且需要对访问密码或其他技术保护手段进行破解。

与美国相似，欧盟的多数成员国在本国的著作权法律中规定了技术措施的规避例外。与美国在技术措施规避例外规定方面不同，欧盟多数成员国在此方面的规定较为简洁，其基本立法原则就是，确保那些保护版权作品的技术措施并不影响图书馆对这些版权作品的利用能力，而这种能力主要是指图书馆依据著作权法律赋予图书馆的，出于研究复制、保存复制等目的而享有的例外空间。与其他国家、地区的著作权法律偏重于保护版权拥有人的利益不同，欧盟多数国家在技术措施规避例外的立法方面，更强调版权拥有人的责任。多数国家的著作权法律要求版权拥有人负有责任，确保图书馆依据著作权法律而享有的复制权例外不会因技术措施的存在而受到影响。

二、地区性著作权法律有关图书馆可适用的技术措施规避例外

在规定了技术措施规避例外的地区性著作权法律中，《欧盟信息社会版权指令》较有代表性。虽然该指令并未就适用于图书馆的技术措施规避例外作出明确的规定，但其有关技术措施例外的立法指导思想，却对欧盟各成员国在著作权法律中制定与本国国情符合的、可适用于图书馆的技术措施规避例外产生深远影响。概括而言，《欧盟信息社会版权指令》有关图书馆可适用的技术措施规避的例外规定可以归纳为以下3个方面。

1. 规定适用于图书馆的技术措施规避例外立法的一般性指导

《欧盟信息社会版权指令》为其成员国制定与图书馆有关的技术措施规避例外的规定提供了一般性指导。该指令第6条第4款规定，尽管第1款规定了法律保护，在权利人没有采取自愿措施的情况下，包括权利人和其他相关各方之间达成协议的情况，成员国应采取适当的措施，保证权利人使受益方从国内法规定的例外或限制中获益，国内法规定的例外或限制的方式应符合第5条第2款（a）、（c）、（d）、（e）项、第3款（a）、（b）或（e）项的规定。该例外或限制以获益的必要程度为限，且受益方需对有关的受保护作品或其他相关客体有合法的访问权。该指令还强调，成员国也可以依据第5条第2款（b）项规定的例外或限制对受益方采取此种措施，除非权利人已经在从有关例外或限制中获益的必要范围内并根据第5条第2款（b）项和第5款，使为私人使用的复制成为可能，但不得阻碍权利人按照这些条款在复制的数量方面采取适当的措施。

与此同时，该指令规定技术措施的法律保护应不影响第5条反映的公共政策或公共安全。成员国应促使权利人采取自愿措施，包括权利人与其他有关当事方之间缔结和履行协议，以便将国内法规定的某些例外与限制提出的目标与本指令相一致。如果在合理期限内没有达成此种自愿措施或协议，成员国应采取适当措施，保证权利人向受益方提供这类例外或限制，例如通过修改使用的技术措施或其他方式使受益方从中受益。但是，为了防止权利人滥用这种措施，包括在协议的范围内或由成员国采取的措施，凡适用于实施这类措施的任何技术措施均应享有法律保护。

2. 规定与技术措施的规避装置、产品、组件或服务有关的例外

针对与技术措施规避有关的规避装置、产品、组件或服务，《欧盟信息社会版权指令》专门就此规定了例外情形。该指令规定，就有关技术措施提供此类法律保护，能有效地限制未经任何版权、相关权利以及数据库特殊保护权的权利人授权的行为，但不得阻碍电子装置的正常运行及其技术发展。此种保护也不要求装置、产品、组件或服务的设计必须符合技术措施的要求，只要这些装置、产品、组件或服务不违反本指令第 6 条所禁止的行为。此种法律保护应适当尊重而不是禁止那些并非规避技术保护的有显著商业目的或用途的装置或行为。尤其是，此类保护不应妨碍研究密码术。

3. 规定与私人复制相关的技术措施规避例外

多数情况下，技术措施会限制作品使用者对作品的使用，如下载、打印、复制等。为此，《欧盟信息社会版权指令》专门规定与私人复制有关的技术措施规避情形。该指令规定，当适用根据第 5 条第 2 款（b）项规定的私人复制的例外或限制时，成员国也应鼓励采取自愿措施，以促成调节该例外或限制的目标。如果在合理期限内不可能采取为私人使用目的进行复制的自愿措施，成员国可以采取措施，使有关例外或限制的受益方从中受益。权利人采取的自愿措施，包括权利人与其他有关当事方或成员国采取的措施，不应妨碍权利人与依据第 5 条第 2 款（b）项在国内法中规定的例外或限制不相抵触的技术措施，在这一规定中需考虑合理补偿的条件以及符合第 5 条第 5 款的各种使用条件的可能差别，如控制复制的数量。为了防止滥用这些措施，任何在实施中适用的技术措施均应享有法律保护。

三、主要国家著作权法律有关图书馆可适用的技术措施规避例外

从当前多数国家现行著作权法律有关技术措施规避例外的规定来看，包括美国、英国、澳大利亚、德国、法国、意大利和日本在内，这些国家的著作权法律均禁止规避技术措施的行为、设备和服务，甚至禁止与技术措施规避服务相关的广告等。与此同时，这些国家也规定了技术措施规避例外，而且这些例外也有图书馆可适用的情形。

表 6－1 列举了美国等 7 个国家在内的著作权法律有关技术措施规定的保

护内容、图书馆可适用的技术措施规避例外及其限制条件等。

表 6－1　主要国家现行著作权法律有关图书馆可适用的技术措施规避例外规定

法律名称	禁止的内容	图书馆可适用的例外
《美国著作权法（2007）》	规避行为：禁止规避技术措施； 规避设备：禁止制造、进口、分销、提供及传播规避工具； 规避服务：禁止提供规避服务	允许非营利图书馆、档案馆及教育机构在版权法所规定的合理目的下，对商业传播的版权作品进行复制
《英国著作权、设计与专利法案（2007）》	规避行为：当有这种倾向时，就应该禁止； 规避设备：禁止制造、进口、销售规避工具； 规避服务：禁止提供规避服务及相关的广告服务	如果 TPM 不允许版权例外，用户可以要求政府下发允许规避的命令，以获取例外条款的执行。相关的例外包括上述归纳的图书馆的例外
《澳大利亚著作权法（2008）》	规避行为：禁止规避行为； 规避设备：禁止制造、进口、分销、提供及传播规避工具； 规避服务：禁止提供规避服务	允许图书馆、档案馆及教育机构对版权作品进行技术措施的规避，如为了作出采购该作品的决定或当本机构没有该作品时可以规避。如果规避行为没有侵权，且是法规所允许的，可以允许规避
《德国著作权法（2007）》	规避行为：禁止规避技术措施； 规避设备：不得出于向公众销售、出借、租赁或提供的目的，制造、进口或拥有专门用于规避技术措施的设备； 规避服务：禁止提供技术措施规避服务	虽然德国著作权法律对技术措施规避的例外做出规定，并要求版权权利人有义务遵守这种例外规定，确保这种例外规定发挥实际效果。但是，技术措施规避例外的条款并不适用于研究或学习的目的，也不适用于图书馆为用户提供的复制
《法国著作权法（2006）》	规避行为：禁止规避行为； 规避设备：不得出于向公众销售、出借、租赁或提供的目的，制造、进口或拥有专门用于规避技术措施的设备； 规避服务：不得提供任何规避技术措施的服务。禁止诱导使用规避技术措施的设备	版权权利人必须确保即便采取了技术措施，也得使版权规定的例外，包括专门适用于图书馆的例外，能够发挥实质的作用
《意大利著作权与邻接权保护法（2003）》	规避行为：禁止使用规避技术措施的手段； 规避设备：禁止制造、进口、分销、零售、租用规避工具，禁止持有规避工具以获取商业利益的行为； 规避服务：禁止提供规避服务及相关的广告服务	图书馆可以采取适当的措施，也可与代表自身利益的协会签署特定协议以保证图书馆例外的执行，从而有利于图书馆的复制（Art. 68（2））。还可根据其他特定的法律去争取更多的例外权利

续表

法律名称	禁止的内容	图书馆可适用的例外
《日本著作权法（2004）》	规避行为：技术规避仅限于私人使用所需要的复制； 规避设备：禁止传递、出售、制造、进口或拥有专门用于规避技术措施的装置，不得提供此类设置供公众使用； 规避服务：禁止从事为公众专门提供规避技术措施的服务	没有明确的规定允许图书馆享有技术措施规避例外

从表6－1可以看出，这些国家著作权法律均对与技术措施规避有关的行为、设备和服务，以及其相关操作加以明确禁止，而图书馆可适用的技术措施规避例外，也有明确的条件限制。从整体上分析，当前多数国家现行著作权法律有关技术措施规避例外的规定呈现出以下3个方面的特点。

1. 概括性例外与个别性例外并存

当前多数国家现行著作权法律有关技术措施规避例外包括概括性例外与个别性例外。概括性例外适用于执行法律、开展情报活动及其他政府活动等。个别性例外主要针对两种情形。第一种是专门针对禁止规避访问控制技术或使用控制技术的保护措施，如《美国著作权法（2007）》第1201条（a）款第1项（A）目；第二种是专门针对禁止制造或提供规避技术措施的设备、服务或信息。如《美国著作权法（2007）》第1201条（a）款第2项和（b）款第1项。

以《美国著作权法（2007）》为例，第一种例外包括图书馆为决定是否选购馆藏所进行的技术措施的规避、出于解码技术研究目的的规避、出于保障个人隐私目的的规避、出于维护计算机网络系统安全的规避以及模拟格式转换为数字技术的规避等；第二种例外涉及计算机程序作品合法使用者的逆向工程、保护未成年人等。这些例外规定均明确由《美国著作权法（2007）》做出规定，并不需要行政部门再以实施条例的方式加以确认。

2. 对图书馆可适用的技术措施规避例外实施严格限制

虽然图书馆依据著作权法律的规定可以享有规避技术措施的例外，但是，这种例外的适用却受到了严格的限制。以《美国著作权法（2007）》为例，虽然该法明确规定了6项技术措施规避例外，包括：（1）非营利性图书馆、档案馆和教育机构可以善意决定是否收藏某作品而有必要取得访问作品的许可而破解访问该作品的技术措施；（2）对技术措施的保护，不得妨碍政府机关及其雇员从事的受合法授权的调查、保护、信息安全或情报活动；（3）对合法获得计算机软件，可以破解其控制访问的技术措施，但其目的必须是发现或分析该软件与其他软件的兼容性；（4）为了提高加密技术水平或促进加密产品的开发，在法律规定的某些特定条件下，可以分析和研究加密技术中的弱点和薄弱之处；（5）检测、查明或纠正计算机系统或网络的缺点、薄弱之处，可以用有关的技术措施访问某计算机系统或网络；（6）技术措施能够搜集或散播某个自然人的网上活动的个人身份信息时，允许规避该技术措施。但是，与此同时，该法还要求图书馆必须承担一定的著作权责任。该法第1201条（d）款第1项规定[293]：

> 非营利性图书馆、档案馆或教育机构访问经商业开发的版权作品，如果仅为善意决定是否获得该作品的复制件，以仅用于实施本篇准许的行为，则不违反第1201条（a）款第1项（A）目的规定。但已根据本款访问的作品复制件：（A）保留时间不得超过作出上述善意决定所必需的时间；（B）不得用于其他任何目的。

为适用《美国著作权法2007》第1201条（d）款第1项规定的技术措施规避例外的条款，图书馆需要承担的著作权责任还体现在该法的另外4项规定中。该法第1201条（d）款第2项到（d）款第5项规定[294]：

> （d）款第2项就某作品而言，仅在它的同一复制件无法合理地以其他方式获得的情况下，第1201条（d）款第1项规定的例外才能适用。
>
> （d）款第3项非营利性图书馆、档案馆或教育机构如故意为商业利益违反第1项的规定——（A）在初次违法的情况下，根据第1203条款予以民事救济；（B）在重复或屡次违法的情况下，除根据第1203条款给予民事救济外，第1项规定的免责不再适用。

> (d) 款第4项本分条不得用于对根据第1201条(a)款第2项或(b)款分条提出的主张进行抗辩，也不准许非营利性图书馆、档案馆或教育机构制造、进口、向公共出售、供应或以其他方式买卖规避技术措施的任何技术、产品、服务、部件或其中的零件。
>
> (d) 款第5项图书馆或档案馆享受本分条规定的免责，其馆藏应符合下列任何一种条件：(A) 向公众开放；(B) 不仅与该图书馆或档案或其所隶属的机构有关系的研究者可以获得，在专业领域进行研究的其他研究者也可以获得。

与美国相似，德国、法国、意大利等国家也对图书馆可适用的技术措施规避例外作出明确限制。比如，《德国著作权法（2007）》规定，技术措施规避例外条款并不适用于计算机程序。《法国著作权法（2006）》规定享有技术措施规避例外的受益人必须拥有该作品的合法访问权，还规定享有技术措施规避例外的受益人需要请示技术措施管理局（Authority of Regulation of Technological Measures）调解对作品使用各方的不同意见。《意大利著作权与邻接权保护法（2003）》规定：图书馆作为受益人应当合法占有作品的复制品，保证合法作品的复制品能合法获取，以便在法律允许的范围内合理使用。

3. 建立可适用于图书馆的技术措施规避例外的定期修订机制

随着数字技术的发展，图书馆需要的技术措施规避例外也会发生变化。为确保法律规定的例外情形能够更好地满足图书馆实践活动的需要，目前，个别国家著作权法律在技术措施规避例外的规定中，要求建立可适用于图书馆的技术措施规避例外的定期修订机制。以美国为例，《美国著作权法（2007）》第1201条款的规定，美国版权局每隔3年将召开一次立法听证会（Rulemaking Proceedings），其目的是为了审查，对于某一类版权作品而言，是否会因为第1201条款禁止规避技术措施的存在而影响该类作品的用户无法对其进行合法利用。一旦国会图书馆发现第1201条款的有关规定阻碍某一类作品的非侵权使用，即可提出相应的修订建议，并将该建议提交美国版权局。在被批准后，那么，在未来3年内，用户就可以对这类作品的访问控制技术措施享有规避例外。迄今为止，美国版权局已经举行了3次这样的立法听证会。依据美国著作权法律的规定，在立法听证会中，美国版权局会听取建议者有关调整技术措施规避例外的建议，而建议者却负有举证责任，列举证据说明当前技术措施规避的例外并不能满足实际的需要，并提出调整技术措施规避例外的可行性建议。美国版权局对外声称，在前两次有关技术措施规避例外的立法听证会中，版权局在确定规避例外时，更多的是将例外规定在特定类型（Particular Class）的版权作品上，而判定特定类型的标准主要是依据版权作品的性质特点，并没有考虑到用户的使用需求与使用目的。与此相反，在第三次有关技术措施例外规定的立法听证会中，美国版权局开始改变以往的做法，在确定特定类型的版权作品时，其判断标准主要以用户的使用目的为依据。结果，依据第三次技术措施例外规定的立法听证会提出的建议，获美国版权局批准，美国图书馆可以对6类作品的技术措施享有规避例外。其中，由 Internet Archive 提出的、针对一类作品的技术措施规避例外，尤其与图书馆开展的保存活动息息相关的例外是：格式已过时并需要用原介质或硬件方能启用的计算机程序和视频游戏，图书馆或档案馆可出于保存已发表数字作品的目的而规避其技术措施。其中，格式已过时的认定条件为，用来识别以该格式存储的作品的设备已停产或无法通过市场渠道以合理价格获得。

四、我国适用于图书馆的技术措施规避例外

与国外相比，我国在技术措施规避例外的立法规定方面十分薄弱，而专门适用于图书馆的技术措施规避例外，更是相当模糊，甚至缺失。根据笔者调查，2001 年颁布的《中华人民共和国著作权法（2001）》并没有规定技术措施的规避例外。相反，直到 2006 年，随着《信息网络传播权保护条例（2006）》的实施，我国有关技术措施规避的例外，才有了明确可行的法律依据。

《信息网络传播权保护条例（2006）》第 12 条规定[295]：

第 12 条　属于下列情形的，可以避开技术措施，但不得向他人提供避开技术措施的技术、装置或者部件，不得侵犯权利人依法享有的其他权利：（一）为学校课堂教学或者科学研究，通过信息网络向少数教学、科研人员提供已经发表的作品、表演、录音录像制品，而

该作品、表演、录音录像制品只能通过信息网络获取；（二）不以营利为目的，通过信息网络以盲人能够感知的独特方式向盲人提供已经发表的文字作品，而该作品只能通过信息网络获取；（三）国家机关依照行政、司法程序执行公务；（四）在信息网络上对计算机及其系统或者网络的安全性能进行测试。

根据该条款的规定，第 1 款、第 2 款和第 4 款所规定的，适用于技术措施规避的例外情形，虽然没有将图书馆作为适用主体明确加以规定。但是，从图书馆自身的服务职能来看，则是可以适用于图书馆的技术措施规避例外。不过，对于图书馆履行自身职能、充分发挥自身在人类文化遗产保存方面的价值的至关重要的活动——数字资源长期保存，我国现行著作权法律并没有为此作出专门的规避例外规定，即未允许图书馆出于数字资源保存的目的，享有规避数字资源技术措施的例外。

目前，在著作权立法禁止规避技术措施的国家中，有些国家只禁止规避控制访问作品的技术措施，有些国家只禁止规避控制使用作品的技术措施，有些国家却是明令禁止规避控制访问作品和控制使用的技术措施。概括起来，著作权立法禁止规避技术措施具体涉及 3 个方面：对规避行为的禁止、对规避设备提供的禁止和对规避服务的禁止。从世界范围来看，当前多数国家对上述 3 方面的规定并不完全相同。当然，对于不在禁止之列的行为或对象，如果图书馆需要对其加以规避，就不需要借助著作权法律规定的技术措施规避例外条款。不过，对一些国家的图书馆而言，对于通过订购获取的资源，虽然在某些规避行为方面不受著作权法律明令禁止，但有可能会受到采购协议的制约。这也是需要考虑的因素。

数字网络环境具有两种自相矛盾的效果。一方面，使用者可以轻而易举地制作不计其数而又完美无缺的复制品，并传播给成千上万的其他使用者；另一方面，权利人处于比模拟世界更为有利的位置，可以控制其作品的使用。加密方法和其他类似技术使权利人更有效地控制其作品的使用。有些方法具有可以完全阻止获取作品的效能，而其他一些技术使权利人可以比较容易地监视作品使用者的实际使用情况。技术保护措施与规约版权作品使用期限的许可协议，不仅要予以积极支持，而且它本身也是法律保护的客体。对世界多数国家而言，如何将禁止规避技术保护措施的规定与技术保护措施规避例外的规定相互协调。这是一个至关重要的问题。

规定了保护技术措施的国家，其著作权法律也规定了技术措施规避的例外。概括起来，这些例外主要涉及政府在执行公务中的规避行为；图书馆、档案馆和教育机构为合法存取的目的而对技术措施进行的规避行为。计算机软件合法复制的持有者出于识别与分析程序要素，以便实现与其他程序互相匹配的目的而对技术措施进行的规避行为等。在众多可适用的技术保护规避例外的情形中，图书馆作为适用主体可以适用的情形，只是其中一种。从世界范围来看，当前适用于图书馆的技术措施例外体现为以下 3 个特点：概括性例外与个别性例外并存；对图书馆可适用的技术措施规避例外实施严格限制；个别著作权法律规定建立可适用于图书馆的技术措施规避例外的定期修订机制。

即便是在美国、欧盟等发达国家或地区，当前著作权法律和相关法律（如日本对技术措施规避例外的规定主要体现在《反不正当竞争法》中）赋予图书馆的技术措施规避例外，并未能充分地满足图书馆开展资源建设与信息服务的需要。与国外相比，我国在图书馆可适用的技术措施规避例外的立法规定方面，更是显得薄弱，甚至是缺失，这将严重影响到我国图书馆界对数字资源的开发利用和长期保存。而改变我国当前有关图书馆可适用的技术措施规避例外的立法现状，较为有效的手段之一，就是我国图书馆界要多渠道地反映图书馆对技术措施规避例外的诉求，其中，加强图书馆可适用的技术措施规避例外的研究，无疑是一种有效的方式。特别需要指出的是，目前，我国绝大多数学者的研究更多的集中于技术措施、技术措施规避、图书馆如何利用技术措施保护自身权益等方面，专门针对图书馆可适用的技术措施规避例外而开展的研究却较为鲜见。

第七章 适用于图书馆的著作权例外在图书馆的应用分析

借助著作权法律赋予的著作权例外，图书馆可以在复制、信息网络传播和技术措施规避方面享有一定的自由度，极大地方便了资源建设和信息服务。依据前文分析可知，目前，虽然多数国家著作权法律对图书馆可适用的著作权例外作了较为明确的规定。但是，随着用户信息需求的不断提高，图书馆资源建设涉及的作品类型进一步多样化，以及图书馆提供的信息服务日益丰富，可适用于图书馆的著作权例外并不能满足图书馆业务的需求。特别是，随着信息技术的迅速发展，无论是在发达国家，还是在发展中国家，这种不协调更是进一步加强。归根到底，这种不协调的存在主要有 3 个方面的原因：（1）著作权法律在此方面规定的缺失、模糊或狭小等；（2）资源许可协议和技术措施对图书馆可适用的著作权例外的制约；（3）图书馆界自身的原因。比如，对图书馆可适用的著作权例外了解不足，未能充分利用可适用于图书馆的著作权例外，在反映可适用于图书馆的著作权例外立法诉求方面缺乏积极性、主动性等。上述 3 个方面的问题在我国更是较为突出。

第一节 图书馆可适用的复制权例外对数字资源长期保存的影响

从当前世界上多数国家的著作权法律的立法来看，即便是在发达国家，面对图书馆开展数字资源长期保存所涉及的复制问题，在著作权复制权例外适用上仍存在立法方面的缺失。美国、澳大利亚及英国现行著作权法律有关图书馆可适用的复制权例外的规定不足与图书馆数字资源长期保存日益增长的复制权例外诉求之间的不协调，正是这种现象的重要体现。

一、数字资源长期保存与可适用于图书馆的复制权例外

第四章第二节从适用目的的角度，将图书馆可适用的复制权例外加以系统研究。而从图书馆业务活动的角度来看，这些复制情形涉及图书馆的到馆复制、馆际互借、原文传递、资源保存、馆藏资源数字化、分布式参考咨询系统开发、智能搜索引擎服务、跨系统多系统检索、网络信息资源转载等内容。虽然在分析过程中举例涉及的英美法系国家和大陆法系国家在整体上对图书馆在业务开展过程中可能涉及的复制行为，从最大限度平衡版权拥有人和版权作品使用者的角度，作出了较为全面的复制权例外规定。但是，从当前的情况分析，当数字资源长期保存日益成为数字时代图书馆持续、稳定、可靠地履行图书馆职责而急需解决的一个重要问题时，无论是在著作权立法、修订机制相对较为完善的发达国家，如美国、英国，还是在著作权立法方面仍存在较大完善空间的发展中国家，均未能通过本国现行的可适用于图书馆的复制权例外规定，使得图书馆能更为顺利地利用复制权例外解决数字资源长期保存中涉及的主要版权问题。

对此，本节将结合美国国会图书馆国家数字信息基础设施和保存项目（The Library of Congress National Digital Information Infrastructure and Preservation Program）、英国联合信息系统委员会（The Joint Information Systems Committee）、知识开放获取法律项目（The Open Access to Knowledge（OAK）Law Project）和 SURF 基金会（The SURF Foundation）共同推出的“著作权法律对数字资源影响的国际研究”报告[296]，选取英国、美国和澳大利亚当前的数字资源长期保存活动为分析案例，从图书馆可适用的复制权例外角度，研究这 3 个国家可适用于图书馆的著作权例外在图书馆数字资源长期保存方面的应用，剖析其存在的不协调性，以求为我国解决图书馆在数字资源长期保存过程中涉及的复制权例外立法提供一些参考。

二、美国数字资源长期保存与适用于图书馆的著作权例外

1. 美国数字资源长期保存概况

美国数字保存相关活动较多，包括编辑并维护数字档案、研发数字保存技

术工具并辨识保证数字内容长期存取的最佳实践。2001 年，美国国会图书馆启动了国家数字信息基础设施保存项目（National Digital Information Infrastructure and Preservation Program，NDIIPP）。该项目的研究重点包括追踪、保存并使重要数字内容可供使用；建立并强化国家合作网络；合作开发工具和服务的技术基础设施。除了 NDIIPP，致力于数字资源长期保存的项目还有：加利福尼亚大学的"加利福尼亚数字图书馆'Web at Risk'"；马里兰大学 Robert H. Smith 商学院"Birth of the Dot Com Era"；教育广播公司"保存数字公共电视"(Preserving Digital Public Television)；华盛顿州"档案与跨州保存联合体"(Washington State Archives，Multi-state Preservation Consortium）等。目前，美国数字保存的大部分工作都是分布式的，公共及私有单位均有开展。从版权角度分析，美国目前多数数字资源长期保存项目涉及的资源既包括进入公共领域的资源，也包括仍受版权保护的资源。对于后一类资源而言，保存项目建设者主要依据著作权赋予图书馆的复制权例外或通过与版权拥有人达成一致协议来解决版权问题。

2. 美国当前适用于图书馆的复制权例外与图书馆数字保存之间的不协调

《美国著作权法》保护的专有权包括复制权、改编权、公共传播权、公共表演权及公共展示权。在人身权方面，美国加入《伯尔尼公约》后其版权法已不再设立精神权的条款。而在数据库专有权方面，《美国著作权法》将数据库作为汇编作品加以保护。与数字资源长期保存有关的著作权例外条款主要有《美国著作权法（2007)》的合理使用条款和第 108 条款。适用合理使用必须同时满足以下情形：使用的目的和性质、版权作品的性质、使用的数量以及使用对于作品潜在市场及价值的影响。而第 108 条（b）款规定，允许图书馆或档案馆出于保存和安全目的制作未发表作品的 3 份复印件。第 108 条（c）款规定，允许图书馆对损坏、退化、丢失或被偷窃的作品或者现有格式陈旧的作品制作替代复制件，其条件为：（1）图书馆或档案馆作出合理努力后，确实不能以合理的价格得到未使用过的替代物；（2）任何以数字形式复制的此类复制件或光盘不能在图书馆或档案馆之外以合理拥有的形式向公众提供。第 108 条（f）款第 3 项规定，允许图书馆复制并传播音视频新闻节目的有限份复本或片段节录；第 108 条（h）款规定，允许图书馆出于保存、学术或科研目的对已出版作品在其保护期内的最后20年以临摹或数字化形式复制、传播、表演或陈列。但是，现行有关图书馆可适用的复制权例外的规定并不能与图书馆开展数字资源长期保存所需要的复制权例外需求相协调。

这种不协调集中体现为：复制数量与复制对象的限制未能满足数字资源长期保存活动的需求。《美国著作权法（2007）》第108条试图授予一些保存活动的权利，但是由于其立法年代较早故不能涵盖绝大多数的数字保存活动，因此图书馆及档案馆必须同时依赖《美国著作权法（2007）》第108条以及合理使用条款来解决数字资源长期中涉及的多数版权问题。但是，当前出于保存而适用的复制权例外只适用于未发表作品的保存，而且制作复制件的数量也受到限制。该法第108条（b）款规定[297]：

> 其他同类型图书馆和档案馆为研究应用而保存，制作未出版作品的3份复制件或录音制品，复制必须符合以下各项条件：（1）所制作的复制件或录音制品属于图书馆或档案馆的现有馆藏；（2）以数字格式制作的上述复制件或录音制品不能以数字格式传播，而且不能以数字格式向图书馆或档案馆以外的公众提供服务。

数字保存的目的包括保存和传播。大多数情况下，数字资源长期保存活动多是以数字格式制作作品的复制件。依据《美国著作权法（2007）》第108条（b）款的规定，以数字格式制作复制件的未发表作品，并不能以数字化格式提供给用户使用。在用户信息需求日益通过数字式方式得以满足的今天，不能为用户提供数字化复制件，实际将使得数字资源长期保存的意义大打折扣。

对于已发表的作品，《美国著作权法（2007）》规定只能是出于“替代损毁、濒于损毁、丢失或失窃的作品或录音制品，或者作品现有的存储格式已经过时”的目的，图书馆才能享有制作包括数字化复制件在内的3份复制件的例外。可见，依据美国现行著作权法的有关规定，美国图书馆界在开展数字资源长期保存的过程中能够依据复制权例外来解决版权问题的作品，在规模上都比较有限。

此外，合理使用规定的情况也不能满足数字资源长期保存的实际需要。除《美国著作权法（2007）》第108条及强制缴存外，合理使用为受版权保护作品的保存活动提供了最大的支持。随着数字技术的发展，对作者的版权保护不断加强，而图书馆合理使用的范围却相对较小。在资源保存方面，DCMA 立法之前，版权法第 108 条允许图书馆和档案馆为内部存档之目的制作 1 份非数字化的仿真复制件（Facsimile Copy）。修订后的第 108 条允许多至 3 份的、包括数字化格式在内的复制件，条件是这些数字复制件“不得向图书馆建筑以外的公众传播”。但是，当前图书馆数字资源长期保存的实践表明，这种数量限制在数字保存的环境中不具备可行性，而图书馆在制作必要的额外复制件时必须以合理使用为避免侵权的依据，而且网络存档活动也不能依赖于合理使用，但《美国著作权法（2007）》第 108 条并不允许图书馆和档案馆出于获取资源以建设馆藏的目的而复制资源。

三、英国数字资源长期保存与适用于图书馆的著作权例外

1. 英国数字资源保存概况

英国当前数字资源长期保存的最佳实践范例的建设经验表明，有效的数字保存需要对数字内容进行连续多次的复制、格式转换，甚至是对数据库结构作出调整。例如，为了将数字内容存储到保存者建立的数字文档中，从原始媒介复制到该数字文档存储系统可能需要转换格式。而介质的老化则要求数字内容被复制到新的媒介上。为了减轻文件格式技术更新带来的影响，保存者不仅需要，而且必须随时对文字内容进行格式转换。在某些情况下，改变数据库结构也可能是必要的。为了保留数字内容的外观，保存管理人员可能会希望采用仿真技术。与此同时，可能还需要保存和不断调整电子支持资料，例如软件、元数据、电子手册和说明书等。如何明确裁定都是出于保存的目的而进行复制而不是为了取代购买或订购而进行复制尚有一定难度。为数字资源保存而进行复制就其本身而言并不会对版权所有人构成风险，而提供使用数字资源的行为才会构成风险，提供使用的性质和时间决定了风险的性质。如果这种所谓的保存性复制实际上是为替代购买或订阅，那么这种行为将对作品的商业利益构成威胁。例如，保存机构理论上可以以保存为借口而制作多份复制件，从而不需要购买额外的复制件，或者是不需要向资源提供方取得额外许可。

2. 英国适用于图书馆的复制权例外与图书馆数字资源长期保存之间的不协调

英国当前适用于图书馆的复制权例外与图书馆数字资源长期保存之间的不协调主要体现在以下两方面。

第一，关于无主作品（Orphan Works）的复制权例外。对于无主作品的复制权例外，英国版权法规定了两种适用情形，包括无法通过合理渠道联系到作者和可以断定该无主作品已超过版权保护期。但是，如果版权拥有人身份明确，只是不容易联系，则此种情况不适用无主作品的复制权例外。但实际情况下，由于部分数字资源存在周期较短，如部分网络资源，从较为理想的保存效果而言，图书馆等保存机构往往必须在未能联系到版权拥有人的情况下，即出于保存的需要，而制作该作品的复制件。一些组织在向高尔斯知识产权审查小组提交的证据中表明他们在查寻版权所有人以获得保存许可的过程中面临多种困难。

第二，可适用的作品类型有限。在英国，当前基于保存的复制权例外是针对离线、非数字内容制定的。其目的在于促进知识和文化遗产保护的同时，不影响权利拥有人的权利行使。这种例外并不适用被广泛认为具有重要知识和文化价值的内容保存，例如声音、影像和艺术作品，也不适用对数字内容的保存。该例外仅规定可以对作品进行“一次”复制，而在多数情况下，随着存储介质的老化以及技术的进步，往往需要进行反复复制，以制作多份复制件。而《2003 年图书馆法定呈缴法案》（*Legal Deposit Libraries Act 2003*）却规定[298]，复制权例外仅仅适用于法定呈缴的作品，而不适用于版权拥有人自愿缴存的作品。这又进一步限制了图书馆在数字资源长期保存中可依据图书馆享有的复制权例外解决版权问题。

3. 《高尔斯知识产权审查》对适用于图书馆的复制权例外的立法建议

针对英国现行著作权法律与图书馆开展数字资源长期保存活动的复制诉求之间存在的不协调，《高尔斯知识产权审查（2006）》［*Gowers Review of Intellectual Property*（*2006*）］指出[299]，英国长期保存复制条款比其他国家更为严格，特别是在复制数量、作品类型、基于保存目的而进行的格式迁移等方面。因此，现有著作权法有关图书馆可适用的复制权例外条款的情况应该修改。这些努力都是为了保护版权拥有人利益，并促进数字保存。保存是为了利用，利用需要得到控制，以保证版权拥有人利益。目前，商业机构不能基于保存目的而复制文献。应该放宽对这些商业机构的限制，以最大程度地保存资源。当前规定允许基于保存目的而制作一份复制件，但无法满足长期保存和高质量保存的实际需要。需要指出的是，图书馆不能以此方式替代购买。现行的例外条款规定只适用无法从版权拥有者处获得作品时，才能进行复制。

四、澳大利亚数字资源长期保存与适用于图书馆的著作权例外

1. 澳大利亚数字资源长期保存概况

尽管澳大利亚版权法规定了许多有利于图书馆开展资源长期保存的著作权例外，并要求出版商向澳大利亚国家图书馆（the National Library of Australia，NLA）缴存其出版的印刷文献副本，但目前澳大利亚联邦著作权法律并未对数字资源强制缴存作出明确规定。尽管如此，自 20 世纪 90 年代以来，由 NLA 牵头组织的一些专注于数字资源长期保存的项目已相继出现，并取得良好的建设成果。

2. 澳大利亚可适用于图书馆的复制权例外与图书馆数字保存之间的不协调

澳大利亚当前可适用于图书馆复制权例外与图书馆数字资源长期保存之间的不协调主要体现在以下 3 个方面。

第一，著作权法律规定的一般例外不能适用图书馆数字资源长期保存的需要。最常用的一般例外是“合理使用”条款。不同于美国的合理使用，澳大利亚对合理使用的规定严格限定在以下范围：研究和学习、评论或综述、新闻报道、模仿或评论作品、诉讼程序和法律咨询。由于上述行为并不包含长期保存，因而图书馆开展的数字资源长期保存无法适用“合理使用”原则。同样，设备和格式转换的许可也存在着许多特殊使用的例外，但仅适用于出于私人目的而采取的个人行为，因此无法为图书馆长期保存提供必要的例外。应用于教育机构的法定许可虽然能够成为数字资源长期保存的重要依据，但是由于这些例外需要较高的成本，并且缺乏确定性或者不适合大规模或持续性的保存行为，因此，并不能作为数字资源长期保存的依据。

第二，“灵活使用”例外也不能满足图书馆数字资源长期保存的需要。

《澳大利亚著作权法（2008）》200AB规定了一种新例外。该例外以《伯尔尼公约》规定的“三步检验法”为参照，主要目的在于，使重要用户群体（如图书馆）能够有更为自由的空间使用版权作品。200AB允许图书馆和档案馆对作品的使用若符合下列条件，则可不被认为侵犯著作权：代表图书馆或档案馆的行政管理机构使用作品；基于图书馆或档案馆维护或者运行的目的；不以获得商业利益为目的。另外，为了符合“三步检测法”，图书馆必须满足以下条件：必须限于某种特殊情况；不得与作品的正常使用相冲突；不得不合理地损害权利持有人的正当利益。不过，到目前为止尚未有案件涉及200AB的规定，因此200AB的适用范围并不明确。最重要的是，从实际操作角度出发，图书馆或者图书馆馆员在日常工作中并未能清晰理解与应用“三步检测法”和200AB的有关要求。

第三，有关无主作品的复制权例外规定存在不足。无主作品主要是指作品的版权所有人难以确认。由于解决版权问题最直接的办法就是直接获得版权拥有人的许可。但是，人们往往难以确切找到大多数无主作品版权拥有人或其继承人的联系方式，因此无法获得其授权。更为甚者，有些无主作品的版权拥有人或其继承人往往也难以确定，这更是无法获得授权，而且，多数无主作品是否处于著作权保护期内也是一项难以确定的工作。此外，网络资源（例如博客、网页）多为非正式出版物，很难通过其他途径确认其原始作者。比如，wiki是由多数人共同合作完成的作品，创作者的身份也无法确认。数字作品（如软件）通常由公司进行开发和并为其所拥有，而有些公司的生命周期远远短于该作品的版权保护期，这就意味着无法寻找授权主体。《澳大利亚著作权法（2007）》51B和200AB条款赋予图书馆和档案馆可以基于保存和其他目的复制文献，并允许为无主作品制作一份复制件。但是，现行条款的局限性，尤其是200AB的要求——仅限于“特殊情况”，以及51B只是适用于很少的文化机构，因此，对于大规模保存无主作品而言，现有适用于图书馆的著作权例外规定并未能提供良好的解决方法。

五、数字资源长期保存使得图书馆需要享有新的复制权例外

与非数字资源的保存相比，数字资源复制件制作与保存的便捷与低成本使

得数字资源的保存易于实现，但是，数字资源的长期保存却给图书馆带来了新的挑战。这些挑战包括：软硬件的技术退化；突然或者无法预测地出现老化，尤其是对那些不经常利用的数字资源；数字资源尤其是那些以数字形式传播的数字资源，其生命周期往往较短。这就要求图书馆在保存这类资源时，必须在其存储载体老化或者信息有可能丢失前，采用动态管理的策略，不断地制作能够被当前技术或设备可阅读的多个复制件，并分开单独存储。整体而言，数字资源长期保存给图书馆在复制权例外方面带来的新需求缘于以下 6 个方面的原因[270]。

第一，数字资源的保存需要多份复制件。图书馆需要确保数字资源复制件能够供人们在任何时候都能方便地访问、传播并能够以当前较为通用的方式加以利用。为了有效地保存数字资源，图书馆往往需要在订购期间或数字资源有效期内持续不断地制作多份复制件。制作多份复制件的目的在于，确保数字资源能够成功地存储到数字存储库；能够利用元数据对数字资源加以标识；在必要的情况下，能够确保随时可将数字资源转换成另外一种格式进行存储；能够定期地检测、更新和复制数字资源，确保数字资源所蕴含的任何信息（即便是一个比特流）不会丢失。为了防止水灾、电灾、火灾以及硬件受损等引起的毁坏，图书馆最好能够将数字资源的多份复制件分开存储在不同地点，以防止集中存储点造到毁坏时引发不可回复的损失。此外，出于编目、监管以及保存的其他原因，访问和转移数字资源的过程也会产生多份复制件。

第二，数字资源长期保存中出现的软硬件老化。技术老化对数字资源的影响主要源自两个方面：保存经过编码的信息的存储介质和能够被其他系统（这种系统的处理结果同样能被人类识别）解析的软件系统（或存储格式）。对于存储介质而言，比如光盘或者硬盘，均有可能老化，并使得存储于其中的信息不可复原。而数字格式、数字系统以及硬件技术的进步，往往会使得旧系统无法操作或者以旧格式存储的数字资源无法被识别。如果没有在数字资源的存储介质或存储格式老化之前制作复制件，并将其以当前技术可识别的存储格式及时迁移到当前技术可识别的存储介质中，那么，数字资源将无法恢复，也无法被正常读取。与非数字资源相比，比如印本资源，数字资源的老化往往不易察觉，而且一旦老化，将是彻底地不可读取，完全不会像非数字化资源在老化时还有部分内容可被利用的可能。

第三，难以预见的老化。非数字资源的老化过程往往是一个渐变的过程，而且易于发觉，比如，一旦发现照片发黄，图书馆员即能据此判断需要制作复制件，以确保保存的照片内容不受损。同样，书本的老化也能凭借肉眼加以感知。与此相比，存储数字资源的介质，其老化的速度往往要快于其他存储载体，比如，光盘的有效使用期为 5 ~ 59 年，数字磁盘的有效使用期为 2 ~ 30 年，而磁盘的有效使用期则是 5 ~ 10 年[300]。更为重要的是，一旦老化，存储于其中的一切信息将无法提取或完全丢失。此外，数字资源有可能被多次重新写入存储介质或者遭到不经意的损坏，而任何部分字节的丢失都有可能使得整份资料无法读取或者失真。

第四，数字资源的生命周期与虚拟传播。数字技术为数字资源的传播带来了新的方式，比如允许用户通过互联网访问数字资源，这使得图书馆馆藏资源的性质发生了变化。在用户看来，图书馆拥有的数字资源馆藏，其概念内涵已并不完全等同于非数字时代的馆藏资源，因为图书馆并没有实际存储这些数字资源复制件的存储权，而只具有访问权。在以往，图书馆往往是通过提供物理复制件的方式提供非数字资源的借阅，在流通的过程中，这些物理复制件可能会丢失或受损毁，而数字资源的借阅与流通则不会存在此种问题。对于一些电子期刊的订购而言，图书馆往往会在订购其电子访问权的同时，也会采购相应的纸印本，这使得图书馆无须在这类电子期刊的保存上投入过多财力的情况下，也能因为拥有印本而确保相应的内容能够继续被访问。但是，针对那些图书馆只是订购其访问权而且是通过网络获取的电视或广播节目，图书馆并没有权利拥有这些数字节目的数字复制件，除非签署了特别的协议，否则，图书馆并不能对其订购的数字节目进行保存。

第五，数字资源保存需要建立一种动态的管理机制。通常而言，对于非数字资源的保存，比如印本图书的保存，图书馆只需要保存其最初的格式，并确保保存环境的干净整洁与可靠，就能保证几十年甚至是几百年之后该资源仍可以被有效读取与利用。当然，图书馆也需要进行一定的维护，比如对纸张的脱氧处理，定期清洁光盘，甚至是在磁带不能修复的情况下进行重新录制。与此相比，数字资源的保存则需要投入更多的精力，对其存储实施定期监控，建立一种动态的管理机制。这种动态管理包括制作多份复制件、将复制件分散存放在不同的物理地点、使用元数据标识数字资源、保证安全、持续更新。在存储介质与存储格式老化前，随时以新的存储格式将数字资源迁移到新的存储介质上，确保其始终处于当前技术与设备可读取的状态。

第六，数字资源长期保存需要采取联盟的方式实施。数字资源内容规模庞大、分布广泛，建立数字资源长期保存可靠的基础设施，其初始投资将耗资巨大，单靠一家图书馆或者一家保存机构肯定无法承担。而且数字资源长期保存过程中涉及的创建、管理、编目和存储也需要多种知识、多个系统和多种技术的全面支持。因此，多方参与，多家支持，明确各自的共享权利与相应职责，构筑以非营利性组织、科研院校、数字资源销售商、数字资源创建者、数字资源版权拥有者、数字资源传播者为联盟的数字资源长期保存联盟体，成为数字资源保存有别于非数字资源保存的又一重要体现。

需要指出的是，虽然数字作品的传播能够为其创作者带来数百万的利润，但是，这种只是以数字形式存在与传播的数字资源，其有效的保存也给作品创作者或作品版权拥有人带来新的挑战。此外，虽然网络可公开获取资源进行长期保存也需要引起重视，而且借助相关的爬行技术能够方便地收集这类资源，但由于可能会侵犯作品的复制权，大多数图书馆并不会采用这种爬行技术来收集网络资源并进行长期保存。

第二节　数字图书馆作为信息网络传播权例外的适用主体的争论

适用于图书馆的信息网络传播权例外对图书馆在网络环境下开展信息服务具有重要作用，而数字图书馆是图书馆在计算机网络环境下开展信息服务的重要平台。从是否有实体图书馆支撑的角度划分，目前，数字图书馆可以分为与实体图书馆（Physical Premise）结合的数字图书馆和完全虚拟的图书馆（Virtual-only Libraries）。依托数字图书馆方便、快捷的功能，图书馆对用户信息需求的满足能力迅速得到提升，但是，无论哪种形式的数字图书馆，计算机网络始终是其开展活动的基本手段。既然图书馆可享有一定的信息网络传播权例外，那么，很大程度是作为图书馆在计算机网络环境中的一种重要延伸的数字图书馆，是否也应该享有一定的信息网络传播权例外呢？

事实上，即便是拥有较为完善的著作权法律制定和修订机制的美国，其现行的著作权法律也未对此加以明确规定。而在司法实践中，完全虚拟的图书馆和档案馆（那些不通过物理方式运作的图书馆和档案馆）并不在《美国著作权法（2007）》第108条款的适用主体之列。有鉴于此，2008年3月，《美国著作权法》第108条款研究组在其研究中就完全虚拟的图书馆能否成为可适用于图书馆的著作权例外的适用主体展开讨论。但是，在将完全虚拟的图书馆和档案馆作为《美国著作权法（2007）》第108条款的适用主体这一问题上，研究组多数成员对此并未达成一致意见。

一、数字图书馆不能成为图书馆可适用的著作权例外的主体

认为完全虚拟的图书馆不能成为《美国著作权法（2007）》所规定的、图书馆可适用的著作权例外主体的小组成员认为[270]，目前，将完全虚拟的图书馆作为图书馆可适用的著作权例外的主体，时机仍不成熟。这主要是因为，完全虚拟的图书馆目前为数不多，而且有关其行为特征的法律边界仍不明朗。在研究的过程中，持这种观点的研究组成员认为，目前仍很难找到合适的例外，可以有力证明完全虚拟的图书馆完全符合《美国著作权法（2007）》第4条（A）款第1项（b）目“其他功能条件”有关适用于图书馆的著作权例外的适用主体资格。

二、数字图书馆可以成为图书馆可适用的著作权例外的主体

认为完全虚拟的图书馆能够成为《美国著作权法（2007）》有关图书馆可适用的著作权例外主体的小组成员也有3种意见[270]：一种意见认为，完全虚拟的图书馆可以成为图书馆可适用的著作权例外主体，但负责建设该完全虚拟图书馆的物理图书馆，必须承担代位侵权责任（A proxy for accountability）；第二种意见认为，完全虚拟的图书馆可以成为图书馆可适用的著作权例外主体，但负责建设该完全虚拟图书馆的物理图书馆，无须承担代位侵权责任；第三种意见认为，完全虚拟的图书馆可以成为图书馆可适用

的著作权例外的主体，但前提是，完全虚拟的图书馆必须隶属于拥有实体建筑的某一机构。

（1）持“完全虚拟的图书馆可以成为图书馆可适用的著作权例外主体，但负责建设该完全虚拟图书馆的物理图书馆，必须承担代位侵权责任”这一意见的研究组成员认为，一家拥有足够的资金用于办公楼建设、资源采购、日常维护和员工薪水支付的图书馆，更能让版权拥有人和其他相关权利人认为其有能力负起版权责任。因为办公楼代表着图书馆的资产，意味着图书馆财力不足的可能性不大，而且办公楼常被视为图书馆能够接受委托和提供资源服务的一种标记。因此，拥有物理建筑的图书馆，往往能让版权拥有人感受到，根据《美国著作权法（2007）》第108条款的规定，适用于图书馆的著作权例外确确实实是在服务于公众利益。与此相反，完全虚拟的图书馆，比如在线数据库、在线档案馆，多数往往不需要有太多的资金投入，大量有关在线数据库建设者在收集版权作品过程中的侵权案例表明，如果将那些在资金和声誉等方面都不可能与拥有办公楼的图书馆相比的完全虚拟图书馆，纳入《美国著作权法（2007）》第108条款有关图书馆可适用的著作权例外的主体范围，将有可能对版权拥有人带来更多的风险。而要求负责建设该完全虚拟图书馆的物理图书馆，在该完全虚拟的图书馆发生侵权行为时，承担代位侵权责任将可以使这种风险降低。

（2）持“完全虚拟的图书馆可以成为图书馆可适用的著作权例外主体，但负责建设该完全虚拟图书馆的物理图书馆，无须承担代位侵权责任”这一意见的研究组成员认为，依据《美国著作权法》第108条款研究组提出的可适用于图书馆复制权例外的主体资格“四要素”，完全虚拟的图书馆并不符合该条款适用的主体要求，也就无法成为《美国著作权法（2007）》第108条款可适用的主体，因此，完全虚拟的图书馆与拥有物理建筑的图书馆，并没有必然的关系，若其发生侵权行为，完全无须由拥有物理建筑的图书馆承担代位侵权责任。

（3）持“完全虚拟的图书馆可以成为图书馆可适用的著作权例外的主体，但完全虚拟的图书馆必须隶属于某一实体机构”这一意见的研究组成员认为，完全虚拟的图书馆所隶属的这一实体机构并不局限于图书馆或档案馆，也可以是政府机构、大学或商业机构等。

三、争议的落脚点

总体而言，《美国著作权法》第 108 条款研究组的多数成员都关注完全虚拟的图书馆能否或者在多大程度上可以享有《美国著作权法（2007）》第 108 条款规定的著作权例外。如果完全虚拟的图书馆能够符合第 108 条款可适用的主体资格，那么，完全虚拟的图书馆可以依据第 108 条（b）款[301]、（c）款[302]的规定制作复制件，但却不能为用户提供远程访问。而依据第 108 条（d）款[303]和第 108 条（e）款[304]的有关规定提供远程服务仍受到质疑。

108（b）：本条规定的复制权和发行权适用于仅为保存和安全目的，或符合（a）款（2）项规定的其他同类型图书馆和档案馆为研究应用而保存，制作未出版作品的 3 份复制品或录音制品，复制必须符合以下各项条件：（1）所制作的复制品或录音制品属于图书馆或档案馆的现有馆藏；（2）以数字格式制作的上述复制品或录音制品不能以数字格式分发，而且不能以数字格式向图书馆或档案馆以外的公众提供服务。

108（c）：本条所述复制权适用于仅为替代损毁、濒于损毁、丢失或失窃的作品或录音制品，或者作品现有的存储格式已经过时，制作已出版作品的 3 份复制品或录音制品，复制必须符合以下条件：（1）图书馆或档案馆在进行适当努力之后，断定无法以合理的价格取得一份未经使用的替代本；（2）以数字格式制作的复制品或录音制品，不能以数字格式向合法拥有此类复制品的图书馆或档案馆以外的公众提供服务。就本款意图而言，若识读以一种格式存储的作品所必需的机器或设备不再生产，或者无法在商业市场合理获得，则应当认定该保存格式过时。

108（d）：本条所述复制权和发行权，适用于从使用者提出申请的图书馆或档案馆的馆藏中，或从另一图书馆或档案馆收藏的受著作权保护的文集或期刊中，制作（若是其他馆收藏的作品，复制品制作不

> 能由本馆操作）不超过一篇文章或其他稿件的一份复制品，或者制作任何其他受著作权保护作品的一小部分的复制品或录音制品，但必须具备下述条件：（1）该复制品或录音制品成为使用者的财产，图书馆或档案馆未被告知，该复制品或录音制品除供个人学习、学术或研究使用以外，还会用于其他任何目的；（2）图书馆或档案馆在接受复制订单的地方，包括在复制订单上，醒目地展示符合版权注册要求的法定版权警告。
>
> 108（e）：本条所述的复制权和发行权适用于从使用者提出申请的图书馆或档案馆，或从其他图书馆或档案馆的藏书中复制整本作品，或作品的一大部分，前提是图书馆或档案馆基于合理调查，首先断定无法以合理的价格获得该受著作权保护品的复制件或录音制品，但必须具备下述条件：（1）该复制品或录音制品成为使用者的财产，图书馆或档案馆未被告知，该复制品或录音制品除供个人学习、学术或研究使用以外，还会用于其他任何目的；（2）图书馆或档案馆在接受复制订单的地方，包括在复制订单上，醒目地展示符合版权注册要求的法定版权警告。

实际上，完全虚拟的图书馆提供远程访问方式最大程度可以依据的条款是《美国著作权法（2007）》第108条（h）款的规定[305]：

> （1）就本条意图而言，在已出版作品的著作权保护期最后20年内，图书馆或档案馆，包括行使上述功能的非营利性教育机构，出于保存、学术或研究目的，可以采用与原件格式相同的复制（facsimile）或数字形式复制、分发、展示或播放此类作品，或此类作品的局部复制品或录音制品，前提是，符合规定的图书馆或档案馆应基于合理调查，首先断定不适用于下述（2）中（A）、（B）以及（2）规定的条件。
>
> （2）依照本款规定不允许进行以下复制、发行、展示或传播：（A）作品属于正常的商业应用。（B）复制品或录音制品能够以合理价格获得；或者（C）著作权所有者或其代理人发布依照版权局颁布

的法规制定的通告，该通告适用于上述（A）和（B）规定的任意一个条件。

（3）本款规定的豁免仅适用于上述图书馆或档案馆，不适用于其他用户的后续使用。

实际上，将完全虚拟的图书馆纳入《美国著作权法（2007）》第108条款的适用主体可能给版权作品带来哪些额外的风险，至今仍未形成定论。在当前的情况下，完全虚拟的图书馆在开展信息网络服务时，往往必须通过授权许可的方式，才可将其购买的资源向用户提供远程访问，而这通常是由许可协议而不是第108条款来决定的。

综观《美国著作权法（2007）》第108条款研究组有关成员在讨论数字图书馆能否成为可适用于图书馆的著作权例外主体的有关意见，可以发现，研究组多数成员更多地将关注点放在，数字图书馆能否成为《美国著作权法（2007）》第108条款的适用主体上。这带有一定的局限性。理由是，美国现行著作权法第108条款更多的是关于图书馆在复制权方面的例外规定，根据前文的研究，适用于图书馆的著作权例外并不局限于复制权例外，还包括技术措施规避例外、翻译权例外、信息网络传播权例外等。因此，若是将讨论焦点放在数字图书馆能否成为《美国著作权法（2007）》第108条款的适用主体上，无疑窄化了数字图书馆能够享有的著作权例外空间，也与信息网络环境下，图书馆界期望“通过赋予数字图书馆为图书馆可适用的著作权例外的主体从而更好地解决图书馆在信息网络传播权方面的问题”这一目标产生偏离。

以数字图书馆的形式开展信息服务，是目前网络环境下图书馆界的主流做法。因此，若能够将数字图书馆规定为可适用于图书馆的著作权例外的适用主体，再结合数字图书馆在信息网络传播过程中的角色与功能，赋予数字图书馆可以适用的信息网络传播权特定例外，那么，目前，有关图书馆在信息网络传播方面遇到的一些问题，也将有望在很大程度上得到解决。

第三节　适用于图书馆的技术措施规避例外在图书馆的应用分析

从当前各国著作权法律有关图书馆可适用的技术措施规避例外的规定来看，可适用于图书馆的技术措施规避例外并不能满足图书馆业务发展的需要。澳大利亚、南非和美国等国家在这方面的情况，可在一定程度上反映出这种不协调。

一、澳大利亚可适用于图书馆的技术措施规避例外与图书馆业务

依据澳大利亚当前著作权法律的规定，规避技术措施的行为，制造、进口、分销、提供及传播专门用于技术措施规避的工具，提供专门用于技术措施规避的服务，均在法律明文禁止之列。但是，对于这种禁止，法律也规定了例外情况，包括经版权拥有人许可的技术规避、以互用为目的的技术规避以及以安全测试为目的的技术规避。《澳大利亚著作权法（2008）》仅在116AN（8）和132AP（18）条款对图书馆可适用的例外做出规定。即非营利性图书馆、档案馆及教育机构可出于决定是否购置某一数字资源的目的，而规避保护该数字资源版权的技术措施。这些技术措施规避例外仅适用于公共机构的采购决定。然而，未经权利人许可，在一定范围内进行规避活动，对于有效地长期保存而言是非常有必要的。遗憾的是，这些法定的例外仅适用于技术措施的规避行为本身，而不适用于制造或者提供规避设备。虽然允许私人图书馆和档案馆雇用个人去创造一次性的规避措施，但并不允许通过外部资源或者馆际共享项目来获取规避措施。对图书馆内大部分技术人员而言，技术措施往往难以规避，特别是已经过时的技术。因此，大多数图书馆无力自行规避技术措施。这就意味着法律关于技术措施规避例外的规定并无实用性，技术措施所造成的“数字锁定”仍在持续。

二、南非可适用图书馆的技术措施规避例外与图书馆业务

禁止规避技术措施的著作权法律规定对南非图书馆开展服务的制约已经

日益显现。目前，南非著作权法律明确禁止规避技术措施，但并没有赋予图书馆规避技术措施的例外。结果，南非图书馆界发现，在图书馆收藏的许多资源均受技术措施控制的情况下，由于本国著作权法律并没有规定图书馆享有规避技术措施的例外，因此，图书馆往往无法将这些资源提供给用户使用。

因不享有著作权规定的可以规避技术措施的例外，图书馆的许多业务均受到影响。这方面的例子包括[306]：

一名来自中学图书馆的图书馆馆员抱怨说，图书馆收藏了多个学科领域的文献资源，但是，有些文献资源往往会与一些电子出版物，如光盘，在内容上捆绑一起。比如某种会计学专著，有一些例子或附录可能会附载在随书光盘中，而这些光盘往往需要有打开的密码。一旦密码丢失，或者是需要安装特定的软件才能阅读，而提供这一软件的提供商已经停止提供该软件，在此情况下，图书馆往往会由于缺乏规避技术措施的例外，而无法利用这些随书光盘。

一名来自大学图书馆的图书馆馆员也面临着类似的难题：图书馆馆员购买了某部著作的多份复制件，包括相应的随书光盘。在购买完毕后，图书馆馆员发现，这些随书光盘都有浏览期限的限制。在浏览每张随书光盘时，用户得输入该光盘的密码，而且该密码只对应于某一台机器，一旦在某台机器使用过，则无法在其他机器上使用，而且有效期只有半年。当图书馆馆员将这一情况反映给资源提供商时，得到的回馈是，这样可以有效防止图书馆将书籍或随书光盘转卖给学生。而对于图书馆要求破解这些密码以便于图书馆长期保存这些随书光盘的请求，资源提供商并不理会。

在上述这两个例子中，根据南非当前著作权法律的有关规定，这些书籍和随书光盘都能成为图书馆馆藏资源的重要组成部分，但是，由于受到控制作品访问技术措施和控制作品使用技术措施的限制，其有用性将大大降低，甚至是一点价值也没有。在著作权法律不给予图书馆一定的技术措施规避例外的情况下，对于这类资源，图书馆只能束手无策。最后，图书馆要么只能是继续向资源提供商购买新的复制件，要么就只能停止购买这类受技术保护控制的所有资源。

三、美国可适用图书馆的技术措施规避例外与图书馆业务

1. 美国适用图书馆的技术措施规避例外与图书馆业务

美国是响应 1996 年 WCT 的规定将禁止规避技术措施列入本国著作权法律的首批国家之一。虽然给予了规避技术措施的例外，但《美国著作权法（2007）》却规定了较为宽泛的禁止规避技术措施的情形。依据其严格的规定，用户可以出于法律实施、保护个人隐私信息的需要而享有一定的规避例外。《美国著作权法（2007）》第 1201 条（d）款规定，图书馆可以出于决定是否要购买某一版权作品的需要，规避保护该版权作品的技术措施。

美国图书馆界通常都较为关注技术措施的有关法律规定，并宣称技术措施的存在，使得图书馆在资源建设与信息服务的过程中，无法访问和使用许多资源。虽然《美国著作权法（2007）》第 1201 条（d）款试图在技术措施规避例外方面给予图书馆界满意的结果，但是，事实并未得到图书馆界普遍赞同。针对出于图书馆或教育的目的而允许规避技术措施的例外规定，卡耐基·梅隆大学图书馆的馆员指出[306]：即便法律允许出于教育、研究或学术的目的，或者是从事《美国著作权法（2007）》第 107 条款和第 108 条款所规定的活动的需要，所有的图书馆和档案馆自身都缺乏足够的技术实力来破解这些受技术措施保护的作品，也没有足够的资金去雇佣馆外的个人或机构从事技术措施规避活动。由于美国著作权法律明确禁止专门用于规避技术措施的技术交易，因此，图书馆更是无法通过市场获取到能帮助实施技术措施破解的软件。

随着越来越多的数字资源受到技术措施的保护，对技术措施的关注也进一步提升。而反对没有给图书馆设置足够的技术措施规避例外的呼声也在不断高涨。这主要是因为，随着时间的流逝，新的技术措施将进入市场，而之前的技术措施将进一步老化。与南非图书馆界遭遇的情况一样，图书馆发现受技术措施控制的版权作品已经老化，假设该版权作品的技术措施的软件也已不存在，而一旦识别该版权作品的软件不复存在，那么，原来符合该技术措施的密码也会失效，再加上制造与该技术措施相匹配的软件厂商也不再提供该软件，那么，图书馆对这类已经老化的版权作品，无论是进一步利用，还是长期保存，都很难实现。

从当前可适用的美国图书馆的技术措施规避例外的规定来看，图书馆只能是出于决定购买资源的目的，享有技术措施规避例外。而对于图书馆数字作品的开发或者是数字作品的保存，是否也适合技术措施规避例外的规定，《美国著作权法（2007）》并未作出明确规定。2006 年，虽然美国国会图书馆颁布的、不适用于《美国著作权法（2007）》第 1201 条规避访问技术措施禁令约束的作品，将图书馆“保存的已发表数字作品”加以纳入，使得图书馆或档案馆可出于保存已发表数字作品的目的而规避其技术措施。但是，针对图书馆的数字资源长期保存，这一既涉及已发表的数字作品，又包括未发表的数字作品的图书馆活动，图书馆并未能获得规避未发表作品的技术措施的例外。因此，可适用于图书馆技术措施规避例外的当前规定并不能满足美国当前图书馆界数字资源长期保存的需要。

为了充分利用《美国著作权法（2007）》第 108 条款规定的著作权例外，特别是出于保存或替换的复制权例外，图书馆是不是应该享有规避版权作品访问技术措施的例外？美国多数学者认为[306]，允许图书馆出于履行《美国著作权法（2007）》第 108 条款所允许的著作权例外行为，享有一定的技术措施规避例外，显得很有必要。《美国著作权法（2007）》第 108 条款研究组全体成员一致认为[270]，图书馆和档案馆在保存版权作品上的重要职能一直是民众关注的问题。但是，对于是否需要对当前技术措施规避的例外规定提出修订建议，或者应该制定什么专门适用于图书馆的技术措施规避例外，第 108 条款研究组成员并未达成一致意见。

依据《美国著作权法（2007）》第 1201 条款的规定，任何个人或组织均不得规避有效控制访问作品的技术措施。而制造、提供或交易专门用于规避技术措施的设备或者是提供主要用于规避技术措施的服务，也在禁止之列。与此同时，第 1201 条款也规定了一系列针对技术措施规避的例外，但是，并没有一项专门的规避例外，使得图书馆可以出于制作复制件的目的，或者从事著作权法第 108 条款规定的其他例外行为，而自由地规避技术措施。此外，第 1201 条款并没有禁止规避用于控制复制的技术措施，因此，图书馆可以规避这类技术措施，可是，图书馆或档案馆内部往往缺乏能够胜任技术措施规避的员工，因此，出于规避专门用于控制复制的技术措施的需要，图书馆或档案馆往往需要从馆外获得相应的技术措施规避的工具或者技术措施规避的服务，但是，著作权法第1201条款明确禁止制造和提供专门用于规避技术措施的工具，也禁止提供专门用于规避技术措施的服务。

图书馆界已经注意到这一问题，即随着技术措施的应用日益上升，而禁止规避技术措施的著作权立法规定，也给保存国家文明遗产及将这些文明遗产提供给用户使用方面带来障碍。通常而言，图书馆保存一份数字作品，往往需要添加元数据，按照存档格式或其他格式制作数字作品的复制件，或者是因原格式老化而需要对原格式进行仿真与迁移。图书馆员和档案馆工作人员多次表态[270]，认为技术措施的存在已经严重影响到图书馆开展数字资源保存活动。

2. 3年一次的技术措施规避例外规则的修订

为了使制定的技术措施规避例外规则能够尽可能满足实践发展的需要，美国建立了3年一次的技术措施规避例外规则修订机制。自2000年以来，这类修订已经进行了3次。从3次修订的结果可以分析出，随着修订次数的增加，可适用于规避技术措施的作品类型也在不断调整，在数量上呈上升趋势。而且最为重要的是，确定技术措施规避例外的标准，正逐渐从完全依据作品类型向既依据作品类型又依据作品使用目的这一趋势演变。这在一定程度上更有利于图书馆开展数字资源的开发利用与长期保存。

（1）第一次修订。2000年10月27日，美国国会图书馆公布了题为《禁止规避版权保护系统之获取控制技术的例外规定》的联邦规则[307]。该规则规定，在2000年10月28日到2003年10月28日3年内，不受第1201条规避访问技术措施约束的作品有两类：1）经过过滤软件选择的网站名单汇编；2）受访问控制机制保护，但因运行错误、受损和过时而无法成功访问的文学作品、软件和数据库。

（2）第二次修订。2003年10月28日，美国国会图书馆公布新的第1201条适用例外的联邦规则。该规则规定，在2003年10月28日到2006年10月27日的3年内，不受第1201条规避访问技术措施禁令约束的作品有4类[308]：①被专门用于过滤域、网站或网页的商业过滤软件所阻止的网址汇编，但不包括旨在保护计算机或网络安全或者是过滤垃圾邮件的商业软件所阻止的网址汇编。②利用软件加密狗（Dongle）保护的计算机程序，因加密狗失灵、损坏或过时而导致无法使用的。③以某种已经无法使用的格式发布，需要用原介质或硬件才能启用的计算机软件及电子游戏。④利用电子图书格式发布的文字作品，如果所有现存的电子图书版本都包含用以控制访问的技术措施，从而使该电子图书无法朗读，或者是使屏幕阅读器不能将文字转换成“特定格式”的。比如，一些电子图书制作者在其出售的产品中加载了关闭朗读功能或格式转换功能的程序，使听力或视力有障碍的人士无法顺利使用该电子图书。

（3）第三次修订。2006 年 11 月 27 日，美国国会图书馆公布新的第 1201 条适用例外的联邦规则。新规则规定，在 2006 年 11 月 27 日到 2009 年 10 月 27 日的 3 年内，不受第 1201 条规避访问技术措施禁令约束的作品有 6 类[309]：①由高等院校电影或媒体研究系的教育图书馆收藏的视听制品，如果破解其技术措施是为了将其中的某一部分内容用于媒体研究或电影专业的课堂教学。②格式已过时并需要用原介质或硬件方能启用的计算机程序和游戏，图书馆或档案馆可出于保存已发表数字作品的目的而规避其技术措施。格式已过时的认定条件为，用来识别以该格式存储的作品的设备已停产或无法以合理价格获得。③利用软件加密狗保护计算机程序，因加密狗失灵、损坏或过时而导致无法使用的；认定加密狗过时的条件是，加密狗已停产，或者其替代品或修复品已无法以合理价格购买到。④利用电子图书格式发布的文字作品，如果所有现存的电子图书版本都包含用以控制访问的技术措施，从而使该电子图书无法朗读，或者是使屏幕阅读器不能将文字转换成“特定格式”的。⑤用于连接无线通信网络并存储在移动电话固件中的计算机程序，规避其技术措施是为了将移动电话连接到无线通信网络，而且这种连接必须是合法的。⑥采取技术措施控制访问并存储于光盘中的音像制品或视听制品，由于技术措施可能存在安全漏洞或设计缺陷从而威胁个人计算机的安全，因此，可以出于检测、调研或修正这些安全漏洞或设计缺陷的目的，规避这类作品的技术措施。

需要指出的是，2006 年，美国国会图书馆在起草《禁止规避版权保护系统之获取控制技术的例外规定》的联邦规则时，曾考虑将以下 9 项内容纳入规避技术措施的例外范围[310]，但最终未获通过：（1）被专门用于过滤域、网站或网页的商业过滤软件所阻止的网址汇编，但不包括旨在保护计算机或网络安全或者是过滤垃圾邮件的商业软件所阻止的网址汇编。（2）空间迁移（Space-shifting），即允许使用者规避视听制品或音乐制品的技术措施，使得其能将这类作品复制到其他介质或设备上，以利用新迁入的介质或设备使用该作品；无法在 Linus 系统中被正常使用的 DVD。（3）采用区域码加密的 DVD。（4）受技术保护、使其无法在特定平台或操作系统中全面运行的计算机程序。（5）采用复制保护技术限制用户安装和使用的计算机游戏和软件。（6）由图书馆收集的、以电子音频格式存储的文学作品。（7）允许合理使用的作品以及其他所有作品。（8）受访问控制技术保护、禁止创建备份复制件的所有作品。（9）含防盗挎标记（Broadcast Llag）的视听制品和录音制品。

从这 3 次有关技术措施规避例外规则的修订来看，规则制定主要是从数字作品类型出发来确定可适用的技术措施规避，而没有充分根据数字作品的使用目的和使用者的需求来确定适用于技术措施规避的例外。在这些可以规避的情形之中，可适用于图书馆的技术措施规避例外，也只是相当微弱的一种情形。

3.《美国著作权法》第 108 条款研究组提出的可能解决方案

在《美国著作权法（2007）》第 108 条款研究组有关适用于图书馆的著作权例外的研究报告中，研究人员指出，虽然研究组成员一致意识到图书馆在保存美国各类资源（特别是数字资源）方面发挥着重要的作用。但是，针对是否应该提出建议要求调整当前有关技术措施规避的例外规定，以保证图书馆可以顺畅从事《美国著作权法》第 108 条款赋予图书馆可以从事的，包括复制权例外在内的各项活动。应该提出一项由哪些内容组成的调整技术措施规避例外规定的建议书，研究组成员并未能达成高度一致。概括起来，针对当前美国著作权法律有关图书馆可适用的技术措施规避例外规定，研究组成员的意见可以分为以下 3 种\[311\]。

（1）为图书馆保存或替换数字作品的需要新增技术措施规避例外。

要求为图书馆保存或替换数字作品的需要新增专门适用于图书馆的技术措施规避例外的研究组成员认为，可以通过修订第 1201 条款有关技术措施规避例外规定及《禁止规避版权保护系统之获取控制技术的例外规定》的联邦规则，或者是通过修订《美国著作权法（2007）》第 108 条款有关图书馆可适用的著作权例外规定，来为图书馆新增可适用的技术措施规避例外。

支持通过修订《美国著作权法（2007）》第1201条款有关技术措施规避例外规定来新增可适用于图书馆的技术措施规避例外的研究组成员认为，可以在《美国著作权法（2007）》第1201条增设新的技术措施规避例外条款，允许图书馆出于保存或替换数字作品的目的，规避用于控制访问该数字作品的技术措施。目前，依靠《禁止规避版权保护系统之获取控制技术的例外规定》关于技术措施规避例外的规定，是难以将这项新增的例外加以落实的。这主要是因为：难以确定这一新增的规避例外，能否通过美国版权局召开的立法听证会并将之纳入到3年一修订的《禁止规避版权保护系统之获取控制技术的例外规定》中；即便有可能将这一新增的、专门面向图书馆的例外加入到《禁止规避版权保护系统之获取控制技术的例外规定》，也难以保证在3年之后，这一例外是否还能继续存在于《禁止规避版权保护系统之获取控制技术的例外规定》的例外之列。概而言之，依据当前有关技术措施规避例外的立法与修订机制，并不能满足图书馆保存资源的需求。这主要是因为：首先，现有的技术措施规避例外规定的修订是3年一次，有可能当前适用的技术措施规避规定，3年后就不再适用，但是，通常情况下，图书馆开展资源保存活动是其存在的社会基础和本质价值，持续的时间肯定要远远超过3年。其次，《禁止规避版权保护系统之获取控制技术的例外规定》有关技术措施规避例外的规定，只是适用于某一类数字作品，而图书馆开展的数字资源保存活动，面向的是所有类型的数字作品。最为重要的是，在数字资源的保存中，不仅作品内容很重要，而且保障其内容得以顺利显示的文件格式和存储介质也很重要。图书馆数字资源保存所涉及的对象和相应需要的技术措施规避例外，仅仅依靠当前只针对某类作品而享有技术措施规避例外的规定，是远远不够的。

支持通过修订《美国著作权法（2007）》第108条款，而不是通过修订美国现行著作权法第1201条款来新增可适用于图书馆的技术措施规避例外的研究组成员认为，可以在《美国著作权法（2007）》第108条款中增设这样的例外规定，如果图书馆或档案馆无法从数字作品提供方中获取到符合图书馆保存或替换需要的复制件，那么，图书馆可以规避该数字作品的技术措施，制作不受任何技术措施控制（TPM – free）的该数字作品的复制件。事实上，这只需要借鉴《美国著作权法（2007）》第 112 条（e）款第 8 项的规定，并将其稍微加以修改即可适用于图书馆。这主要是因为：《美国著作权法（2007）》第 112 条（e）款是一项法定许可条款。该条款允许依据法律规定向公众传播公开表演节目和录音制品的传播机构，仅仅出于方便传播或者档案保存的目的，对其所传播的公开表演节目和录音制品，制作一份复制件。如果控制访问或控制使用该公开表演节目和录音制品的技术措施，影响传播机构制作复制件，则传播机构可以在不经公开表演节目和录音制品的版权拥有人许可的情况下，规避其技术措施。具体来说，《美国著作权法（2007）》第 112 条（e）款第 8 项的规定是这样的[312]：

> 版权拥有人必须为传播机构提供必要的方法，使其能够根据本条款规定，制作公众表演作品和录音制品的一份复制件。前提是：版权拥有人能够提供可靠的技术解决方案，而且有足够的经费支持其采取这种行为。如果版权拥有人未能及时地响应传播机构提出的这种合理商务请求，为传播机构提供必要的方法使得传播机构能够制作一份复制件，那么，传播机构可不被追究著作权法第 1201 条（a）款第 1 项有关规避技术措施的侵权责任，规避必要的技术措施，依据本款规定的情形，制作复制件。

因此，依据修改自《美国著作权法（2007）》第 112 条（e）款第 8 项的例外规定，图书馆在获取用于保存或替换的数字作品的过程，可以按以下步骤进行：图书馆首先要求数字作品提供方提供不受任何技术措施控制的数字作品复制件，如果数字资源提供方拒绝图书馆的这一请求，则可以对同一内容的、受到技术措施控制的数字作品复制件实施技术破解。可以推断，多数数字资源提供方更加愿意给图书馆提供没有任何技术措施控制的数字作品，而不是让图书馆去破解该数字作品的技术措施，因为这样可以防止因为破解而导致数字作品受到损坏或者是导致图书馆无法进行格式转换。而数字作品提供方的这种选择，肯定是图书馆乐意接受的。因为图书馆在不需要投入专项经费和不需要配置专门从事技术措施规避的工作人员的情况下，方便、低成本地实现对数字作品的有效保存与替换。不过，针对这一观点，研究组的一些成员却表示反对，因为这一规定对于数字资源提供方来说，实在是太烦琐了，而且数字资源提供方有可能还得专门配置一些员工，以便应对、处理图书馆的这类请求，以确保图书馆可以获得不受任何技术措施控制的数字作品。

（2）不需要修订当前可适用于图书馆的技术措施规避例外的规定。

《美国著作权法》第108条款研究组的一些成员认为，不需要修订现有的著作权法律。因为现有的《禁止规避版权保护系统之获取控制技术的例外规定》及其修订机制已经可以确保图书馆获得足够的技术措施规避例外。如果图书馆确实有足够的证据可以证明，遵循法律规定的禁止规避技术措施的行为，已经严重影响到图书馆依照《美国著作权法（2007）》第108条款规定的复制权例外及其他著作权例外获得技术措施规避例外，那么，图书馆可以向《禁止规避版权保护系统之获取控制技术的例外规定》的立法听证会提出请求，要求扩大可适用于图书馆的技术措施规避例外。特别是针对2006年确定的技术措施规避例外规定，持不需要修订现有著作权法律的研究组成员认为，在市场和技术都不允许的情况下，当前关于技术措施规避例外的立法机制并没有不符合图书馆保存的需求。而当前有关技术措施规避例外的规定，是一种较为专指的规定，相对于更为宽泛的技术措施规避例外规定，当前的规定与修订机制更有利于避免对版权保护的数字作品造成不必要的利益损害。

更具有说服力的是，在资源采购时，图书馆往往可以通过与数字资源提供商的协商，就图书馆出于保存或替换的目的而规避技术措施的具体适用条件加以详细规定。或者，根据双方约定，由资源提供商直接提供给图书馆没有任何技术措施控制的版权数字作品，从而使得图书馆不需要进行破解。无论如何，通过修订著作权法律，直接赋予图书馆可规避技术措施的例外规定，将有可能违背美国在一些自由贸易协议中宣称的国际责任。而且这样的规定也有可能给版权拥有人带来严重利益损害，或者是直接动摇了《美国著作权法（2007）》第1201条款的有关规定。

（3）针对允许开发和出售专门用于规避技术措施的设备与服务的观点。

另一个备受争议的问题就是，著作权法律是否应该允许开发和出售专门用于帮助图书馆成功规避技术措施的规避设备和规避服务。依据当前著作权法律的规定，美国国会图书馆通过立法听证会确定《美国著作权法（2007）》禁止的技术措施规避行为的例外，而在技术措施的规避设备和规避服务的提供与传播方面，美国国会图书馆无权确定这两者的例外。在某些情况下，虽然图书馆享有一定的技术措施规避例外，但是，如果缺乏配套的例外规定支持，比如，缺乏向图书馆提供专门用于技术措施规避的服务或设备的例外，那么，图书馆由于自身技术实力的不足，往往无法成功规避保护版权的技术措施，从而使得这种适用于图书馆的技术措施规避例外规定形同虚设。尽管有一些专门用于破解技术措施的软件可通过互联网获取，但这些软件通常都是违法的，而且其数量和质量也无法满足图书馆的需求。

假如确实有足够的证据可证明，图书馆在数字资源的保存活动中，由于缺乏专门用于规避技术措施的设备或相应的服务，而无法正常享有著作权法律专门赋予图书馆的技术措施规避例外，那么，将很有必要对专门用于图书馆技术措施规避的设备与服务在生产、销售和传播方面设置一定的例外，以保证图书馆可以有效规避这种技术措施。而这种观点却遭到第 108 条款研究组其他成员的强烈反对，他们认为，一旦允许这样的例外存在，那么市场上将很有可能到处充斥着专门用于规避技术措施的设备和服务，这又难以控制其使用对象只是针对图书馆，更无法控制其使用目的只是针对图书馆保存或替换数字作品的需要，从而很有可能导致各种违法的技术措施规避行为出现。

四、针对图书馆可适用的技术措施规避例外的反思

与适用于其他情形的技术措施规避例外相比，在欧盟多数国家目前有关技术措施规避例外的规定中，适用于图书馆的技术措施规避例外显得过于狭窄。在图书馆可适用的技术措施的例外规定中，一些国家的著作权法律多数采用这样的表达：允许技术措施规避例外的存在，是为了确保著作权法律赋予用户的其他例外不因技术措施而受到影响。然而，许多国家著作权法律有关禁止技术措施的规定，既没有考虑到自身的适用范畴，也未能充分考虑其对其他著作权例外的支持，因此，往往引发诸多问题。比如，南非、澳大利亚和美国有关图书馆可适用的技术措施规避例外与图书馆业务发展之间的不协调，恰恰可在很大程度表明，技术措施给图书馆资源建设与信息服务带来了极大的障碍。

eIFL 在《与图书馆有关的版权和相关问题的知识产权手册》中指出，技术

措施是继著作权法律、许可协议之后为版权拥有者提供的第三种保护手段。从利益平衡的角度考虑，需要规定技术措施的规避例外。为此，eIFL 建议有关国家在制定图书馆可适用的技术措施规避例外的规定时，考虑以下 3 个问题[313]。

第一，国家著作权法律赋予图书馆的权利将会因技术措施的存在而难以实现。由于技术措施并不能区分合法使用与非法使用。比如，同一复制控制装置，既能有效阻止对版权作品的侵权复制，也使得广大学生或视障人士，即便是依照版权法律规定的合理使用或其他例外，也无法顺利对版权作品进行复制。

第二，各种文化资源的长期保存不应该受到技术措施的约束。据报道，各种数字权利管理的平均有效保护期为 3～5 年。但是这将会阻止图书馆保存对未来有价值的各种信息资源。因此，应该允许图书馆在版权法律许可的范围内有效规避保护版权的技术措施以实现长期保存资源。

第三，公众利益必须得到保护。由于技术措施的保护并不一定会随着版权作品进入公有领域而自动废止。因此，即便有关某一版权作品的任何一项财产专有权已不再受版权法律保护，公众依然可能无法正常利用它，这将极大地挤压公众利益。

目前，虽然法律允许图书馆享有一定的技术措施规避例外，但是，对于图书馆来说，首要举措就是要确保某一规避行为是否符合例外条件。其次，也是最为重要的是，图书馆需要具备足够的技术实力才能成功破解这类技术措施。依据欧盟多数国家有关技术措施规避例外的规定，图书馆往往需要向版权拥有人寻求访问的密码或者是获得规避技术措施的帮助，以便从事著作权法律赋予图书馆的某一种例外行为。但是，这是一件相当麻烦的事，而且其过程也难以预测。因此，即便是在技术措施规避例外方面给予图书馆足够可操作空间的欧盟诸国的著作权法律，规避技术措施受到合法保护的最终结果也只能是给图书馆带来很多不必要的麻烦。

第四节　我国可适用于图书馆的著作权例外在图书馆的应用分析

由第四章、第五章和第六章的分析可知，与国外多数国家现行的著作权法律有关图书馆可适用的著作权例外规定相比，我国在这方面的立法相当薄弱。立法的不足，再加上我国图书馆界对可适用于图书馆的著作权例外知晓程度不高、充分利用图书馆可适用的著作权例外的意识不高和反映可适用于图书馆的著作权例外立法诉求的积极性较弱等因素，使得可适用于我国图书馆的著作权例外未能充分给我国图书馆开展资源建设与信息服务带来推动作用。此外，资源许可协议和技术措施对授权使用资源的保护，也进一步让适用于图书馆的著作权例外规定在图书馆资源建设与信息服务等方面的应用受到不利影响。

一、我国可适用于图书馆的著作权例外的立法现状与不足

1. 我国现行著作权法律可适用于图书馆的著作权例外主要规定

在我国现行的著作权法律体系中，可适用于图书馆的著作权例外主要体现为3类：明确规定适用主体为图书馆的著作权例外、明确规定适用主体但图书馆也可适用的著作权例外和只规定目的而没有明确规定适用主体的著作权例外。这3个方面的例外主要分布在《中华人民共和国著作权法（2001）》（详见表7-1）、《信息网络传播权保护条例（2006）》（详见表7-2）、《计算机软件保护条例（2001）》（详见表7-3）和《最高人民法院关于审理涉及计算机网络著作权纠纷案件适用法律若干问题的解释（2003）》（详见表7-4）。有关我国图书馆可适用的复制权例外、信息网络传播权例外和技术措施规避例外的详细分析，可分别详见第四章、第五章和第六章的相关部分。

表7-1 中华人民共和国著作权法（2001）

例外性质	可适用于图书馆的著作权例外的主要规定

合理使用	第22条　在下列情况下使用作品，可以不经著作权人许可，不向其支付报酬，但应当指明作者姓名、作品名称，并且不得侵犯著作权人依照本法享有的其他权利： …… （六）为学校课堂教学或者科学研究，翻译或者少量复制已经发表的作品，供教学或者科研人员使用，但不得出版发行； …… （八）图书馆、档案馆、纪念馆、博物馆、美术馆等为陈列或者保存版本的需要，复制本馆收藏的作品 ……

表7－2　信息网络传播权保护条例（2006）

例外性质	可适用于图书馆的著作权例外的主要规定
其他情形	第5条　未经权利人许可，任何组织或者个人不得进行下列行为： （一）故意删除或者改变通过信息网络向公众提供的作品、表演、录音录像制品的权利管理电子信息，但由于技术上的原因无法避免删除或者改变的除外。 ……
合理使用	第6条　通过信息网络提供他人作品，属于下列情形的，可以不经著作权人许可，不向其支付报酬： …… （三）为学校课堂教学或者科学研究，向少数教学、科研人员提供少量已经发表的作品； …… （五）将中国公民、法人或者其他组织已经发表的、以汉语言文字创作的作品翻译成的少数民族语言文字作品，向中国境内少数民族提供； （六）不以营利为目的，以盲人能够感知的独特方式向盲人提供已经发表的文字作品； （七）向公众提供在信息网络上已经发表的关于政治、经济问题的时事性文章； （八）向公众提供在公众集会上发表的讲话
合理使用	第7条　图书馆、档案馆、纪念馆、博物馆、美术馆等可以不经著作权人许可，通过信息网络向本馆馆舍内服务对象提供本馆收藏的合法出版的数字作品和依法为陈列或者保存版本的需要以数字化形式复制的作品，不向其支付报酬，但不得直接或者间接获得经济利益。当事人另有约定的除外。 前款规定的为陈列或者保存版本需要以数字化形式复制的作品，应当是已经损毁或者濒临损毁、丢失或者失窃，或者其存储格式已经过时，并且在市场上无法购买或者只能以明显高于标定的价格购买的作品

其他情形	第9条　为扶助贫困，通过信息网络向农村地区的公众免费提供中国公民、法人或者其他组织已经发表的种植养殖、防病治病、防灾减灾等与扶助贫困有关的作品和适用基本文化需求的作品，网络服务提供者应当在提供前公告拟提供的作品及其作者、拟支付报酬的标准。自公告之日起30日内，著作权人不同意提供的，网络服务提供者不得提供其作品；自公告之日起满30日，著作权人没有异议的，网络服务提供者可以提供其作品，并按照公告的标准向著作权人支付报酬。网络服务提供者提供著作权人的作品后，著作权人不同意提供的，网络服务提供者应当立即删除著作权人的作品，并按照公告的标准向著作权人支付提供作品期间的报酬。 依照前款规定提供作品的，不得直接或者间接获得经济利益
其他情形	第12条　属于下列情形的，可以避开技术措施，但不得向他人提供避开技术措施的技术、装置或者部件，不得侵犯权利人依法享有的其他权利： （一）为学校课堂教学或者科学研究，通过信息网络向少数教学、科研人员提供已经发表的作品、表演、录音录像制品，而该作品、表演、录音录像制品只能通过信息网络获取； （二）不以营利为目的，通过信息网络以盲人能够感知的独特方式向盲人提供已经发表的文字作品，而该作品只能通过信息网络获取。 ……

续表

例外性质	可适用于图书馆的著作权例外的主要规定
其他情形	第21条　网络服务提供者为提高网络传输效率，自动存储从其他网络服务提供者获得的作品、表演、录音录像制品，根据技术安排自动向服务对象提供，并具备下列条件的，不承担赔偿责任： （一）未改变自动存储的作品、表演、录音录像制品； （二）不影响提供作品、表演、录音录像制品的原网络服务提供者掌握服务对象获取该作品、表演、录音录像制品的情况； （三）在原网络服务提供者修改、删除或者屏蔽该作品、表演、录音录像制品时，根据技术安排自动予以修改、删除或者屏蔽

表7－3　计算机软件保护条例（2001）

例外性质	可适用于图书馆的著作权例外的主要规定
复制例外	第16条　软件的合法复制品所有人享有下列权利： …… （二）为了防止复制品损坏而制作备份复制品。这些备份复制品不得通过任何方式提供给他人使用，并在所有人丧失该合法复制品的所有权时，负责将备份复制品销毁
合理使用	第17条　为了学习和研究软件内含的设计思想和原理，通过安装、显示、传输或者存储软件等方式使用软件的，可以不经软件著作权人许可，不向其支付报酬
侵权免责	第30条　软件的复制品持有人不知道也没有合理理由应当知道该软件是侵权复制品的，不承担赔偿责任；但是，应当停止使用、销毁该侵权复制品。如果停止使用并销毁该侵权复制品将给复制品使用人造成重大损失的，复制品使用人可以在向软件著作权人支付合理费用后继续使用

表7－4　最高人民法院关于审理涉及计算机网络著作权纠纷案件适用法律若干问题的解释（2003）

例外性质	可适用于图书馆的著作权例外的主要规定
默示许可	第3条　已在报刊上刊登或者网络上传播的作品，除著作权人声明或者报刊、期刊社、网络服务提供者受著作权人委托声明不得转载、摘编的以外，在网络进行转载、摘编并按有关规定支付报酬、注明出处的，不构成侵权。但转载、摘编作品超过有关报刊转载作品范围的，应当认定为侵权

2. 我国有关图书馆可适用的著作权例外立法规定存在的不足

从总体上分析，我国当前著作权法律可适用于图书馆的著作权例外的规定仍相当薄弱。比如，我国著作权法律并未有明确可适用于图书馆的著作权例外的图书馆主体资格；在可适用于图书馆的合理使用方面，我国著作权法采用列举式立法模式；在法定许可方面，图书馆可适用的情形较为有限。我国现行著作权法律在可适用于图书馆的著作权例外规定方面存在的不足主要体现为以下4个方面。

第一，我国现行著作权法律有关例外规定缺乏灵活性。以列举的方式规定著作权例外的适用情形，虽然可以保证适用情形的准确性与专指性，但却缺乏足够的灵活性。比如，我国著作权合理使用制度采纳的立法体例是列举式，即将合理使用情形逐条列出，并没有给出“合理”的判断标准。列举合理使用的具体适用情形固然使实施者能够对号入座地遵守法律。然而，因为人的认识能力的局限性，立法者不可能以列举方式穷尽所有可能发生的情况，社会的不断发展也决定了法律必然会存在滞后性。这往往会出现，本应适用“合理使用”的使用因缺乏明晰的法律规定而不得不停止。著作权例外规定缺少概括和归纳导致适用上的局限，这是我国图书馆享有的著作权例外空间过于窄小的主要原因。

第二，我国现行著作权法并没有适用图书馆的法定许可规定。法定许可保护了版权人适当的经济利益，消除了版权人因为网络条件下可能不合理的信息滥用而对借助数字形式传播数字作品的担忧，有利于数字作品的制作、传播，保证更多的社会公众可以更加方便地使用版权作品。事实上，法定许可有利于平衡版权人、图书馆和社会公众的利益关系。它可以避免单纯的合理使用等例外情形对版权人利益带来的削弱；也可以使图书馆越过海量授权的障碍快速进行资源开发，免去授权许可的复杂和难于操作，避免著作权侵权风险；更可以让社会公众获得平等地接触版权作品的机会。可是，我国2001年修订通过的《中华人民共和国著作权法》只在第23条、第39条、第42条、第43条规定了法定许可的适用情形，但都跟图书馆无关。因此，目前我国的图书馆和数字图书馆建设者基本不能借助著作权的法定许可开展资源建设与信息服务。

第三，我国著作权法律有关例外规定的缺失使得图书馆享有的著作权例外空间较为狭窄。目前，随着权利信息保护技术被引入著作权保护领域，有关技术措施的相关规定也出现在各国的著作权法律中。比如，在图书馆可适用的技术措施规避例外方面，美国的立法区分了“访问控制措施”和“著作权保护措施”，禁止规避“访问控制”措施，而且对其不设置“合理使用”等例外。欧盟的立法禁止规避任何技术措施，并对“合理使用”的适用加以苛刻的条件。澳大利亚的版权法并没有禁止规避技术措施的行为，力图保留公共“合理使用”的空间。《中华人民共和国著作权法（2001）》第47条第7款规定了应承担责任的侵权行为包括：未经著作权人或者与著作权有关的权利人许可，故意删除或者改变作品、录音录像制品等的权利管理电子信息的，法律、行政法规另有规定的例外。与国外在此方面的立法相比，我国有关图书馆可适用的著作权例外立法过于简单，未能解决有争议的问题。比如，“访问作品权”是否存在，“合理使用”原则在权利管理信息方面该如何适用等。

第四，著作权法律有关例外的规定存在模糊性。法律的不确定性增加了图书馆面临的著作权侵权风险。我国的著作权制度是年轻的，1990年制定《中华人民共和国著作权法》，1991年实施；2000年再修订《中华人民共和国著作权法》，2001年修改后的《中华人民共和国著作权法》开始实施。但是，中国是成文法制度，法律总是滞后的。比如，现行《中华人民共和国著作权法（2001）》第22条第6款规定，“（六）为学校课堂教学或者科学研究，翻译或者少量复制已经发表的作品，供教学或者科研人员使用，但不得出版发行”。该条款是一种著作权专有使用权的例外条款，但是，该条款仍存在诸多问题，只规定适用目的，而未有明确适用主体，即谁可以“翻译或少量复制”，而且进行的复制只能是“少量”，那么，“少量”应该如何界定，具体是几份才算“少量”。再比如，现行《中华人民共和国著作权法（2001）》第22条第8款规定，“（八）图书馆、档案馆、纪念馆、博物馆、美术馆等为陈列或者保存版本的需要，复制本馆收藏的作品”。该条款也是一种著作权例外规定，但是，在数字化环境下，透过该条款仍有多个问题难以得到明朗的答案。比如，当前图书馆电子资源采购多是“订购—访问”而不是采用以往“购买—拥有”的模式，这种通过“订购”而获得访问权限的资源，是否可被视为图书馆收藏的作品，通过该条款无法确定；针对目前部分网络资源具有保存价值但又有可能转瞬即逝的情况，图书馆通过网络下载而获得的资源，即“下载—拥有”方式是否可作为图书馆收藏的一种方式，通过该条款仍很难确定。另外，该条款对复制的前提条件规定也不够严谨，是否需要确认该作品的复制品经过一番努力之后已无法以合理的价格从市场渠道获得才可进行复制，对此，该条款未作规定；对于复制数量、复制技术、复制设备等与版权拥有人的利益密切相关的问题也未作出明确规定；该条款只提及“作品”，对作品的发表状态（是否发表）和作品的存现形式（数字化还是印本，或者是其他形式）也未有作出明确规定。再比如，《信息网络传播权保护条例（2006）》第7条规定[314]：

> 图书馆、档案馆、纪念馆、博物馆、美术馆等可以不经著作权人许可，通过信息网络向本馆馆舍内服务对象提供本馆收藏的合法出版的数字作品和依法为陈列或者保存版本的需要以数字化形式复制的作品，不向其支付报酬，但不得直接或者间接获得经济利益。当事人另有约定的除外。
>
> 前款规定的为陈列或者保存版本需要以数字化形式复制的作品，应当是已经损毁或者濒临损毁、丢失或者失窃，或者其存储格式已经过时，并且在市场上无法购买或者只能以明显高于标定的价格购买的作品。

该条款规定明确接受网络服务的对象只能是到馆用户，而且可提供服务的作品为“本馆收藏的合法出版的数字作品”和“依法为陈列或者保存版本的需要以数字化形式复制的作品”。尽管如此，该条款后续限制只涉及被数字化后的作品的使用限制，即“已经损毁或者濒临损毁、丢失或者失窃，或者其存储格式已经过时，并且在市场上无法购买或者只能以明显高于标定的价格购买的作品”。但是，该条款规定并没有明确阐明对作品进行数字化的前提条件、数字化复制的数量、可以进行数字化制作的作品类型等。

二、我国图书馆界当前开展的业务活动涉及的著作权例外

虽然在问卷调研第1题到第17题（详见附录1）中，笔者已经就我国图书馆当前开展的资源建设和信息服务等方面的基本情况进行调研，但为了保证对国内图书馆基本实践活动的客观了解，笔者分别选取了20家较有影响力的公共图书馆、20家较有影响力的高校图书馆和20家较有影响力的专业图书馆

的网站进行调研（详见附录2）。

调研结果表明，随着开放链接、OAI与智能搜索引擎、元数据转换和登记、虚拟资源体系建设、跨系统多系统检索、分布式使用管理、分布式权益管理、分布式数字参考咨询服务、数字资源长期保存等处理技术与服务活动的引入与开展，图书馆面临的著作权问题日益复杂。目前，我国各类图书馆开展的资源建设与信息服务已经涉及30项，如表7－5所示。这些活动项目多数都与复制、信息网络传播有关。对于我国图书馆逐步在开展的数字资源长期保存，技术措施规避更是图书馆界需要面对的一个问题。作为对著作权专有使用权的一种制约，著作权例外为我国图书馆更为便利地开展信息服务创造了有利条件。但是，从我国目前的情况分析，现行著作权法律有关图书馆可适用的著作权例外立法规定为图书馆提供的这种有利条件并不充分。

表7－5　我国图书馆界当前开展的主要业务活动

<table>
<tr><td>1</td><td colspan="3">分布式使用管理</td><td>2</td><td>虚拟资源体系建设</td><td>3</td><td>规避数字作品的技术措施</td></tr>
<tr><td>4</td><td colspan="3">分布式权益管理</td><td>5</td><td>转载网络信息资源</td><td>6</td><td>开发元数据转换和登记系统</td></tr>
<tr><td>7</td><td colspan="3">长期保存协调</td><td>8</td><td>网络信息资源链接</td><td>9</td><td>利用P2P技术进行资源传递与共享</td></tr>
<tr><td>10</td><td colspan="3">提供开放链接</td><td>11</td><td>建设分布式参考咨询系统</td><td>12</td><td>利用RSS技术提供信息推送服务</td></tr>
<tr><td>13</td><td colspan="3">描述网络信息资源</td><td>14</td><td colspan="3">数字资源长期保存</td></tr>
<tr><td>15</td><td>原文传递</td><td>16</td><td>馆际互借</td><td>17</td><td>由馆员提供复制</td><td>18</td><td>由自助式复制设备提供复制</td></tr>
<tr><td>19</td><td>扫描服务</td><td>20</td><td>学科门户</td><td>21</td><td>智能搜索引擎服务</td><td>22</td><td>跨系统多系统检索</td></tr>
<tr><td>23</td><td colspan="3">文摘编著</td><td>24</td><td colspan="3">在本馆物理建筑内提供无线上网访问本馆电子资源</td></tr>
<tr><td>25</td><td colspan="3">外借存储于物理介质的数字作品</td><td>26</td><td colspan="3">提供全文远程下载</td></tr>
<tr><td>27</td><td colspan="3">允许读者使用自身携带的复制设备复制</td><td>28</td><td colspan="3">在本馆物理建筑内提供PDA（掌上电脑）接入服务</td></tr>
<tr><td>29</td><td colspan="3">分布式数字参考咨询服务</td><td>30</td><td colspan="3">在本馆物理建筑内表演与展示未授权作品</td></tr>
</table>

三、图书馆界对著作权例外的知晓程度不高

法律的价值在于执行落实。我国现行著作权法律适用于图书馆的著作权例外在图书馆应用的充分程度，与图书馆界从业人士对这方面规定的知晓程度和认可程度密切相关。为了解国内各类型图书馆对适用于图书馆的著作权例外的知晓程度，图书馆在著作权例外方面遇到的障碍，图书馆界对著作权例外的立法诉求以及图书馆界认为扩展可适用于图书馆的著作权例外的可行性渠道等问

题。笔者通过调查问卷与专家访谈的方式开展调研。

1. 问卷调查结论——对国内外著作权规范的知晓程度

（1）在对国内现行著作权法律的了解程度方面。该题为第22题，是一道多项选择题（具体内容详见附录1）。据统计，241位调查者的选择总数为609。其中，选择了解《中华人民共和国著作权法（2001）》的调查对象共有181人，占受调查总人数的75.1%。采用对多项选择题第二种统计方法可知，在所有调查者了解的所有著作权法律之中，《中华人民共和国著作权法（2001）》的被知晓程度为29.72%；而E项，即《实施国际著作权条约的规定（1992）》的被知晓程度最低，只有1.64%，如下表7－6所示。

表7－6 对国内现行著作权法律的了解程度

选项	A	B	C	D	E	F	G	H	I	J	K	L	备注
人次	181	152	67	37	10	12	37	22	27	31	22	11	总数609
比例（%）	29.72	24.96	11.00	6.08	1.64	1.97	6.08	3.61	4.43	5.09	3.61	1.81	

（2）在对主要国家现行著作权法律的了解程度方面。该题为第19题，是一道多项选择题，涉及对加拿大、英国、美国、日本、德国、法国、澳大利亚和意大利等国家现行著作权法的了解。据统计，我国绝大多数图书馆从业人员对主要国家现行著作权法的知晓程度较低。如图7－1所示，了解一种和都不了解的人数占受调查总人数的75.1%。

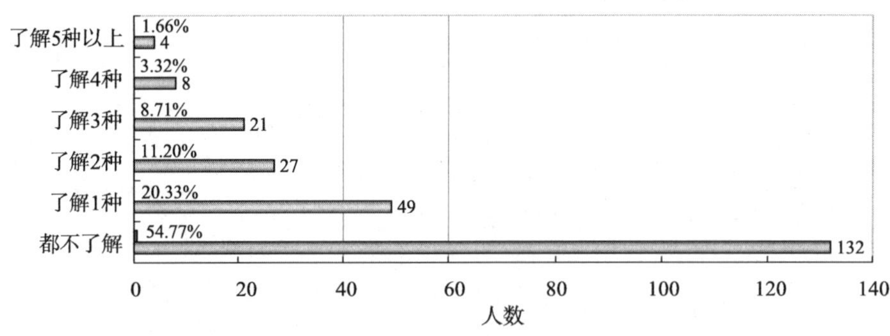

图7－1 对主要国家现行著作权法律的了解程度

（3）在对国际性著作权规范的了解程度方面。该题为第18题，是一道多项选择题，涉及对WCT、WPPT、UCC和TRIPs等国际性著作权公约、协议的了解程度。据统计，我国绝大多数图书馆从业人员对这类著作权规范了解程度也相当低。如图7－2所示，有45.64%的受调查者甚至对任何一部国际性著作权规范都不了解。

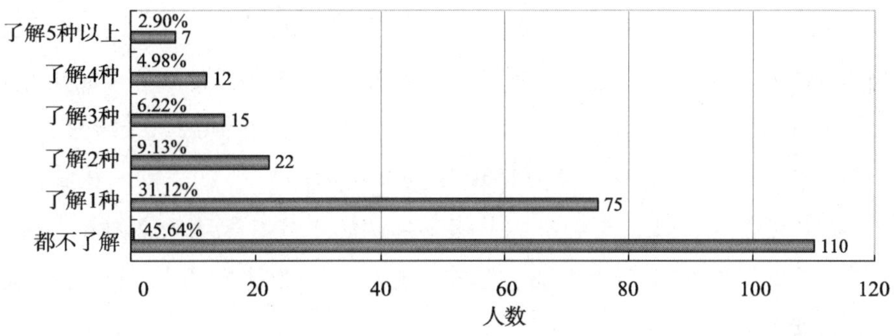

图7－2　对国际性著作权规范的了解程度

（4）在对可适用于图书馆的著作权例外情形的了解程度方面。该题为第23题，是一道多项选择题，涉及对合理使用、法定许可、强制许可、默认许可、权利穷竭、法定免费使用、公共秩序保留、由合同协议约定的情形等可适用于图书馆的著作权例外的了解。采用对多项选择题的第一种统计方法进行统计可知，认为图书馆可适用的著作权例外应该包括合理使用和法定许可的受调查者分别占到受调查者的90.04%和78.42%；而有48.55%的受调查者认为图书馆可适用的著作权例外应该包括由合同协议约定的情形，如图7－3所示。

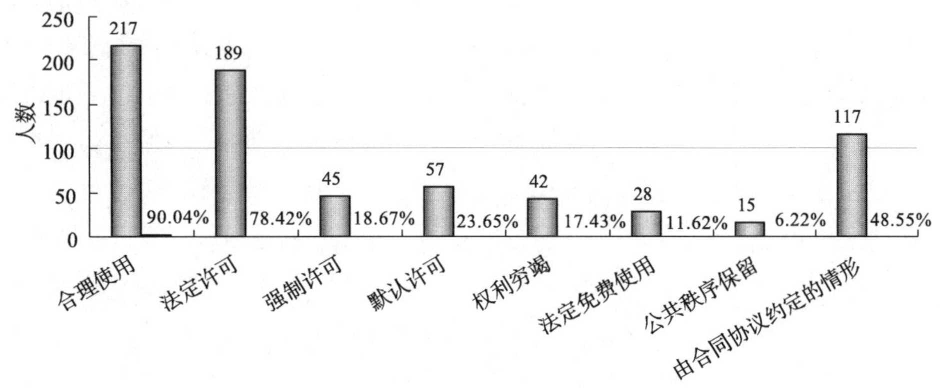

图7－3　可适用于图书馆的著作权例外情形

2. 专家访谈的主要见解

虽然调查问卷能在一定程度上揭示我国图书馆从业人员对适用于图书馆的著作权例外的知晓程度以及期望的适用于图书馆著作权例外立法改善的方向与途径（将在第八章中介绍），但考虑到本研究主题专业性较强，为确保反映的现实问题更具有效度，本书采用半结构化的专家访谈法，选择来自法律界和图书馆业界的 14 位专家，就以下 4 个问题进行访谈，并得到以下访谈见解。

（1）著作权法关于图书馆可适用的例外规定的缺失、模糊、狭窄给图书馆的业务开展带来了什么不利影响？接受采访的多数专家认为，由于我国可适用于图书馆的著作权例外立法规定存在不足，图书馆采购人员在资源采购时，面对资源提供商提出的格式合同，在复制和信息网络传播方面，多处于被动接受地位。由于著作权法律规定的缺失与模糊，部分图书馆馆长认为，只要最大限度加强著作权侵权防范意识，在信息服务的过程中不超载法律边界就好了，尽管这种不超载法律边界的做法，有时甚至是以读者的合法权益受到挤压或者图书馆的某项信息服务被迫停止为代价，也是可以接受的。即让图书馆在著作权许可的最小范围内开展活动并提供服务，即使因此导致服务效率不高，也是可以的。

（2）图书馆的资质应该如何认定？不同类型的图书馆是否应该享有不同的著作权例外？比如公共图书馆、高校图书馆和专业图书馆，因其服务群体的不同，其对资源的利用方式和服务开展也有所差别，是否可据此规定各自可适用的著作权例外也应有所不同？接受采访的多数专家认为，虽然我国目前有公共图书馆、专业图书馆、学校图书馆、军队图书馆、少数民族图书馆和少儿图书馆。但是，图书馆的类型划分标准并不统一。需要强调的是，由于我国尚未有图书馆法，图书馆的主体资质仍缺乏明确的法律规定。因此，如果能够在著作权例外立法方面加强，首要解决的问题是，从法律上，对图书馆及各类型图书馆的主体资质认定进行界定。在此基础上，从著作权例外的适用目的、适用类型和传播范围等角度考虑，结合不同类型图书馆的社会职能和服务对象，赋予不同类型的图书馆在著作权例外方面以不同的适用条件。

（3）当前国内图书馆顺应网络化数字化发展的需要而正在或准备开展的业务主要包括原文传递、数字图书馆服务和长期保存等，从著作权的角度分析，其对资源的利用主要涉及复制权、信息网络传播权和技术措施规避等方面。如果要构建一个适用于图书馆的著作权例外立法框架，由复制权例外、信息网络传播权例外和技术措施规避例外作为主要组成部分所构建的立法框架是否已足够、合理？多数受访的专家认为，目前多数国家现行著作权法律均有适用于图书馆的著作权例外规定，从这些例外涉及的著作权专有使用权来看，主要涉及复制权的例外。比如，《美国著作权法（2007）》第 108 条款即是以复制权为重点的可适用于图书馆的著作权例外情形。但是，随着信息技术的发展，仅有复制权例外，显然无法充分满足图书馆资源建设与信息服务的实际需要。面对计算机信息网络的发展，规定图书馆可适用的信息网络传播权例外也是相当需要的。有些负责图书馆资源采购的受访专家指出，目前，绝大多数资源提供商均不允许图书馆规避保护其产品的技术措施，这往往不利于图书馆开展数字资源长期保存。因此，给予图书馆出于保存的需要而享有技术措施规避例外，具有明显的实际意义。事实上，除了上述 3 种著作权例外，更重要的是，我国需要通过立法赋予图书馆可适用的概括性例外，如合理使用。这主要是基于以下考虑：我国当前的著作权法律并未出现“合理使用”这一表达，而只是采用列举的方式规定了合理使用可适用的 12 种情形。因此，从更有利于图书馆实践活动的角度考虑，有必要在我国著作权法律中设立类似于《伯尔尼公约》有关合理使用的三步检验标准，或者是《美国著作权法（2007）》规定的合理使用四项条件，这样一些原则性的著作权例外。这样，可适用于图书馆的著作权例外的原则性例外，与可适用于图书馆的复制权例外、信息网络传播权例外和技术措施规避例外一起，构成可适用于我国图书馆的著作权例外立法体系，将更加合理可行。

（4）当前国内专门适用于图书馆的著作权例外规定相当缺乏。图书馆应该如何反映自身的著作权例外立法诉求？多数接受采访的专家认为，在我国著作权法律有关图书馆可适用的著作权例外立法规定存在种种问题的情况下，很有必要了解国外在此方面的规定。但是，不可能完全照搬国外的具体立法规定，而应该从立法模式、共性立法原则的角度去加以借鉴。比如，在可适用于图书馆的合理使用方面，虽然我国现行著作权法律未有直接使用“合理使用”这一表达，但是，《中华人民共和国著作权法（2001）》却在第 22 条以列举的方式规定了12种适用情形，其中也有图书馆可适用的情形。尽管如此，与英国和美国在合理使用规定方面更多的是借鉴《伯尔尼公约》的三步检验原则而采用原则式立法模式相比，我国有关合理使用，尤其是图书馆可适用的合理使用情形，是相当缺乏灵活性的。在信息技术变化如此快速的今天，图书馆需要处理的作品类型、能够借助的数字处理技术以及以此为基础而开展的信息服务，都将使图书馆面临更多的著作权例外诉求，再考虑到我国在著作权法律立法方面的机制，借鉴国外现行著作权法律有关可适用的著作权例外规定，制定更为灵活的合理使用标准，或者可适用于图书馆其他著作权例外规定，将更有助于图书馆开展资源建设与信息服务。此外，有专家指出，我国著作权立法修订并不灵活。以美国为例，每隔3年，相关行业的代表将会举行圆桌会议，讨论现行的著作权法律是否能有效平衡各方利益，再进行修订。这种定期的修订已经形成一种重要的立法修订机制。在此修订机制下，美国图书馆界始终是一个重要的参与者。但在国内，关于著作权立法的修订，不仅没有周期可循，而且图书馆界的参与也成为一种漫长的期待。

此外，部分图书馆界学者甚至认为，我国著作权法律专门为图书馆设置的著作权例外条款可适用情形本身就不多。不需要从事图书馆与著作权方面的研究，因为即便图书馆学界提出来了，也不能反映到立法中。这就是所谓“提了也没有效果”。部分法律研究者认为，在中国著作权立法过程中，图书馆界实际发挥的作用较小。以《信息网络传播权保护条例》的制定过程为例，图书馆界的作用，也只是在该条例（草案）征求社会各界意见时，建议将“公共图书馆”改为“图书馆”。现实表明我国图书馆界并不能完全参与到我国著作权的立法环节中。因此，适当提升我国图书馆界参与那些与图书馆资源建设和信息服务密切相关的立法活动的地位和作用，有助于加强我国图书馆可适用的著作权例外立法。

3. 问卷调查与专家访谈反映出来的主要问题

通过问卷调查和专家访谈，可以揭示出我国可适用于图书馆的著作权例外在图书馆应用方面存在的问题。这主要体现为以下两方面。

（1）绝大多数从业人员对适用于图书馆的著作权例外了解不充分。

图书馆界绝大多数普通从业人员对适用于图书馆的著作权例外了解不充

分。大英图书馆一项有320位读者参与的版权调查表明[315]，只有12.5%的受调查者相当熟悉著作权例外与限制。这在一定程度上表明，无论是发达国家的图书馆读者，还是我国的图书馆从业人员，多数人并未能充分了解著作权法律有关著作权例外的规定。从问卷调查与深度访谈的结果分析，图书馆馆员乃至馆长对国际、双边、多边乃至国内著作权法律知之甚少。这种现象在国内图书馆界已经成为一个需要警惕的问题。无论是身处京、沪、沿海发达城市等地区的图书馆从业人员，还是在相对不发达的国内其他城市的图书馆从业人员，对著作权法律知之不多，甚至是完全不了解的现象相当突出。通过专家访谈发现，部分图书馆馆长认为，只要最大限度地提高著作权侵权的防范意识，在信息服务的过程中不越过边界就好了。即使这种不越过边界有时是以读者的合法权益受到挤压为代价，也是可以接受的。即让图书馆在著作权许可的最小范围内开展活动并提供服务，即使因此导致服务效率不高，也是可以接受的。

（2）图书馆界对充分利用可适用于图书馆的著作权例外意识不够。

我国当前几乎所有图书馆都没有设置专门的用于处理著作权纠纷或者专门从事著作权研究的岗位。根据不完全统计，国内图书馆已经或拟设立从事知识产权研究岗位的情形极少，虽然有包括国家图书馆、中国科学院国家科学图书馆、清华大学图书馆等在内的一些大馆已经对此方面加以重视，但多数国内图书馆或者是因对著作权保护或遵守意识的薄弱、或者是因资金不足等原因，对图书馆如何合理合法利用著作权法律赋予自身的例外规定而最大限度开展资源建设、提供信息服务并未给予足够的重视。

四、许可协议对适用于图书馆的著作权例外的挤压

1. 许可协议挤压可适用于图书馆的著作权例外概述

除了著作权法律、正在被广泛应用的数字权利管理技术，许可协议也是数字环境的重要组成部分，而且也对用户权利有一定的限制作用。与印本资源不同，数字资源通常不需要用户或图书馆购买，而是直接由图书馆从信息提供者手中获得使用许可。许可是以书面合同或协议的形式，确立了信息拥有者和图书馆之间在信息传播过程中的关系。目前，这类许可协议主要有3种形式：标准格式的书面协议（也有学者称为格式合同）、拆封协议（Shrink-wrap Licenses）和点击协议（Click-through Licenses）。多数情况下，对用户来说，这类协议往往没有商讨的余地。即便有商讨的余地，由于当前卖方市场的存在，在谈判的过程中，往往是卖方处于强有力的地位。比如，拆封协议一般是通过存放在资源的物理包装，比如 CD-DOM 的拆封协议，用户一旦拆开该包装，则意味着用户同意该协议；而点击协议主要被应用于网络资源的销售中，在访问网络资源时，用户往往会被要求点击是否同意该协议的按钮，否则无法继续浏览。而一旦点击同意，则意味着用户完全同意并接受销售方设计的所有使用协议条款。与这类完全没得商讨的协议相比，标准形式的书面协议或多或少仍有商量的余地。

拥有资源并利用资源是图书馆能够依据著作权例外规定为广大受众提供服务的物质基础，如果资源不复存在，图书馆享有的著作权例外空间也就没有实质意义了。对此，任职于“版权协调与出版商许可经理”（Copyright Compliance and Publisher Licensing Manager）岗位的大英图书馆知识产权助理 Ben White 认为[316]，目前数字媒体的情况并不是这样。“在数字世界中，数据库、期刊和图书适用的不是版权，而是许可协议。”他解释说，“多年以来，人们认为在版权所有者和用户的需要之间达成了一种谨慎的版权平衡。但许可协议实在是着眼于版权所有者的权利。”Ben White 与其大英图书馆的同事分析了很多数字信息资源出版者的许可协议。他们发现，90% 以上的许可协议比版权法保护下的印刷型出版物给予用户的例外空间要小得多。由于电子资源是通过合同采购的，出版商在采购合同中加入一些规定来限制图书馆根据著作权法可以享有的合理权利，包括其他的著作权例外。而且美国等国家往往通过自由贸易协定对发展中国家作出比国际知识产权协议更为严格的知识产权限制。2006 年 8 月在 IFLA 大会上，消费者国际（Consumer International）在国际图联会议上指出，发达国家往往会利用自身在 WIPO 的影响力，通过双边或地区协议，扩大版权的保护范畴。结果，亚洲多数发展中国家可借助各种渠道制定有利于本国发展的著作权政策空间不断缩小[317]。2008 年 10 月，eIFL 的 Teresa Hackett 在 IFLA 年会上指出[318]，许多发展中国家没有充分利用国际著作权协议中已有的例外，并在各类贸易协定和资源采购合同中被发达国家的资源提供商剥夺了许多应有的权利。

需要指出的是，对于所采购的由国外资源提供商提供的数字资源，在著作权例外的法律依据上，资源提供商并不同意直接依据国内现行著作权法律规定，而国内图书馆也不同意依据资源提供商所在国家或地区现行的著作权法律规定。即便双方所在的国家是同一国际版权条约或公约的成员国，或者是买卖双方所在国家已经签订了双边协定，由于这类公约、条约或协定往往规定的是最低标准的权利或者是最低标准的义务，鉴于种种原因，买卖双方往往会倾向于采用第三国的现行著作权法律，作为解决可适用于图书馆的著作权例外问题及相关版权纠纷的依据或准则。

2. 许可协议对我国图书馆可适用的著作权例外的限制

虽然图书馆的资源包括已进入公有领域的资源和版权人无法确定的资源（Orphan Works），但依托授权协议借助受版权保护的资源提供服务也占据了图书馆服务的大部分。虽然多数国家的著作权法律会赋予图书馆不同程度的著作权例外，但是，资源许可协议往往会或多或少地限制这些例外，由于种种原因，图书馆原本就已较为狭小的著作权例外空间往往会在并不是在图书馆与版权拥有人完全平等的前提下受到挤压，研究有关资源采购合同文本在可适用于图书馆的著作权例外方面的约束，可以在一定程度上反映出著作权法律赋予图书馆的例外在实践中的具体实施情况。本书所研究的合同文本主要涉及两类：一类是资源提供商推出的格式合同，比如 SpringerLink 推出的格式合同；一类是图书馆与资源提供商签订的资源采购合同，本书所涉及的此类合同主要是中国科学院国家科学图书馆与 Elsevier、Science OnLine、SpringerLink 以及 Wiley InterScience 等资源提供商签订的资源许可协议。经过调研，关于资源许可协议对我国图书馆可适用的著作权例外的限制，本书归纳为以下 5 个方面。

第一，许可协议对适用于图书馆著作权例外的制约主要通过两类条款体现。其一，用户定义条款是所有许可协议的必备条款。对于不同类型的图书馆来说，用户的定义是不同的。例如，对大学图书馆而言，用户可能被定义为全体教员、职工、在校学生和现任的行政人员等；而对于公共图书馆而言，用户就可能是持有效会员卡的所有人。在有些协议中用户还可能指某些临时用户，如访问学者、非正规的在校生、老校友等，这些人的范围依协议的具体规定而定。在用户的定义上，出版商希望将用户限定在一个狭小的范围内，以为其产品留下更大的市场空间。而对于图书馆来说，其大门应向所有人敞开，使知识信息得到最广泛的交流和传播是图书馆追求的宗旨。其二，使用方式条款定义被许可方及其最终用户使用数据库的方法。这一条款同样是所有许可协议的必备条款。在一个特定的价格下，出版商希望用户得到的权限最小，使用数据库的程度最低，出版商往往通过限定浏览、保存、大量下载、打印等使用方式或通过限制同一数据库的访问量、同一时间内的访问人数等方法来限定对数据库的使用。

第二，许可协议是著作权作品持有人与作品使用者之间达成的一种法律约定。电子资源许可协议往往是以格式合同的方式，对图书馆在利用电子资源开展服务过程中的各种行为作出有利于资源所有者的限制。根据对中国科学院国家科学图书馆、中国科学技术信息研究所与有关资源提供商签署的许可协议的调查，可以归纳出资源许可协议对著作权例外的限制。总结起来，这些限制主要涉及：对用户打印、下载或电邮资源进行限制；对用户数量、使用地点、使用机构等进行限制；对图书馆在馆际互借、原文传递过程中涉及的复制行为进行限制；对图书馆出于保存的目的而进行的复制进行限制；对过了指定日期的资源使用方式进行限制；对图书馆利用网络提供服务的使用方式进行限制；对图书馆出借或使用数字作品的其他使用方式进行限制；对引用、分析资源或者利用资源建立索引等行为进行限制；以及对作品进行整合、编目及提供搜索的限制等。一旦用户或图书馆违反许可协议的规定，权利人即可以根据许可协议的规定追究侵权方的责任。多数情况下，许可协议常常会扩大版权限制的范围。此外，当前绝大多数图书馆与资源提供商签订的资源使用许可协议，实质上是购买相关电子资源的电子访问权，而不是该电子资源的所有权，这意味着数字信息资源在某种意义上将变成一项服务，而不是产品。服务期一旦结束，图书馆将无法利用该电子资源提供服务。

第三，无论是在可适用于图书馆的复制权例外和信息网络传播权例外方面，还是在可适用于图书馆的技术措施规避例外方面，我国图书馆与资源提供商签订的资源许可协议均对上述 3 个方面例外作出了严格限制。透过我国部分图书馆与国外资源提供商签订的许可协议，可以在一定程度上反映出我国图书馆在享有的著作权例外方面受到的制约情况。如表 7 - 7 所示，中国科学技术信息研究所签订的“SPRINGER 在线回溯数据协议”、施普林格 SPRINGER-LINK 集团采购许可协议书均对图书馆出于保存的目的而适用的例外有所涉及。但对前者的限制为：数量上，只能制作一份；格式上，只能是数字格式。与前者相比，对后者的限制虽然在数量上也只限定为一份，但允许是数字格式与纸本格式各一份。暂且不说许可协议在这方面的约定对图书馆复制行为作出了相当严格的限制，而有必要从我国现行著作权法在这方面的有关规定说起。依据《中华人民共和国著作权法（2001）》第 22 条第 8 款规定，“图书馆、档案馆、纪念馆、博物馆、美术馆等为陈列或者保存版本的需要，复制本馆收藏的作品”，这显然无法为“资源提供商严重限制了图书馆可适用的著作权例外”这一论点提供论据。因为图书馆通过许可协议而获得的信息资源，可能只是获得访问权。这种资源获取模式显然不同于以往的“购买—收藏”模式，而只是订购—访问。显然，我国现行著作权法律规定的“收藏”无法从字义上涵盖“订购”，而且我国现行著作权法律也未对复制技术和复制数量加以明确限定。实际上，如本章第一节所述，数字资源的长期保存不同于非数字资源的长期保存，一份复制件绝大多数情况下都无法满足保存的需要。但是，在法律本身也没有明确规定的情况下，资源提供商通过许可协议对图书馆保存资源的有关适用条件加以严格约定，似乎显得“理直气壮”。

表 7－7　许可协议对我国图书馆可享有的复制权例外的制约

许可协议名称	协议内容
中国科学技术信息研究所签订的“SPRINGER 在线回溯数据协议”	2.1（d）要求：被许可人可以对 Springer 内容中包括的个别图书的非实质性部分进行复制和储存单一的备份。禁止被许可人和授权使用者复制和储存整本图书，但被许可人可以从 Springer 内容的电子版制作一份电子格式的 Springer 内容复制件以作为文件备份保存或出于档案的目的
施普林格 SPRINGER-LINK 集团采购许可协议书	3.2 要求：被许可人可以利用许可资料的电子文本对所有许可资料制作一份电子副本及 1 份纸本副本以作为备份和出于存档目的而保留。对列在附件 3.1 中的订阅资料和列在附件 3.2 中的未订阅资料都允许行使这种本地存档的权利

此外，笔者通过调研的许可协议发现，在信息网络传播方面，资源提供商

在许可协议中的约定也相当严格，如表7-8所示。

表7-8 许可协议对我国图书馆可享有的信息网络传播权例外的制约

许可协议名称	协议内容
中国科学技术信息研究所签订的“SPRINGER在线回溯数据协议”	2.1（e）要求：在Springer同意的情况下，被许可人可以授权远程使用者通过被许可人建立和强制执行的安全访问程序远程查阅Springer内容
施普林格SPRINGER-LINK集团采购许可协议书	1.5要求：如果被许可人提供公众访问其图书馆馆藏，被许可人也可以在图书馆内向出于学术、研究和个人使用的公众提供访问并允许其复制许可资料。不允许公众对许可资料进行任何形式的远程访问
中国科学院国家科学图书馆与Wiley Inter-Science签订的使用许可	1（c）要求：被许可方及其授权用户可从其线上公用检索目录（OPAC）的记录、图书馆目录、本地托管数据或图书馆网页，创建与Wiley InterScience的链接，但条件是：该链接不会使授权用户以外的其他任何人使用许可内容，或将该许可内容用于任何付费或商业服务

与许可协议对可适用于图书馆的复制权例外和信息网络传播权例外相比，在技术措施规避方面，资源提供商在许可协议中的约定更为严格。如表7-9所示，多数资源提供商均要求，无论图书馆是出于何种目的，均不得对许可产品中包含的任何软件，进行逆向工程、反编译或分解，即禁止任何技术措施规避行为。

表7-9 许可协议对我国图书馆可享有的技术措施规避例外的制约

许可协议名称	协议内容
中国科学技术信息研究所签订的“SPRINGER在线回溯数据协议”	2.3（g）要求：被许可人不应对任何包括在SpringerLink或Springer内容中的软件进行反向工程、反编译、反汇编
中国科学院国家科学图书馆与Elsevier签订的许可协议（有效期2005～2007年）	GTC3要求：对许可产品中包含的任何软件，订户不得进行逆向工程、反编译或分解。然而，如果一家法院根据其当地法律认可订户有上述权利且不能放弃此种权利。这种权利应当仅限于对诸如软件的互用性等的研究且不得使用这种方式影响许可产品的商业价值

第四，有多种理由使得资源提供商愿意通过许可协议确定买卖关系，而图

书馆也不能完全反对资源提供商以这种方式来让图书馆获得资源的使用许可。即是说，一方面，资源提供商拥有资源可提供；另一方面，图书馆拥有购买力获取资源。在双方你情我愿的前提下达成的协议，应该得到认可。尽管如此，越来越多图书馆的资源采购案例表明，许可协议并非完全是双方意愿的真实表达，多数许可协议已演变成为资源提供商“单方面的立法”（Unilateral Legislation）。也就是说，许多资源许可协议并没有完全考虑、尊重、实现图书馆依照著作权法律规定应当享有的著作权例外，而是凌驾（Override）于图书馆享有的著作权例外之上，甚至是完全替代了这种著作权例外，并最终建立起一种比著作权法律的限制还要严格的限制。通常来说，许可协议都会涉及诸多术语和使用条件，资源使用授权方在设计这类术语和使用条件时，往往没有法定的责任去考虑信息获取方面的公众利益，而更多的是考虑如何实现自身利润的最大化。随着越来越多的数字资源以许可协议的方式提供给图书馆使用，鉴于许可协议严格的使用限制，事实上，著作权赋予公众或者图书馆的、有关版权拥有人专有权利的例外规定，已经形同虚设。因此，在数字环境下，因应许可协议的限制，维持并进一步拓展信息获取方面的公众利益显得尤其重要。

第五，作为一部体现公众在信息利用方面的合法权益的资源许可协议，需要充分考虑版权、隐私、知识自由以及消费者权利，而不应该排除或者只是消极地影响法律规定的、公众在使用版权作品时应当享有的合法权益。资源许可协议需要成为版权法律的一种有效补充，而不是取代版权法律的规定。对于那些限制或凌驾于著作权例外规定之上、而且相关协议条款只是资源提供方的单方面约定、资源订购方完全没有与之商量余地的资源许可协议，应该有相应的立法规定对其进行管制。无论一项资源许可协议的规定如何严格，都必须满足用户最基本的信息使用方式，比如，出于个人使用目的的阅读、下载或打印等。

五、技术措施成为图书馆享有著作权例外的重要障碍

技术措施是著作权人为了控制作品的使用而设置的保护屏障。一般来说，技术措施包括防火墙技术、信息智能识别技术、信息加密技术、防泄密技术、信息自动恢复技术等。作为一种自力救济方式，技术措施可以使著作权持有人

在法律反应不及的情况下，有效地应对网络技术的发展给著作权人的利益带来的威胁，使权利人能够确保仅仅传播一份数字作品的复制件，并不必然导致无限制的使用扩散，从而避免作品所有者因为担心没法控制作品的传播而决定完全不采用数字形式去传播作品的可能，以致最终影响到一般大众的信息获取。因此，技术措施受到各国法律的承认。然而，“一刀切”的原理使得技术措施本身并不能根据实际情况的需要灵活分辨合法与非法的信息传播。例如，反复制装置、水印等技术措施，往往使得图书馆无法顺利地对自身订购的数据库作品进行复制、下载或开展馆际互借服务，而文献传递或馆际互借又往往是图书馆遵守著作权例外规定开展业务的具体体现。特别是在 e-First、e-Only 的环境下，图书馆提供服务的资源基本是电子资源，都是可以由技术措施来控制传播与利用的资源类型。在此情形下，如果没有对技术措施给予适当的规避例外，那么，技术措施势必影响图书馆顺利开展读者服务，并最终挤压图书馆享有的著作权例外空间。

可适用于图书馆的著作权例外的存在，为图书馆开展资源建设与信息服务带来很大的便利。但是，从当前世界主要国家的情况看，可适用于图书馆的著作权例外与图书馆的业务实践并不协调。在数字资源长期保存成为图书馆需要重点面对的问题之时，这种不协调更是明显。此外，可适用于图书馆的技术措施规避例外的不足，给图书馆进行数字资源的开发利用与保存也带来很大的障碍。数字图书馆能否成为可适用于图书馆的著作权例外的适用主体，更是数字化、网络化环境下图书馆界寻求著作权例外在图书馆领域的应用得到突破的重要寄托。

与主要国家在适用于图书馆的著作权例外的立法规定相比，从总体上分析，我国现行著作权法律有关例外规定存在的不足主要表现为：我国现行著作权法有关例外规定缺乏灵活性；我国现行著作权法并没有适用图书馆的法定许可；在图书馆可享有的著作权专有使用权例外方面，我国现行著作权法律的规定模糊、甚至是缺失；我国著作权法律有关例外规定的缺失使得图书馆享有的著作权例外空间较为狭窄；著作权法律有关例外规定存在模糊性。

技术措施与资源许可协议的联合，将使得资源拥有者的权益得到绝对无限制的保护。可以说，版权保护、技术措施、保护技术措施的法律规定和许可协议为资源拥有者提供了四层重要的保护。在我国可适用于图书馆的著作权例外的立法规定存在不足的基础上，我国图书馆界对可适用于图书馆的著作权例外的知晓程度不高、重视意识不足和反映可适用于图书馆的著作权例外诉求的积极性不高，都在很大程度上制约我国图书馆利用可适用于图书馆的著作权例外开展资源建设与信息服务。值得注意的是，上述因素的存在，在很大程度上导致我国图书馆侵犯著作权的风险依然存在。

第八章　立法建议与图书馆应对策略

适用于图书馆的著作权例外有利于知识的传播，对人类各种活动及价值观的形成，比如自由、政治权利的实施，经济、社会及个人发展有着重要作用[319]。如第七章分析，虽然可适用于图书馆的著作权例外给图书馆资源建设和信息服务带来方便，但是，从目前情况看，无论是在发达国家，还是在发展中国家，可适用于图书馆的著作权例外立法规定与图书馆实践活动均存在不协调。与主要国家现行著作权法律有关图书馆可适用的著作权例外规定相比，我国在此方面的规定仍相对缺失、模糊和狭窄。因此，为更好地促进我国图书馆各项业务活动的开展，有必要基于对世界主要国家在图书馆可适用的复制权例外、信息网络传播权例外和技术措施规避例外立法规定的共性分析，以我国现行著作权法律可适用于图书馆的著作权例外规定与我国图书馆业务实践的不协调为现实依据，结合当前图书馆界，特别是我国图书馆界，对可适用于图书馆的著作权例外的诉求，构建适合我国图书馆的著作权例外立法框架，并从图书馆可适用的著作权例外角度，探讨我国图书馆规避著作权侵权风险的对策建议。

第一节　图书馆界对可适用于图书馆的著作权例外的诉求

如第七章所述，在当前情况下，包括国际性著作权协议在内，多数国家著作权法律赋予图书馆的著作权例外并不能充分满足图书馆资源建设与信息服务的需要。尽管如此，包括 IFLA、eIFL 等国际图书馆组织在内，各国图书馆协会或国家性图书馆，往往会通过发表行业性的版权声明或指南、文献传播原则和推荐许可协议模型，一方面表明自身对与图书馆相关的版权问题特别是图书馆在著作权例外方面的立场和态度；一方面也针对可适用于图书馆的著作权例外立法规定的不足，根据图书馆的实践活动的需要，反映自身对可适用于图书馆的著作权例外的诉求。实际上，自20世纪50代以来，图书馆界反映自身对著作权例外诉求的行动就一直未有停顿。在构建适用我国图书馆的著作权例外立法框架时，从与国际接轨的角度考虑，我们不仅要关注国内图书馆界的诉求，更要放眼世界，了解国际图书馆界较为关注的可适用于图书馆的著作权例外问题。

一、IFLA对图书馆可适用的著作权例外的诉求

作为国际性图书馆组织，IFLA对可适用于图书馆的著作权例外的立场与态度，往往具有国际代表性。目前，在IFLA发表的声明、原则、宣言或指南中，与图书馆可适用的著作权例外相关的、能够反映出图书馆界对著作权例外诉求的文件，主要包括1954年IFLA《国际借阅与文献传递原则与程序》（*International Lending and Document Delivery: Principles and Guidelines for Procedure*）、2000年IFLA《国际图联关于在数字环境下版权问题的立场》（*The IFLA Position on Copyright in the Digital Environment*）、2004年IFLA《数字环境下著作权及邻接权的限制与例外：国际图书馆界的视角》（*Limitations and Exceptions to Copyright and Neighbouring Rights in the Digital Environment: An International Library Perspective*）和2005年《IFLA与知识存取条约》（*IFLA and the Access to Knowledge(A2K) Treaty*）4份文件。此外，2001年《IFLA许可原则》（*IFLA Licensing Principles*）也对图书馆可适用的图书馆例外作了强调[320]，即将面向非数字环境的图书馆著作权例外进一步拓展到数字环境，并呼吁各国著作权法律从程序和政策方面进行相应调整。

1. 1954年IFLA《国际借阅与文献传递原则与程序》

1954年首次制定、1987年局部修订并在1978年和2001年经历两次全面修订的《国际借阅与文献传递原则与程序》，较为全面地阐述了IFLA有关各国馆际互借与文献传递应遵循的原则与实施方针。其中，第6项专门针对图书馆可适用的著作权例外作了指导，主要内容包括[321]：(1) 这些与版权和国际馆际互借有关的方针支持《IFLA电子环境下的版权立场声明》[322]，所有图书馆都

应明确这一立场声明；（2）每一个提供文献的图书馆都应熟悉本国版权法并在其范围内工作，提供文献的图书馆应确保发出请求的图书馆可以得到任何相关的版权信息；（3）为研究或个人学习的目的借阅及有限复制，通常都在国家版权法免责的范围内；（4）发出请求的图书馆应对提供文献的图书馆所在国家的版权法有所了解；（5）每一个提供文献的图书馆必须遵守它们的组织达成的许可，这些许可可能对国际馆际互借业务中电子资源的使用有一些限制；（6）图书馆在考虑从许可的资源中进行国际馆际互借时应知道《IFLA 许可原则》[323]；（7）提供文献的图书馆不被强制参与提供使支付了版权费用的复制成为可能的服务。

2. 2000 年 IFLA《国际图联关于在数字环境下版权问题的立场》

2000 年，IFLA 在《国际图联关于在数字环境下版权问题的立场》中指出[324]，数字环境有利于社会所有成员获取信息，特别是有利于发展中国家社会成员以及社会弱势群体获取信息。然而，只有知识产权法以有效的限制和例外继续保持这种平衡时，上述情况才会出现。IFLA 认为，服务于公众利益的版权限制和例外正在受到不断扩大的技术措施保护力度、许可合同限制的威胁。为了保持版权人和用户之间利益的平衡，IFLA 确立以下的原则声明：数字作品与非数字作品在适用著作权法律上并没有什么不同。在不与作品的正常使用发生冲突、并没有不合理地损害作者权益的某些特定情况下，《伯尔尼公约》允许其成员国规定一些著作权例外。1996 年，WCT 和 WPPT 的颁布更新了数字环境下的版权法。通过确认现存的版权例外和限制制度可以在数字环境下继续沿用和扩充，WIPO 成员国否认了数字作品与非数字作品在适用著作权法律方面存在不同的主张。签约的当事人被允许在数字环境下继续沿用和扩展有关版权限制的规定，而且允许在适用的地方增加新的例外规定。为此，IFLA 坚持如下观点，除非被给予这样的例外：允许在以公共利益为目的和诸如教育和研究等合理利用情况下，图书馆和公民可以无偿地接触和使用信息；否则，将存在这样的危险，仅仅只有那些可能承担得起费用的人能够利用信息社会的好处。而这将导致信息差距的扩大。

3. 2004 年 IFLA《数字环境下著作权及邻接权的限制与例外：国际图书馆界的视角》

可以说，2004年IFLA发表的《数字环境下著作权及邻接权的限制与例外：国际图书馆界的视角》，是IFLA最为专注于图书馆可适用的著作权例外问题而发表的一份声明。IFLA强调[325]，除非图书馆和公民享有一定的著作权例外，使得其在不侵犯版权拥有人合法权益，出于公众利益的需要，或者出于教育和研究目的的情况下，免费使用版权作品。否则，将只有那些具有足够支付能力的人士才能享受到信息社会带来的好处，而且也可能导致发达国家和发展中国家信息差距进一步扩大。因此需要从复制权例外、信息资源共享、馆际互借、资源保护与资源长期保存、版权责任、技术措施等方面赋予图书馆享有著作权例外。

4. 2005年《IFLA与知识存取条约》

IFLA 2005年发表了与图书馆可适用的著作权例外较为相关的声明——《IFLA与知识存取条约》。在该声明中，IFLA再次重申了图书馆享有著作权例外的重要意义[326]：鉴于版权拥有人享有可能导致信息创新垄断的著作权使用专有权，建议WIPO制定适用于图书馆的著作权及相关权的、具有强制性和全球性的最基本例外与限制。图书馆担负着为用户提供信息与知识的神圣职责，但这并不意味着图书馆可以直接使用版权作品，因为图书馆通常都得支付一定的费用，否则就会受到使用限制。此外，图书馆还负有责任去传播学习文化，促进本地和本国的经济发展，这就意味着，给予图书馆一定的著作权例外，将更有利于图书馆发挥自身的效能。

IFLA在图书馆可适用的著作权例外方面的诉求，既反映了国际图书馆界对可适用于图书馆的著作权例外的共同呼声，也成为各国图书馆界在向本国立法者反映图书馆可适用的著作权例外诉求时的重要依据和行动指南。比如，2006年，针对《信息网络传播权保护条例》（草案）征询意见时，中国图书馆协会在其反映著作权法律应该为公益性图书馆设置6项例外的《关于网络环境下著作权问题的声明》中，即大量引入2000年IFLA发表的《国际图联关于在数字环境下版权问题的立场》主要观点作为依据。归纳起来，IFLA在图书馆可适用的著作权例外方面的诉求主要涉及：在数字环境下，图书馆需要继续享有著作权例外；出于研究或个人学习的目的而借阅、制作复制件的行为，应该纳入到图书馆可以适用的著作权例外范围；需要从复制权例外、信息资源共享、馆际互借、资源保护与资源长期保存、版权责任、技术措施等方面赋予图书馆享有著作权例外。

二、eIFL 对图书馆可适用的著作权例外的诉求

与 IFLA 一样，致力于推动世界图书馆事业发展的 eIFL，也对图书馆可适用的著作权例外较为关注。针对 2008 年 7 月欧盟发表的《知识经济中的版权（绿皮书）（2008）》所提及的 25 个问题，2008 年 11 月，eIFL 迅速就其中 19 个问题作出响应，表明图书馆界对这些问题的立场与态度。其中，eIFL 的响应多次涉及图书馆可适用的著作权例外，由此反映了图书馆界对可适用于图书馆的著作权例外的基本态度与立法诉求。概括起来，eIFL 的诉求主要涉及以下 8 个方面[266]。

（1）关于许可协议对图书馆可适用的著作权例外的制约。eIFL 强调，目前，图书馆提供信息服务涉及的大多数电子资源都是通过许可协议获得的。这些电子资源包括数据库、电子期刊、电子图书及电子报纸等。它们一般受版权拥有人（通常是出版商）的许可协议保护。一般情况下，基于合同法的双方约定要高于著作权法律的规定，因此，图书馆与出版商签订的许可协议通常比著作权法律更具有约束力。但是，协议自由的原则通常使图书馆处于不利地位，因为版权所有人对作品拥有排他性的垄断权利。图书馆资源建设的多数经验表明，标准的出版商合同条款经常包含了一些不承认用户通过著作权法可获得的合理权利，特别是可适用于用户的著作权例外。由于协议双方的起点本来就不公平，图书馆很难通过协商争取到更多的权利。这就意味着，受公共资金资助的图书馆，往往需要花费大量时间去争取本应是著作权法律规定的合理权利，或者是，支付额外费用去从事原本应该是适用于图书馆的著作权例外所允许的活动。这实质上是对当前有关图书馆可适用的著作权例外立法的破坏。《欧盟信息社会数据库保护指令（1996）》（*Directive 96/9/ec of the European Parliament and of the Council of 11 March 1996 on the Legal Protection of Databases*）第 15 条指出[327]，任何违背著作权例外的合同条款都是无效的。因此，应该严格控制资源提供商通过合同条款制约原本可适用于图书馆的著作权例外。

（2）关于技术措施对图书馆可适用的著作权例外的制约。eIFL 指出，《欧

盟信息社会版权指令（2001）》第6条执行了WIPO第11条的有关规定，即“成员国应规定适当的法律保护，制止任何明知或有合理理由知道仍追求此目标的人所实施的规避有效技术措施的行为”。这实际上是从立法的角度，保护版权拥有人通过技术手段保护自身的专有财产权。因此，版权拥有人可以通过技术措施制定版权作品的检索和使用规则。通常情况下，这种技术措施往往会制约使用户受益的著作权例外条款。因此，立法者已经预见到这种行为所带来的版权拥有人和作品使用者利益上的不平衡，因而鼓励双方从一开始就通过自愿协议解决有关问题。尽管如此，《欧盟信息社会版权指令（2001）》还是要求成员国必须制定相应的条款，确保受益者能够有效利用某些著作权例外。对此，eIFL建议欧盟委员会：合同条款和技术措施的结合为版权拥有人提供数字内容版权保护的新措施。但是，许可协议不应超越（cannot override）著作权法律，技术措施也不应阻止（cannot prevent）用户享有著作权例外。如果不能实现这两点，即使欧盟《知识经济中的版权（绿皮书）（2008）》所提及的强制性著作权例外条款得以实施，也不一定能实现版权领域的和谐与平衡。因此，eIFL强烈呼吁欧盟委员会慎重考虑技术措施与著作权法的关系，防止技术措施凌驾于著作权例外之上。

（3）关于为实施著作权例外是否应该出台用于指导版权拥有人与使用者签订许可协议的指南或政策。eIFL认为不需要出台用于指导版权拥有人和作品使用者签订许可协议的政策，以便实施著作权例外。其理由是：著作权例外是公共的法规条款，广泛适用于所有的受益人，支持研究、教育及其他公共政策目标。著作权例外的实施应该是在公共范围内，而不应该通过私有机构与受益人之间的谈判获得。而且受益群体，如消费者、远程学习者等非常广泛且多样化，因此，这种提议不太实际。著作权例外条款的设立应该灵活，因为立法者不可能预见各种可能的变数。一项著作权例外条款对于使用者的实际价值是由其实施的效果来决定的。例外条款应用的不广泛将削弱其对使用者的价值，而广泛的应用将增强其价值。这不是由版权拥有人与使用者之间的合同协议所能决定的。事实上，这个问题忽视了版权制度最基本的一个方面：版权拥有人具有独占的、垄断的权利，而图书馆需要获取资源以完成自身的使命。维持版权拥有人与广大公众利益之间的平衡是立法者的基本职责。立法者和法庭必须持续肩负起监管著作权例外条款得以顺利落实的职责。合同协议不能代替著作权例外及其实施，而一项著作权例外的持续可行也不应该依赖许可协议的约定。

（4）关于是否应该制定相关的指南、政策或许可协议模型以帮助版权拥有人与使用者之间就著作权例外条款未涉及的问题达成协议。eIFL 认为这个问题所要表达的意思并不明朗。著作权例外的原则是保证使用者获取版权资源。许可协议不应代替著作权例外成为一种获取机制。只要有特定需求且法律不能满足这项新需求，新的法律将会出台。否则，著作权例外将会越来越与现代社会需求相背离，并最终不复存在。这个问题企图创造一项集体性的授权协议。这在任何国家（包括 eIFL 成员国）都行不通，因此，它是不切合实际的解决办法。

（5）关于是否应该强制执行某些著作权例外。eIFL 认为有必要强制执行一些可适用于图书馆的著作权例外。因为强制性的例外将更有利于保证例外条款受益人的合法权利，推动涉及多个成员国的活动和知识产品的交流。当立法者起草《欧盟信息社会版权指令（2001）》时，对每一种例外的适用情形肯定都已仔细考虑过。每一种例外情形都服务于公众的利益，因此，这些例外都是强制性的，并且遵循《伯尔尼公约》规定的三步检验法。

（6）关于图书馆可适用的著作权例外是否应该从格式转换和复制数量等方面加以限定。eIFL 认为，图书馆可适用的著作权例外不应该从格式转换上加以限定。其理由是：《欧盟信息社会版权指令（2001）》第 5 条第 2 款已允许格式转换，因此不需要澄清此项。同样，eIFL 认为，在图书馆可适用的复制权例外方面，也不应该对图书馆制作复制件的数量加以限制。其理由是：在数字时代规定复制的数量是没有意义的。随着技术的发展，格式和硬件的过时，数字资源长期保存是一项持续的任务，而出于数字资源长期保存的目的而需要制作的复制件数量往往难以预料。《美国著作权法（2007）》第 108 条款研究组建议将目前允许图书馆出于替换目的制作 3 份复制件的规定，修正为“允许图书馆根据合理需要制定一定数量的复制件以替换原有复制件”。对于图书馆来说，最好的规定莫过于，允许图书馆在著作权例外范围内，基于合理目的，自由进行格式转换和制作符合保存需要的复制件。

（7）关于图书馆数字化馆藏资源以提供在线访问是否应该纳入图书馆可适用的著作权例外范畴。《欧盟信息社会版权指令（2001）》第 5 条第 3（n）

款明确规定，禁止图书馆扫描馆藏图书并提供在线访问。部分人士认为，图书馆对版权内容数字化以提供网上检索，将使图书馆像 Google Book Search 或 Amazon 那样提供高附加值的服务。但是，eIFL 认为，和 Google 或 Amazon 这些商业机构不一样，图书馆的服务不是以赢利为目的。如果能够允许图书馆在这方面享有著作权例外，那么，图书馆将之前未被广泛利用的资源上传网上，用户则可能通过这种方式发现在实体图书馆中可能被自己忽略的资源。这将激发作者和出版商公开自己的作品，增加销售量，同时也有利于满足在线用户的需求。

（8）关于是否需要制定一项新的可适用于图书馆的著作权例外以解决无主作品数字化的版权问题。eIFL 认为，需要制定一项新的可适用于图书馆的著作权例外，以解决无主作品的数字化问题。如欧盟《知识经济中的版权（绿皮书）（2008）》所述，无主作品已大量出现在数字化工程中，如 Europeana 项目。在该项目建设的第一阶段，Europeana 致力于提供欧洲博物馆、图书馆及档案馆收藏的 200 万个数字对象（包括电影资料、照片、绘画等资源）。像 Europeana 这样大规模的工程需要有更为明确的法律依据以促进其建设的顺利开展。但是，如果无主作品的版权问题得不到妥善解决，那么，很多这类资源在利用方面将大受影响。根据一项估算，超过 20 年的版权作品仅有 4% 可以通过商业途径获得。这意味着 96% 的超过 20 年的版权作品无法通过商业渠道获得，而这些作品或已绝版或已成为无主作品。尽管经过多年的讨论，有关方面仍未能有效解决无主作品的问题。因此，通过制定一项新的可适用于图书馆的著作权例外，将有助于从法律上保证图书馆有效处理无主作品的版权问题。从当前实践活动分析，无主作品的问题已成为欧洲公共资金资助的数字化项目的重要阻碍。决策者、政治家及公众不能理解也不会接受——对发表于 20 世纪的资料进行数字化的过程中存在的问题。因此，eIFL 建议欧盟委员会采取措施达成最终的解决方案。如果需要修正《欧盟信息社会版权指令（2001）》，则应立即修正；如果不修正的话，应单独制订一项解决方案。此外，eIFL 指出，对于涉及多个成员国的无主作品问题，建议通过强制性例外条款来解决。在一半的成员国中实施的著作权例外不能为无主作品问题的解决提供一个完整的解决方案，而只有强制性例外条款才是唯一能行得通且有效的解决方式。

总之，eIFL 认为，没有必要为实施著作权例外而出台用于指导版权拥有人与使用者签订许可协议的指南或政策，也没有必要制定相关的指南、政策或许可协议模型以帮助版权拥有人与使用者之间就著作权例外条款未涉及的问题达成协议。同时，图书馆可适用的著作权例外立法规定，不应该从格式转换和复制数量等方面加以限定。从促进资源传播和知识利用的角度考虑，有必要将图书馆扫描馆藏资源提供在线访问纳入图书馆可适用的著作权例外范畴，而且有必要制定一项新的可适用于图书馆的著作权例外以解决无主作品数字化的版权问题。归纳起来，eIFL 于 2008 年 11 月所反映出来的有关图书馆可适用的著作权例外的核心诉求，主要集中为：许可协议和技术措施不得凌驾于图书馆可适用的著作权例外之上；许可协议的约定完全不能替代著作权法律规定的可适用于图书馆的著作权例外。

三、国外主要国家图书馆界有关图书馆可适用的著作权例外的诉求

不仅国际性图书馆组织在著作权例外方面的诉求可以作为我国图书馆反映可适用于图书馆的著作权例外诉求的重要参照与依据，而且国外国家性图书馆协会或国家性图书馆在此方面的诉求，也可以成为我国图书馆界在反映著作权例外诉求方面的借鉴对象。在这方面，美国、英国和日本等国家图书馆协（学）会或国家性图书馆对可适用于图书馆的著作权例外的立场与态度，具有一定的代表性。

1. 美国图书馆界对图书馆可适用的著作权例外的诉求

在反映图书馆界对适用于图书馆的著作权例外诉求方面，由于美国国会图书馆在美国著作权立法方面的独特地位，无论是在反映诉求的积极性上，还是在诉求的内容上，美国图书馆界的做法尤其值得国内图书馆界借鉴。根据美国图书馆反映的可适用于图书馆的著作权例外诉求的系统性与专指性，可以将美国图书馆界反映的可适用于图书馆的著作权例外划分为两个阶段：第一阶段是 2008 年以前，此阶段美国图书馆界反映的著作权例外诉求较为零散，主要体现在 1995 年《电子时代的合理使用：服务于公众利益》（*Fair Use in the Electronic Age*：*Serving the Public Interest*）、1997 年《关于数字信息环境下合理使用指南的立场声明》（*AALL Guidelines on the Fair Use of Copyrighted Works by Law Libraries*）、1998 年 ICOLC《电子资源选购的当今视角与首选范例的声明》

(*Statement of Current Perspective and Preferred Practices for the Selection and Purchase of Electronic Information*) 和 2004 年《WIPO 国际发展议程中有关图书馆的原则》(*Library-Related Principles for the International Development Agenda of the World Intellectual Property Organization*) 等文件中；第二阶段是 2008 年直至现在，此阶段美国图书馆界反映的著作权例外诉求较为系统、专指，集中体现在 2008 年 3 月底《美国著作权法（2007）》第 108 条款研究组发布的有关图书馆可适用的著作权例外研究报告（*The Section* 108 *Study Group Report*）中。

（1）2008 年之前美国图书馆界有关图书馆可适用的著作权例外的诉求。

第一，1995 年《电子时代的合理使用：服务于公众利益》反映的美国图书馆界有关图书馆可适用的著作权例外的诉求。1995 年 1 月，美国图书馆协会协同美国法律图书馆协会、美国大学医疗卫生学图书馆馆长协会、美国研究图书馆协会、美国医学图书馆协会、美国专门图书馆协会等多家图书馆协会联合发表《电子时代的合理使用：服务于公众利益》的原则声明[328]，指出在传统信息环境和电子信息环境中，保持权利平衡，对信息的自由流动以及建设服务于公众利益的信息基础设施是至关重要的。由于越来越多的信息只能通过电子方式获得，因此，必须保护图书馆在利用受版权保护作品方面享有一定的著作权例外。为了使版权真正服务于其推动科学和艺术进步的宗旨，该声明强调，图书馆代表公众的利益，它应该有权利为用户提供相应的服务。因此，图书馆应该在以下方面享有著作权例外，图书馆从事这些活动均应不被视为侵权（without infringing copyright）：（1）将版权作品作为电子阅览室的一项服务资源提供给用户使用；（2）通过原文传递服务向用户提供版权作品；（3）资源提供商与图书馆签署的许可使用不得限制图书馆享有的合理使用以及其他法定的著作权例外。

第二，1997 年《关于数字信息环境下合理使用指南的立场声明》反映的美国图书馆界有关图书馆可适用的著作权例外的诉求。1997 年 1 月，美国法律图书馆协会（American Association of Law Libraries，AALL）发表了《关于数字信息环境下合理使用指南的立场声明》，并于 2001 年对其进行修订[329]。该声明主要强调保留版权法中的合理使用和其他例外条款至关重要，并从复制本馆收藏的资源、营利性图书馆为馆外用户提供复制件、营利性图书馆为本馆用户提供复制件、印刷型作品的印刷型复制件、印刷型作品的数字型复制件、数字作品的印刷型复制件、数字作品的数字型复制件、从其他图书馆获取复制件（包括通过馆际互借为用户提供复制件）、馆外用户访问数字作品、不同类型图书馆的复制、出于保存目的的复制（涉及存储设备老化、未发表作品的复制、新闻列表的复制）、为单个用户提供一份复制件、向多个用户提供多份同一内容的复制件等问题入手，阐明美国法律图书馆协会认为图书馆在这些方面必须享有相关著作权例外的态度。

第三，1998 年 ICOLC《电子资源选购的当今视角与首选范例的声明》反映的美国图书馆界有关图书馆可适用的著作权例外的诉求。成立于 1997 年、由世界各地的图书馆联盟加盟组成的图书馆联盟国际联合体（International Coalition of Library Consortia，ICOLC）在《电子资源选购的当今视角与首选范例的声明》就合理使用与图书馆应该享有的著作权例外表明了态度。关于合理使用，ICOLC 指出[330]，本声明所指的合理使用并不特指某一国家某一部著作权法律规定的合理使用适用情形，而是包括所有允许出于教育、研究、评估以及其他促进人类社会文明进步的目的而复制版权作品或版权作品一部分的法定概括性的著作权例外。依据这种著作权例外，作品使用者在使用作品时完全不需要征得版权拥有人的许可也无须向其支付报酬。此外，ICOLC 进一步强调，许可协议应该允许授权用户出于非商业使用、教育、学习和科研等目的对所有资源享有"合理使用"，包括无限制的浏览、下载和打印。同时，资源提供商应该允许两家学术图书馆之间，出于教学和研究的目的，采用非营利性馆际互借的方式，提供数字资源的数字复制件。

第四，2004 年《WIPO 国际发展议程中有关图书馆的原则》反映的美国图书馆界有关图书馆可适用的著作权例外的诉求。2004 年 12 月，由美国法律图书馆协会联合美国图书馆协会、研究图书馆协会、国际图书馆协会与机构联盟、医学图书馆协会以及专业图书馆协会等多个图书馆协会签署的《WIPO 国际发展议程中有关图书馆的原则》，阐述了知识产权保护对经济发展的影响以及赋予图书馆、教育机构以及残障人士足够的著作权例外的重要意义。2005 年 1 月，IFLA 版权与其他法律事务委员会（Committee on Copyright and other Legal Matters，CLM）认定并通过该原则。在该原则中，美国图书馆界关于图书馆可适用的著作权例外的诉求包括以下 7 点[331]：（1）图书馆可以为了保存复制馆藏中已出版和未出版作品的内容，或将内容复制到新型载体上；（2）图书馆可以将通过合法途径获得的作品借给其他用户而无需支付额外费用；（3）图书馆或其他教育机构可以将合法获取的文献作品通过网络传播以支持课堂教学或远程学习，前提是保证不会给版权所有者带来不合理的损害；（4）在一定的条件下，图书馆或者教育机构可以复制作品以用于课堂教学；（5）图书馆可以将馆藏资源从一种格式转为另一种格式以方便残障人士的获取；（6）为便于保存、教育和研究利用，图书馆可以对仍处于版权保护期的作品进行复制，但不能出于商业目的；（7）在确保不对版权构成侵权使用的情况下，应该允许技术措施规避例外的存在。

通过分析可知，在2008年之前，美国图书馆界对图书馆在复制、信息网络传播和技术措施等方面应该享有的著作权例外，虽未做具体详细的说明，但是提出了具有原则性的立法诉求。比如，经过IFLA认定并上升为国际图书馆界代表性呼声的2004年《WIPO国际发展议程中有关图书馆的原则》中提到[332]，“其他双边或多边协议的规定不得凌驾于本文件规定的目的和政策之上”，而且“本文件是一项国际性和国家性的原则声明，许可协议不得与之相抵”。这实际上是从国际层面，为各国图书馆平等享有著作权例外提供依据。虽然，该原则“并不会作为法定语言”，但是，该原则却为国际或各国图书馆界寻求数字环境下图书馆应该享有的著作权例外指明了方向。

（2）2008年以来美国图书馆界有关图书馆可适用的著作权例外的诉求。

成立于2005年的《美国著作权法》第108条款研究组致力于推进数字时代图书馆享有的著作权例外。2008年3月，该研究组发布了图书馆可适用的著作权例外的研究报告，提出的相关建议将作为向国会提交立法草案与立法建议的主要依据，并有希望被纳入到新一轮修订的《美国著作权法》中，该报告的主体由3部分组成：关于修订《美国著作权法》的立法建议，修订《美国著作权法》的研究结论，以及关于其他相关著作权问题的讨论结论。归纳起来，美国图书馆界通过2008年3月发布的适用于图书馆的著作权例外研究报告，反映出来的有关图书馆可适用的著作权例外诉求，主要体现在以下7个方面[311]。

第一，关于适用于图书馆的著作权例外的主体资格。《美国著作权法》第108条款研究组从两个方面就图书馆成为著作权例外适用主体的资格提出建议。一是要求规定适用于图书馆的著作权例外的主体资格。即可适用于图书馆的著作权例外的主体必须：具有服务于公共利益的使命；开展相关业务活动，包括资源采购、选择、组织、描述、保管、检索、保存与传播；开展参考咨询等；拥有专业的从业人员，比如图书馆员、信息科学家、资源保管专家等。拥有合法的或者授权使用的资源。二是建议承包图书馆外包业务的承包者在完成图书馆委托的外包业务的过程中，可以作为适用于图书馆的著作权例外的适用主体。但承包者必须满足如下条件：（1）费用由图书馆提供，受委托的业务不是为了直接或间接的商业利益；（2）只允许保留完成合同规定的服务所需的复制件；（3）对于侵犯著作权的情况，要具有承担赔偿的能力。

第二，关于图书馆出于替换的目的适用的复制权例外。《美国著作权法(2007)》第108条（c）款目前允许图书馆出于替换的目的，保存馆藏资源的3份复制件。为了应对数字技术的影响，研究组认为：（1）第108条（c）款应该修改为，允许图书馆出于替换的目的保存馆藏资源适当数量的复制件；（2）“易碎性”应该被添加到可以实施替换的触发条件中；（3）“禁止在馆外借阅数字化的替换复制件”应该修改为，如果作品原件以数字化格式存储于物理介质上，这些介质可以在离线的情况下供用户使用，那么，在确保采用同样存储介质和技术措施的前提下，应该允许图书馆外借该出于替换目的而制作的复制件。

第三，关于保存未出版的作品而适用的复制权例外。《美国著作权法(2007)》第108条（b）款允许图书馆和档案馆基于保存、保证安全和存储的考虑，保留未出版作品的3份复制件。为了应对数字技术的影响，研究组认为：（1）第108条（b）款应该限制为未出版的作品。（2）在复制件数量限制方面，必须考虑以下主要因素：①第108条（b）款关于3份复制件的限制应该修订为允许图书馆和档案馆保存未出版作品的有限数量复制件，只要该数量对于创造和维护用于保存或安全目的的复制件是必要而合理的。这一修订也适用于同一内容的数字作品。②第108条（b）款（或者著作权法实施条例）应该指明，对于接受来自其他图书馆或档案馆的未出版作品的存缴复制件的那些图书馆或档案馆，不允许其进一步复制以用于本馆或他馆保存。（3）第108条（b）款禁止馆外借阅未出版作品的数字复制件的规定应该修改为，如果作品原件以数字化格式存储于物理介质上，而且这些介质可以在离线的情况下供用户使用，那么，在确保采用同样存储介质和技术措施的前提下，应该允许图书馆外借该复制件。

第四，关于保存公开发行的作品而适用的复制权例外。《美国著作权法（2007）》第108条款并未对保存已出版作品的复制件加以规定，而仅仅是适用于未出版作品。许多已出版的作品，特别是数字作品，如果复制件没有在受到损害以前保存的话可能会面临丢失的风险。是否应该增加一项著作权例外说明，允许图书馆在这类作品受毁坏或丢失之前就制作其复制件。这一例外是否可以适用于那些已在公众中传播、但其复制件未被公众获取从而不被视为已出版的作品？对此，研究组的立法建议为：（1）《美国著作权法（2007）》第108条款应该增加一个例外，允许图书馆保留有限数量的复制件，这些复制包括图书馆收藏的已出版作品和未出版但已经在公众中传播的作品。确定复制件数量时，需要考虑以下3个因素：①对于创造和维持一份用于保存目的的复制件，该数量是合理的，符合最佳实践的要求；②保存的复制件可以依据第108条（c）款或（h）款的相关规定再次进行复制；③保存的复制件要贴上标签。（2）决定图书馆是否有资格利用这一例外时应该考虑如下两个因素：①以一种安全的、公认的最佳实践管理和监控环境的方式维持保存复制件。而数字化保存应该注意的普遍原则包括：提供一种开放的、明晰的存储审计方式；拥有支持长期保存费用的能力；作出保存使命的承诺。②如果有资格的图书馆或者档案馆终止业务或者不能有效管理其馆藏，提供一个保存复制件的后续计划。（3）适用于这一例外的资格标准应该对那些拥有有限资源，不能够凭借自身力量建造复杂保存系统的图书馆及相关机构留有余地。

第五，关于保存公众可以在线获取的内容而适用的复制权例外。公众可在线获取的内容（包括网站）带来了一些新问题，但现行《美国著作权法（2007）》第108条款并不能解决这些问题。是否应该在第108条款中增加一种例外，允许图书馆和档案馆获取和复制公众可在线获取的内容，以进行保存和提供获取。对此，研究组认为：（1）第108条款应该增加新的著作权例外允许图书馆和档案馆获取和复制公众可在线获取的内容，以进行保存，并且用户可获取图书馆制作的复制件以便用于个人学习、学术或科研。但必须满足以下两个条件：①这一例外可适用的资源，必须是公开传播在线内容（比如网站），用户访问时不需要接受访问控制或经过其他注册程序；②允许图书馆将这些获取的内容远程提供给它们的用户，但只能是在一定期限后。（2）图书馆和档案馆不得参与任何在本质上可能损害资源正常使用，或者是影响提供此类资源的网络站点的运营活动。（3）图书馆需要给这类资源复制件的合法使用作出说明，阐述这类资源的可获取性和使用条件，如仅能用于个人学习、学术或科研。

第六，关于电视新闻节目可适用的复制权例外。《美国著作权法（2007）》第108条（f）款第3项允许图书馆制作已经停止广播的电视新闻节目的复制件，并将其提供给用户。是否应该修订这些例外，允许图书馆在传播这些节目复制件享有新的著作权例外？对此，研究组认为，在原节目停止播送一定时间后，图书馆根据用户出于个人学习、学术或科研的需求，可以采用流媒体技术，允许用户通过在线方式观看这些节目的复制件。

第七，出于便于用户学习、研究或个人使用目的而可适用的复制权例外。《美国著作权法（2007）》第108条（d）款和（e）款允许图书馆复制馆藏作品并将单个复制件传递给用户，包括在某些条件下通过馆际互借向特定图书馆提供复制件。随着数字技术的发展，是否需要对此进行修改？研究组认为：（1）第108条（d）款和（e）款规定的只能复制一次的限制应该修改，使其更能符合数字作品的属性，比如，应该修改为允许制作适当数量的复制件，只要该数目对图书馆提供单一复制件给提出请求的用户是合理而且必要的。但是，图书馆需要确保所有以电子方式传输的数字复制件必须得到充分的保护，防止未授权的复制或传输。（2）第108条（d）款和（e）款应该允许以电子化方式传送复制件，只要图书馆采取合适的保护措施：①确保只向提出具体请求的用户提供复制件；②阻止未经授权的复制和传递行为。研究组成员一致认为，保护措施是否“合适”的认定取决于作品类型和使用情景，但是对于什么样的措施是合适的评判标准，特别是对于“无论在何种情形下是否都要求有技术措施提供保护”这一问题并未达成一致。（3）当前有关“复制件应该成为用户财产的一部分”的规定应该修改为图书馆不可以保留任何在该条款下复制的作品用于增加其馆藏或者方便进一步的馆际互借。（4）允许用户发出馆际互借的请求，但只能通过特定的图书馆，而不能直接向其他馆提出请求。这是当前的规定，是否需要进一步修改，研究组未形成一致意见。（5）第108条（c）款和

(e) 款规定的“公平价格”这一术语和第108条 (h) 款中的“合理价格”应统一以免引起混淆。

归纳起来，2008年3月，《美国著作权法》第108条款研究组在图书馆可适用的著作权例外方面，其核心诉求主要体现在可适用于图书馆的复制权例外，主要结合数字资源的特点和数字资源长期保存引发的新问题，以此作为图书馆需要享有一系列新的著作权例外的依据。虽然该报告对可适用于图书馆的信息网络传播权例外、数字图书馆能否成为可适用于图书馆的著作权例外主体和图书馆在技术措施规避方面享有的例外等方面有所涉及，但由于研究组成员未达成一致共识。因此，与这方面相关的可适用于图书馆的著作权例外诉求也未形成统一建议予以呈现。

2. 英国图书馆界对图书馆可适用的著作权例外的诉求

在“大英图书馆知识产权宣言”中，大英图书馆指出[333]，如果要保证英国的创新型经济得到繁荣、发展，就不能破坏传统的知识产权平衡。因此，有6个关键领域是《Gowers知识产权评论》(*Gowers Review of Intellectual Property*)[334]在构建数字时代英国的知识经济框架时应当顾及的。其中，与可适用于图书馆的著作权例外相关的两点为：(1) 数字化并没有什么不同——前数字时代可适用于图书馆的合理使用和其他著作权例外应该延伸到数字世界中；(2) 许可协议、技术措施及与数字作品有关的合约不应该凌驾于《英国版权、外观设计和专利法案》所允许的、适用于图书馆的著作权例外之上。

与此同时，大英图书馆已清楚地意识到，在从印本向数字化转变的过程中，平衡作为版权制度的核心理念，正在因研究人员和学者利用版权作品的日益困难而渐渐失衡。作为国家性图书馆，大英图书馆一直致力于维护版权拥有人的合理权益，同时确保社会公众能够自由获取信息和交流思想，并维持个体赢利性和社会公益性两者的动态平衡。2008年3月，大英图书馆专门启动了一项有320位读者参与的版权调查[335]。调查内容主要涉及：合理使用可适用的作品类型；是否应该为印本资料和同一内容的数字资料规定不同的著作权例外；著作权限制与例外的适用主体；可适用著作权例外的版权作品的利用方式；图书馆是否需要对用户使用版权作品实施监控；将复制权例外的作品类型扩展到音频制品、电影作品和电视作品后，是否对用户自身的研究真正有帮助等。

调研结果表明，93%的受调查者同意，从事非商业研究的任何人，都应该被允许复制电子出版物的部分内容，如在线论文、新闻广播、影片或录音。87%的受调查者表示，相对于印刷型媒体可适用的著作权例外，他们应该能够在使用数字媒体时享有一定的著作权例外。68%的受调查者表示，无论材料是纸本的，还是数字格式的，合理使用均应该可以适用，并要求将合理使用可适用的作品类型扩展到录音制品和录像制品中。受调查者认为，允许学生自由获取作为教学参考资料的音像制作具有重要的教育意义。事实上，限制合理使用在某类作品方面的适用，往往没有任何实际意义，而允许用户对录音制品、电影和广播作品进行合理使用，并不会对版权拥有人造成什么经济损失。

3. 其他国家图书馆界对图书馆可适用的著作权例外的诉求

不仅美国和英国图书馆界积极反映图书馆可适用的著作权例外诉求，日本、加拿大和德国等国家的图书馆界对此问题也高度重视。2005 年 8 月，日本图书馆协会著作权委员会（Japan Library Association Copyright Committee）在向 IFLA 提交的著作权立法建议中指出：图书馆通过馆际互借获得的资料，如同其可以在借出馆供用户复制和阅读一样，也应该可以供借入馆的用户复制和阅读；图书馆用户出于研究和学习的目的可以在图书馆内打印从互联网上获取的资料；图书馆可以出于保存的目的制作那些在复制或重现方面存在障碍的作品的复制件；图书馆可以部分或全部复制由政府机构发行的有关公共关系的文件和报告；图书馆可以为那些有阅读障碍的人士提供音像制品或公共传播节目的复制件；图书馆可通过互联网或传真传递版权作品。此外，加拿大国家许可项目（Canadian National Site Licensing Project）[336]和德国大学图书馆协会（Dutch Association of University Libraries）[337]也通过自身推出的资源采购协议指南，反映出图书馆界对可适用于图书馆的著作权例外的诉求。

四、我国图书馆界有关图书馆可适用的著作权例外的诉求

由于在我国立法机制中图书馆可发挥作用的力量不大，现行著作权法律有关图书馆可适用的著作权例外规定的明显不足，以及我国图书馆界对图书馆可适用的著作权例外的重视意识不够等原因，与国外图书馆界对可适用于图书馆的著

作权例外的诉求呈现出非常明显的时效性、专指性、系统性相比，我国图书馆界有关图书馆可适用的著作权例外诉求仍未形成规模，时效性、系统性与专指性也亟待加强。

尽管如此，2006年中国图书馆学会正式发表了《关于网络环境下著作权问题的声明》，反映我国图书馆界对可适用于图书馆的信息传播权例外的诉求。自此，我国图书馆界对可适用于图书馆的著作权例外诉求，开始突破仅仅是在部分学者的论文和专著中加以探讨的模式。在本研究进行的过程中，笔者专门设置了反映我国图书馆界对可适用于图书馆的著作权例外诉求的调查问卷。调查结果表明，我国图书馆界多数从业人员认为我国现行可适用于图书馆的著作权例外存在诸多不足，而寻求改变这一现状的意愿也相当明显强烈。

1. 制约我国图书馆可适用的著作权例外的主要因素

根据调查问卷的统计分析，如表8－1所示，有91.7%（221/241）的受调查者认为，我国现有著作权法律可适用于图书馆的著作权例外空间较为狭小。而我国图书馆界对可适用于图书馆的著作权例外没有给予足够的重视，则是目前我国在可适用于图书馆的著作权例外方面存在的第二个主要问题。

在制约我国图书馆可适用的著作权例外方面，采用对多项选择题的第二种统计方法（详见第一章）进行统计，结果表明，如图8－1所示，在制约我国图书馆可适用的著作权例外的4种因素中，约有99.17%（239/241）的受调查认为，著作权法律规定不足是图书馆在著作权例外方面受制约的主要原因。而在所有受调查者认为影响图书馆可适用的著作权例外的所有因素中，著作权法律规定不足（239/825）所占的比例为28.97%。这在一定程度上表明，我国现行著作权法律关于图书馆可适用的著作权例外立法规定的不足是影响我国图书馆可适用的著作权例外最主要的一种因素。

表8－1　我国图书馆目前在著作权例外方面遭遇的主要问题

选项	选择数	百分比
现有适用于图书馆的著作权例外空间受到版权拥有人的挤压	208	86.31%
图书馆缺乏用于维护自身的著作权例外空间的专业人才	127	52.70%
图书馆界对可适用于图书馆的著作权例外没有给予足够的重视	212	87.97%
图书馆界对著作权例外认识模糊	200	82.99%

现有适用于图书馆的著作权例外空间较为狭小	221	91.70%
现有适用于图书馆的著作权例外规定较为模糊	200	82.99%

注：选项为多选题，有效问卷数241。

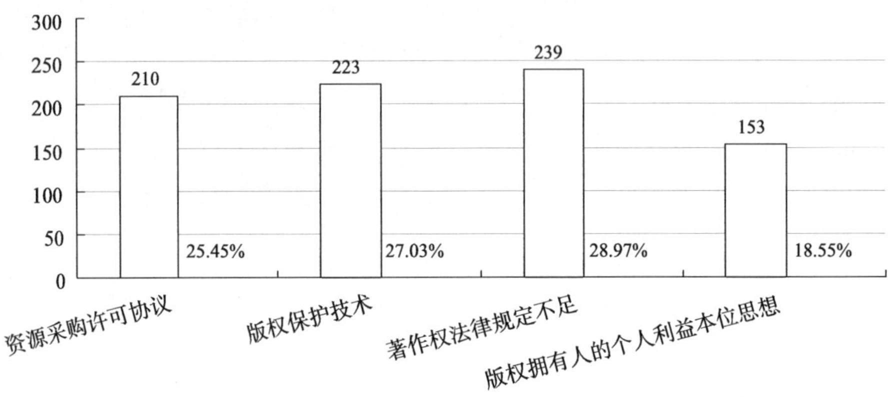

图8－1　制约我国可适用于图书馆的著作权例外的主要因素

2. 我国图书馆界对图书馆可适用的著作权例外的诉求

针对国内图书馆界对可适用于图书馆的著作权例外诉求的调查发现，有将近99.17%的受调查者认为，提升图书馆参与到著作权立法活动中的地位是目前国内图书馆最为关注的诉求。明晰适用于图书馆的著作权例外规定和进一步扩大图书馆可享有的著作权例外空间，则在受关注的强度、程度上分别居于第2和第3重要的位置，如表8－2所示。

表8－2　国内图书馆界对可适用于图书馆的著作权例外诉求

选项	选择数	百分比
明晰适用于图书馆的著作权例外规定	237	98.34%
不同类型的图书馆应该享有不同程度的著作权例外	178	73.86%
由国际图书馆组织发起，加强国际间图书馆享有的著作权例外的行业交流	218	90.46%
提升图书馆参与到著作权立法活动中的地位	239	99.17%
进一步扩大图书馆享有的著作权例外空间	220	91.29%
尽快制定《图书馆法》	170	70.54%
中国图书馆学会制定明确的著作权指南，如馆际互借指南	159	65.98%
设置专门负责知识产权研究与纠纷处理的岗位	167	69.29%

注：选项为多选题，有效问卷数241。

由于我国现行可适用于图书馆的著作权例外立法规定存在诸多不足，因此，在如何拓展可适用于图书馆的著作权例外空间的举措方面，与“密切关注图书馆的最新业务动向，及时将著作权例外的有关诉求反映给立法机构”这一受到81.74%受调查者支持的措施相比，我国有95.02%的受调查者认为，在提升图书馆可适用的著作权例外的多种渠道中，“国际性或国家性图书馆组织踊跃制定具有国际性或国家性的著作权例外行业规定或指南”最为重要。这可在一定程度上表明，在我国图书馆实践活动中，国际性或国家性的著作权例外行业规定或指南具有较大的影响力。与此相比，约89.63%的受调查者认为，拓展我国图书馆可适用的著作权例外，除了加强本国著作权法律在此方面的立法规定外，更重要的是，国际性或国家性图书馆组织需要积极参与到著作权立法活动中，这也是图书馆扩展图书馆可适用的著作权例外的重要举措，如表8－3所示。

表8－3　扩展图书馆享有的著作权例外空间较为重要的举措

选项	选择数	百分比
国际性或国家性图书馆组织积极参与到著作权立法活动中	216	89.63%
国际性或国家性图书馆组织踊跃制定具有国际性或国家性的著作权例外行业规定或指南	239	95.02%
密切关注图书馆的最新业务动向，及时将著作权例外的有关诉求反映给立法机构	197	81.74%
图书馆界通过举行学术研讨会等多种方式密切关注图书馆的著作权问题	147	61.00%

注：选项为多选题，有效问卷数241。

第二节　可适用于我国图书馆的著作权例外立法框架

一、构建适用于我国图书馆的著作权例外立法框架的必要性

迅速发展的数字技术改变了人们创作、传播、存储和访问作品的方式。一方面，版权人包括文字作品创作者、音乐作品创作者、出版社、计算机程序员、唱片公司和电影制作公司多以数字形式创作和传播作品。因此，涉及数字作品的版权问题也变得越来越复杂。另一方面，数字技术的发展也进一步提升

了用户访问作品的期望，他们更希望以一种更为方便快捷的方式，从计算机桌面获得来自本地或远程的各种可靠信息。在此基础上，图书馆如何在著作权法律允许的范围内，提供更高效的信息服务已成为图书馆界普遍重视的问题。然而，在立法层面上，我国当前可适用于图书馆的著作权例外立法存在模糊、狭窄，甚至是缺失等不足；在实践层面上，多数图书馆从业人员对可适用于图书馆的著作权例外重视不够，与图书馆相关的侵犯著作权的法律诉讼时有发生，图书馆侵权风险不明朗的信息服务活动仍在继续。因此，从促进图书馆资源建设与信息服务顺利开展的目的考虑，构建适用于我国图书馆的著作权例外立法框架，显得相当必要。

二、构建适用于我国图书馆的著作权例外立法框架的法理依据

平衡著作权专有利益与社会公众利益是著作权法立法者一直追求的价值目标。利益平衡原理构成整个著作权制度的理论基础，也是指导著作权的立法设计和司法实践活动的根本原则。著作权专有使用权是著作权法律所要确认和保护的版权拥有人的利益，而针对著作权专有使用权的例外规定，则是著作权法律对版权作品使用者利益的承认与保护。两者相互协调，动态平衡，是实现利己主义和利他主义的重要手段。适用于图书馆的著作权例外的存在，正是这种实现手段的一种具体呈现。

第一，知识产品具有私人产品和社会产品的双重属性是图书馆可适用的著作权例外存在的重要依据。知识产品的双重属性表现在知识产品的创造和知识产权价值的实现上。一是在知识产品的创造方面。知识产品是智力创造者体力和脑力劳动的结晶，在一定程度上体现了智力创造者的人格，是个人创造性劳动的产物。但是，任何智力创造劳动都是在继承前人优秀文化的基础上加以取舍的结果，创作者需要从人类共享的知识宝库中吸收养料，其接受教育和培养的过程正是对已有知识积累加学习、吸收、消化的过程。二是在知识产品的价值实现上。在很大程度上，知识产品价值的实现甚至增值都离不开市场的推动，是市场主体之间行为相互作用形成的利益结果，也是这种相互行为催生的新增的知识公共积累。如果绝对地将知识产品视为个人的财富而不考虑能更广泛地促进科学、文化和经济发展的社会公共利益，将会歪曲知识产品价值实现

与增值的过程，并最终损害社会公共利益。著作权法律需要确保社会公共利益的价值，这已在长期的著作权法立法和司法实践中得到确认。图书馆作为人类文化保存机构与传播载体，赋予图书馆足够的著作权例外，将有利于扩大知识产品的传播范围与被利用程度。

第二，权利行使方式的平衡和权能的平衡构成了著作权专有使用权和图书馆可适用的著作权例外这两者之间平衡的基本状态。一方面版权拥有人的著作权专有使用权受到著作权法律保护；另一方面，版权作品使用者，特别是图书馆，可以从著作权法律规定的著作权例外获益。利益平衡原则在实质上反映了法律上权利和义务的公正和适当的配置，即在规定著作权拥有者享有广泛的专有权利的同时，也通过著作权专有使用权的例外对著作权专有使用权加以制约。依据著作权例外构建的著作权专有使用权和图书馆可适用的著作权例外之间的平衡的基本状态包括：权利行使方式的平衡，即著作权拥有人和图书馆各自对版权作品的利用方式不得侵犯彼此的权益；权能平衡，即当社会的发展、技术的进步以及对知识产品新的利用方式严重影响到著作权拥有人的利益时，应当增加新的权能来弥补著作权拥有人由此而可能遭受的损失。当某项权能过于保护著作权拥有人的利益，而不利于图书馆对其利用时，则需要对权能作出必要的制约，调整可适用于图书馆的著作权例外。

第三，可适用于图书馆的著作权例外并不是固定不变的。一般认为，权能平衡的具体表现形式包括合理使用、法定许可、强制许可、默示许可、权利穷竭、公共秩序保留等。需要强调的是，著作权中利益平衡是一种动态的过程，随着社会、经济和文化的发展而不断地被调整，具有暂时性和相对性，不平衡往往是常态。正是基于对理想平衡状态的探求与追索，才推动了著作权立法修订活动的开展并最终促进著作权法律的进一步完善。适用于图书馆的著作权例外，是著作权例外在图书馆领域的具体体现。图书馆作为人类知识遗产的保存者和传播者，是沟通版权拥有人和版权使用者的重要桥梁。动态地赋予图书馆享有一定的著作权例外，表面上是方便图书馆开展资源建设与信息服务，实质是上有利于更广泛更深入地促进人类知识的共享与传播，并最终推动人类的知识创新。

三、构建适用于我国图书馆的著作权例外立法框架的原则

适用于图书馆的著作权例外作为著作权例外的一个分支，构建适用于我国图书馆的著作权例外，必须符合著作权例外立法的一般性原则。虽然国际立法界未就著作权例外立法原则达成统一认识，但是，有关学者在这方面的研究结论无疑具有借鉴性。阿姆斯特丹大学信息法律研究所（Institute for Information Law University of Amsterdam）P. Bernt Hugenholtz 和明尼苏达州大学法学院（University of Minnesota Law School）Ruth L. Okediji 认为[338]，著作权例外与限制主要包括标的物的例外与限制、财产权的例外与限制以及《伯尔尼公约》规定的两种特殊例外与限制，即补偿的例外与限制以及不给补偿的例外与限制。有鉴于此，合理可行的著作权例外需要满足5项标准：（1）有利于消除贸易障碍，尤其要考虑信息服务提供者的活动需要；（2）能够为信息利用提供便利；（3）有利于促进创新和推动竞争；（4）为促进和强化基本自由的机制提供支持；（5）采用明确措施促进知识传播所必需的合理平衡，以维持国际版权框架中有关条款的一致性和稳定性。当然，构建适用于我国图书馆的著作权例外立法框架，既需要借鉴国外在此方面的立法规定和研究成果，更要立足于国内的具体情况。综合起来，构建适用于我国图书馆的著作权例外立法框架，需要考虑以下七项原则。

1. 关注世界，立足国情

了解主要国家有关图书馆可适用的著作权例外立法现状，结合我国图书馆的实践需要，以更为合理地构建适用于我国图书馆发展的著作权例外立法框架。依据第二章的分析可知，当前世界多数国家有关图书馆可适用的著作权例外立法规定体现为成文法呈现、类型多样性、国家相异性和相互影响性等特点，虽然各国有关图书馆可适用的著作权例外因各国历史文化传统与发展现状的不同而有所差异，但是，随着国际化程度的进一步提升，国家之间相互借鉴可适用于图书馆的著作权例外立法规定已成为提高本国立法效率的有效措施。比如，目前国际立法界正在高度关注无主作品可适用的著作权例外问题，那么，从与国际接轨的角度，我国立法者需要关注追踪这种态势。同样，如第四章所述，世界多数国家有关图书馆可适用的复制权例外，既有从适用目的上加以细分，也有从适用的作品类型上进行区别规定，相对于我国著作权法律有关

图书馆可适用的复制权例外规定较为笼统的现状，完全有必要借鉴国外在此方面的先进立法模式。虽然如此，制定可适用于我国图书馆的著作权例外，也需要立足于我国的具体国情，特别是我国图书馆事业的发展水平。一般情况下，著作权例外是相对于著作权专有使用权的例外，如果某一对象不能成为著作权保护的对象，那么，也就无所谓针对该对象的著作权例外适用。比如，考虑到我国的具体国情，现行著作权法律并未对临时复制件提供著作权保护，于是，针对临时复制件也就无所谓著作权例外适用。因此，与《美国著作权法（2007）》和《欧盟电子商务指令（2000）》规定信息网络提供者在涉及临时复制件时享有侵权责任例外（详见第五章）相比，构建适用于我国图书馆的著作权例外立法框架，就没有必要专门针对临时复制件制定可适用于图书馆的著作权例外。当然，立足国情，更重要的是要立足于我国图书馆事业的发展现状和我国图书馆界对可适用于图书馆的著作权例外的诉求，动态调整可适用于我国图书馆的著作权例外的有关规定。

2. *以三步检验法为可适用于图书馆的著作权例外立法框架的基准*

适用于图书馆的著作权例外是一类需要动态调整的立法规定，三步检验法有利于缓和法律滞后性的负面影响。欧盟在《知识经济中的版权（绿皮书）（2008）》中指出，三步检验法是衡量所有著作权例外条款的基准。尽管这种解释已成为共识，但是，法学研究者却提出了质疑，认为《伯尔尼公约》制定的三步检验法只能适用于该公约第 9 条第 1 款所规定的复制权，而不适用于该公约规定的其他财产权。2008 年 7 月，欧洲有关学者发表了《平衡解读著作权三步检验法宣言》（*Declaration: a Balanced Interpretation of the "three - step test" in Copyright*）[339]，并指出三步检验法将著作权限制和例外的适用范围限制在特定情况下的著作权专有使用权，但不会阻止：立法机关引入开放的著作权限制和例外条款，只要类似的限制和例外条款能够被合理的预见；法庭将现有的著作权法定限制和例外条款应用到类似的实际情况中去；或在立法范围内制定新的著作权限制和例外条款。事实上，该宣言从一定程度上表明，三步检验法为动态调整可适用于图书馆的著作权例外立法规定提供依据，可作为适用于图书馆的著作权例外立法框架的基准。

3. *合理协调概括性著作权例外与适用特定目的的著作权例外*

概括性例外是指未有明确规定可适用目的，但明确规定图书馆为可适用主体的一类著作权例外，如允许出于“图书馆的目的”，包括图书馆行政管理的需要，图书馆可制作版权作品的复制件。与适用特定目的的著作权例外相比，比如，出于研究的目的、出于保存或替换的目的，可适用于图书馆的概括性例外范围更广些。从平衡版权拥有人和版权作品使用者利益的角度，需要将两者合理协调。目前，我国著作权法律并没有设置适用于图书馆的概括性例外，在《中华人民共和国著作权法（2001）》第22条有关图书馆出于保存或陈列的需要而享有复制权例外，但是，这种图书馆可适用的著作权例外只是一种针对具体目的的著作权例外。因此，从协调、平衡的角度考虑，有必要增设可适用于我国图书馆的概括性著作权例外。同时，在图书馆可适用的复制权例外方面，参照国外的有关规定，可以将之细分为5种特定目的（详见第四章分析）。

4. 合理协调针对若干项与单独某项的著作权专有使用权的例外

依照当前多数国家著作权法律的有关规定，合理使用、法定许可等能够给版权作品使用者带来若干项著作权专有使用权的例外。比如，只要满足合理使用的条件，即可以享有包括翻译权和复制权等在内的若干项著作权例外，我国现行著作权法律关于图书馆可适用的合理使用，即是采用这样的规定。与这类可以给作品使用者带来若干项著作权专有使用权的例外相比，某项著作权专有权的例外，只能是具体针对单独的著作权专有使用权的例外，如复制权例外、信息网络传播权例外。可见，前者比后者能够给图书馆带来更大空间的著作权例外。需要指出的是，目前我国图书馆可适用的合理使用（也有学者认为我国未对合理使用采用开放式立法模式，而只是采用封闭式立法模式规定合理使用，从而认为我国未设置真正意义上的合理使用），并未明确图书馆出于保存或陈列的目的，可以翻译或复制的对象究竟是已经发表的作品，还是未发表的作品，而只是采用“本馆收藏的作品”这样的表达，相当模糊。同时，依据《中华人民共和国著作权法（2001）》第22条第1款第8项的规定，这种图书馆可适用的合理使用，只明确列出图书馆可适用的著作权例外为复制权例外，对其他著作权专有使用权是否可以同样适用，该条款并未指明。依据该法第22条第6项，尽管这种只规定适用目的，未明确规定适用主体，但图书馆依据自身的职能仍可以适用的著作权例外，图书馆可以同时享有复制权与翻译权的例外，但是，与有关国家著作权法关于图书馆可适用的合理使用的有关规定相比，我国在这方面的规定能够给予图书馆可享有的著作权例外空间是相当狭窄的。比如，《美国著作权法（2007）》第 107 条有关合理使用的规定，明确指出可以同时适用于已发表作品和未发表作品，而且有关使用方式的规定为“以制作复制件或录音制品方式，或本条规定的其他任何方式使用作品”，意味着只要满足该条款有关合理使用的四项检验标准，作为该条款可适用主体之一的图书馆，可以享有的著作权例外远远不会被局限于复制权例外和翻译权例外。当然，虽然有些国家著作权法律关于合理使用的有关规定能够给图书馆带来更大空间的著作权例外，但并不能一味扩大这类图书馆可适用的著作权例外。从平衡的角度考虑，设置合理可行的可适用于图书馆的某项著作权专有使用权的例外，也相当必要，需要动态合理协调这两类图书馆可适用的著作权例外。

5. 合理协调法定著作权例外与声明性著作权例外

合理协调图书馆可适用的法定著作权例外与声明性著作权例外，是制定可适用于我国图书馆的著作权例外立法框架时需要考虑的又一原则。本书有关图书馆可适用的复制权例外、信息网络传播权和技术措施规避例外的讨论，如没有特别说明，均是建立在全部权利保留这一前提下的法定著作权例外，而图书馆可适用的著作权声明性例外，则是根据版权拥有人有关作品使用的自我声明图书馆可享有的著作权例外情形。如前文所述，如果版权拥有人出于某种意愿，声明放弃某项著作权专有使用权，则著作权作品的利用者即可无偿地行使该项权利。目前，比较有名的声明性著作权例外是创作共享协议（Creative Commons，CC），共有 6 种形式：“署名”（Attribution）、“署名 + 非商业用途”（Attribution & NonCommercial）、“署名 + 非商业用途 + 相同方式分享”（Attribution & NonCommercial & ShareAlike）、“署名 + 禁止派生作品”（Attribution & NoDerives）、“署名 + 禁止派生作品 + 非商业用途”（Attribution & NoDerives & NonCommercials）和“署名 + 相同方式分享”（Attribution & Share & Alike）。虽然声明性著作权例外依赖于版权拥有人的自我意愿，但是，作为图书馆可适用的一类著作权例外，声明性著作权例外依然在一定程度上弥补了我国当前著作权法律有关图书馆可适用的著作权例外规定的不足。合理协调图书馆可适用的法定著作权例外与声明性著作权例外，最主要的是从立法上确定可适用于图书馆的声明性著作权例外的合理性。可适用于图书馆的法定著作权例外，只是较为基本的一类著作权例外，在有明确证据可以证明版权拥有人允许哪种声明性著作权例外的情况下，声明性著作权例外的明晰性和权威性甚至要高于法定著作权例外。

6. 合理协调量化规定与非量化规定

构建适用于我国图书馆的著作权例外立法框架，需要综合采用量化规定与非量化规定。所谓量化规定，是指在图书馆可适用的著作权例外规定中明确限定数目。例如，在适用于图书馆的复制权例外规定中，根据不同使用目的和不同的作品类型，明确限定图书馆制作复制件的数目、来源期刊种类数、来源文章数、来源专著篇幅的百分比和复制周期等。依据第四章的分析可知，目前，《美国著作权法（2007）》、《英国著作权、外观设计与专利法（2007）》和《澳大利亚著作权法（2008）》等著作权法律均有多项条款，在不同角度上对涉及图书馆可适用的著作权例外，作出非常具体的数目限定。与此相比，非量化规定即是在图书馆可适用的著作权例外条款中，未进行明确的具体数目限制，或者只是采用一些定性描述的表达，如“一定数量”、“少数”、“少量”和“一定期限内”等。与量化规定相比，非量化规定更为灵活，在某些情况下，可以弥补法律滞后性的不足。但是，由于未对相关数目加以明确规定，在具体司法实践中，由于法官的自由裁量度相对较大，如何在实际案例中，依据非量化规定，进行合理的量化裁决，很有可能会引致争议。但是，如果完全采用量化规定，也会因为封闭式立法模式固有的缺陷而让法律未能及时适用于图书馆实践的需要，而严重阻碍图书馆的资源建设与信息服务。诚如第七章所述，美国、英国和澳大利亚图书馆当前开展的数字资源长期保存活动与这些国家现行著作权法律可适用于图书馆的著作权例外规定的不协调，多数情况下就是根源于著作权法律对数量限定过于严格。此外，在本章前文有关当前美国图书馆界对图书馆可适用的著作权例外诉求的分析中，《美国著作权法》第108条款研究组要求将《美国著作权法（2007）》现有规定“允许图书馆出于替换的目的，保留馆藏资源的3份复制件”修改为“允许图书馆出于替换的目的保存馆藏资源适当数量的复制件”，也可以在很大程度上证明只有量化规定也会存在不足。由此可见，量化规定与非量化规定均存在不足，纯粹的量化规定或纯粹的非量化规定，均有可能将量化规定或非量化规定各自固有的不足进一步扩大。令人感到遗憾的是，我国现行著作权法律有关图书馆可适用的著作权例外规定，基本就是采用纯粹的非量化规定方式，这种量化规定与非量化规定严重失衡的立法模式，实际上并不利于我国图书馆的实践活动。构建适用于我国图书馆的著作权例外立法框架，既需要制定非量化规定，也不能缺乏量化规定，两者需要保持动态平衡。

7. 动态审查

动态审查可适用于我国图书馆的著作权例外立法规定，是保持可适用于图书馆的著作权例外与图书馆对可适用于图书馆的著作权例外诉求呈现动态一致的重要原则。滞后性是法律固有的一种属性，适用于图书馆的著作权例外立法规定也不能例外。图书馆实践的发展，往往会促使图书馆需要获得新的著作权例外。为此，已经制定的可适用于图书馆的著作权例外机制需要定期进行审查，以便及时将实践的需求在立法规定中加以体现。这就需要建立可适用于图书馆的著作权例外的定期审查机制。事实上，《美国著作权法（2007）》规定国会图书馆馆长每 3 年一次（triennial rulemaking proceeding）动态评估适用技术措施规避例外的作品，《欧盟信息社会版权指令（2001）》第 12 条要求欧洲委员会应向欧洲议会、欧盟理事会以及欧洲社会与经济委员会提交关于该指令实施情况的报告等，都可以反映出国外立法界对著作权例外立法和图书馆可适用的著作权例外规定实施定期审查的重视。

四、适用于我国图书馆的著作权例外立法框架的主要内容

构建适用于我国图书馆著作权例外立法框架是一项复杂而又系统的工作。一方面，需要参照主要国家著作权法律在图书馆可适用的著作权例外方面的立法规定。另一方面，需要密切结合我国的国情，包括：我国著作权法律有关图书馆可适用的著作权例外的立法现状，我国图书馆当前开展的资源建设与信息服务及其涉及的著作权专有使用权，以及我国图书馆界对可适用于图书馆的著作权例外的立法诉求。针对第一方面，依据前文分析，从著作权专有使用权的角度，可以将适用于图书馆的著作权例外划分为复制权例外、信息网络传播权例外和技术措施规避例外。针对第二方面，本书从专家访谈、网站调研、问卷调查、许可协议分析等角度，对与我国图书馆可适用的著作权例外相关的基本情况进行调

研。综合两方面的研究结果，笔者认为，构建适用于我国图书馆的著作权例外立法框架，需要重点考虑包括但不局限于以下 7 个方面的内容。

1. 可适用于我国图书馆的著作权例外的概括性规定

可适用于我国图书馆的著作权例外的概括性规定，是图书馆可适用的著作权例外立法框架的基本立足点。如本章前文所述，包括 IFLA、美国图书馆界发布的、与图书馆可适用的著作权例外相关的多份声明性文件在内，图书馆界对图书馆可适用的著作权例外的重要意义均给予高度重视。因此，可适用于我国图书馆的著作权例外的概括性规定，重点需要从法律层面对可适用于图书馆的著作权例外的法律地位和重要意义予以确认。此外，合理协调资源许可协议、技术措施与图书馆可适用的著作权例外关系，也应该是可适用于图书馆的著作权例外的概括性规定需要涉及的内容。

2. 关于可适用于图书馆的著作权例外的主体资格认定

图书馆需要享有著作权例外，但需要从法律层面上界定图书馆的主体资质。由于图书馆方面立法的缺位，目前国内著作权法并没有关于图书馆资质的明确规定。是否不同类型的图书馆应该适用不同的著作权例外，著作权法律并未加以明确规定。如第四章分析，多数国家著作权法律对图书馆可适用的著作权例外主体加以明确规定。《澳大利亚著作权法（2008）》有关图书馆的规定，在适用于图书馆的不同著作权例外情形中作出不同的规定。不同类型的图书馆是否应该享有不同的著作权例外或者同一项著作权例外对于不同类型的图书馆在限制程度上是否应该有所差别呢？《美国著作权法（2007）》第 108 条款研究组建议，对可适用于图书馆的著作权例外的主体资格应加以界定。美国著作权立法未有将数字图书馆作为独立的法律适用主体（虚拟图书馆或档案馆问题：通常认为第 108 条款不包含纯虚拟的图书馆和档案馆，即那些不通过物理方式开展服务的图书馆或档案馆）。那么，第 108 条款的例外条例是否适用于这类纯虚拟的图书馆或档案馆呢？结果表明，目前只有很少的纯虚拟的图书馆和档案馆能够满足现有的和最新建议的第 108 条款的适用标准。日本版权法将可适用于著作权例外的图书馆主体资格规定为“由内阁法令（Cabinet Order）所认可的、专门向公众提供馆藏资源的图书馆及相关机构”。从世界范围来看，图书馆由于服务目标、公共受益面（这通常与多种因素相关，包括：图书馆的资金来源，如公共资金、私人资金；运行方式，如营利性图书馆、非营利性图书馆；以及对外开放的程度，如对公众开放、仅对特定人群开放）等导致其在服务模式、管理模式和发展规模上存在不同。一般认为，可适用于著作权例外的图书馆，必须符合3个基本条件[340]：非营利性、由公共资金资助建立并运行、向全社会公众开放。只有同时符合这3个条件的图书馆，才能最大限度地维护公共利益，才能与以维护公共利益为要义的著作权例外规定的出发点保持一致。毕竟，为图书馆和档案馆利益而采取限制的目的是允许其履行公共任务，鼓励其在整个社会成员中传播知识和信息，从而促进公益事业发展。此外，图书馆是属于公共投资还是私人投资，是属于营利性的还是非营利性的，是属于服务于一般公众还是仅服务于机构内部的有限群体，决定着图书馆不同的形式和规模，不同的服务目的，以及为公共利益服务的不同程度。在实践中，人们一般认为，著作权例外有利于非营利性的，由公共资金支持和服务于公众的图书馆开展资源建设与信息服务，因为这类图书馆被认为比其他类型的图书馆更能追求更大的公共利益。有鉴于此，在构建适用于我国图书馆的著作权例外立法框架时，有必要制定图书馆主体资格的认定标准，并根据实际需要，可以确定不同类型的图书馆，享有不同的著作权例外。

3. 关于图书馆可适用的合理使用

构建适用于我国图书馆的著作权例外立法框架，需要进一步明确图书馆可适用的合理使用。合理使用主要是指基于公众利益的考虑，在版权作品的复制，或者出于研究、学习、批评、评论、新闻报道、法院审判或其他法定目的而制作复制件时，专门设置的一项例外。作为对著作权的一种必要限制，合理使用是当前各国著作权法普遍采用的一项法律制度，起始于英国的判例法，经历了由判例法到成文法的演变过程。从1740～1839年，英国法官在其审判活动中创制了一系列规则，即允许后来者未经先前作者同意而使用其作品，草创了有关合理使用的范围、功用及法理基础。1841年，美国法官Joseph Story在审理Folsom诉Marsh一案中，系统阐述了合理使用制度的基本思想。针对该案的判决，有学者将之视为美国历史上第一次对合理使用原则的表述[341]。目前，多数国家在著作权法中列举合理使用的范围及条件，少数国家仅在著作权法中规定若干基本原则，具体判断标准交由法院执行。多数情况下，图书馆的复制行为要符合合理使用要求的检验标准，必须考虑：使用的目的和性质；版权作品的性质；使用的数量及引用的版权作品在新作品中所占的实质分量；使用的影响。Kenneth D. Crews 对世界多数国家著作权法律有关图书馆的限制与例外进行分析后指出[342]，可适用于图书馆的例外主要集中在复制权例外和技术措施规避例外。在有的国家，著作权法律还为图书馆提供了更为普遍的著作权例外——合理使用。图书馆除了享有著作权法规定的具体例外，还可引用“合理使用”原则。目前，我国著作权法律有关合理使用的规定采用的是封闭式立法模式，并未能充分、及时满足图书馆实践的需求。从可灵活操作的角度考虑，有必要借鉴如英美等国有关合理使用的开放式立法模式，制定适用于我国图书馆的合理使用条款。

4. 关于图书馆可适用的法定许可与强制许可

与合理使用能够为图书馆带来若干项著作权专有使用权的例外一样，法定许可和强制许可也可为图书馆带来若干项著作权专有使用权的例外。所不同的是，适用合理使用的情形，图书馆不需要支付使用费用；而适用法定许可和强制许可的情形，则需要图书馆在使用作品后支付相应的费用。在构建适用于我国图书馆的著作权例外立法框架时，针对法定许可和强制许可，可以从两方面考虑。

第一，有必要修改图书馆可适用的法定许可的条件。法定许可是指依照著作权法的规定，行为人使用他人已发表的作品，可不必征得权利人的同意，但应向其支付报酬并尊重其权利的一种法律制度。《中华人民共和国著作权法(2001)》第23条、第32条、第39条、第43条对法定许可作了明文规定。与其他国家著作权法关于法定许可的规定相比较，《中华人民共和国著作权法(2001)》规定了一个前提条件，即作者声明保留权利的除外，这与国际上通行的法定许可有较大区别。由此表明，在我国现行的著作权法许可制度中，权利人声明不许使用的作品，则不得进行法定许可使用。因此，针对图书馆可适用的法定许可，是否在适用条件上有所调整，是构建适用于我国图书馆的著作权例外立法框架时需要考虑的重要因素。

第二，增设图书馆可适用的强制许可。强制许可是指在著作权人无正当理由而拒绝与使用者达成使用作品协议的情况下，使用者经向著作权行政管理部门申请并获授权而使用该作品。强制许可不必征得权利人的同意，但应向其支付报酬。强制许可制度的设立，是为了防止著作权人滥用权利，妨碍公众基于正当目的和合理条件使用作品。著作权的强制许可制度最早见于1909年的《美国著作权法（2007）》。该法规定，音乐作品的著作权人一旦许可他人将其作品制作唱片，或明知他人制成唱片而予以容忍时，其他任何人均可将其作品制成唱片，但必须将其录制作品的意思通知著作权人并同时向其支付一定的报酬。1919年英国著作权法也规定了此项制度。随后被《伯尔尼公约》和WCT所认可。我国著作权法没有规定强制许可制度，但是我国加入《伯尔尼公约》和WCT，所以公约中有关强制许可的规定也可适用。如果能在我国著作权法律中对图书馆可适用的强制许可予以确认，将更有利于进一步明确我国图书馆可适用的著作权例外依据。

5. 关于图书馆可适用的复制权例外

从美国在现行著作权法中专门设置第108条款用于解决图书馆的复制权例外，2008年3月《美国著作权法》第108条款研究组有关图书馆可适用的著作权例外诉求聚焦于图书馆可适用的复制权例外，以及IFLA多份有关图书馆可适用的著作权例外文件均在不同程度涉及复制权例外等现象来看，适用于图书馆的复制权例外对于图书馆资源建设与信息服务极其重要。毫无疑问，有关图书馆可适用的复制权例外是构建可适用于图书馆著作权例外立法框架时需要认真对待的因素。从我国现行著作权法律有关可适用于图书馆的复制权例外规定来看，其适用条件之一为：复制对象为图书馆所拥有的馆藏资源，但是，以往单纯基于“购买—拥有”的资源建设模式已经演变为“购买—拥有”与“订购—访问”两种资源建设模式并存。尤其是，随着e－First和e－Only逐渐成为图书馆资源建设主导方向，后一种资源建设模式将逐步成为图书馆资源建设的主流采购模式。在图书馆只是购买资源的访问权而不能像印本时代那样可以一次购买永久保存的情况下，传统意义上适用于图书馆对自身收藏的资源进行复制的例外条款，将不能为图书馆在“订购—访问”资源建设模式成为主流的环境下提供足够复制权例外空间。有鉴于此，构建适用我国图书馆的著作权例外立法体系，在复制权例外方面，需要重点考虑以下4个方面。

第一，明确可适用于图书馆的著作权例外允许复制的适用目的。关于图书馆可适用的复制权例外的适用目的，若规定得过于狭窄，或者是过于宽泛，甚至是不作规定，都不利于执行。结合国外主要国家有关图书馆可适用的复制权例外的适用目的规定，建议在制定我国图书馆可适用的复制权例外时，根据图书馆为保存或替换制作复制件，图书馆为其他图书馆提供复制件，图书馆为研究或学习制作复制件，图书馆为私人使用提供复制件，以及图书馆为管理的需要或提高服务水平制作复制件等情形来确定图书馆可适用的复制权例外。

第二，明确可适用于图书馆的著作权例外所允许复制的作品类型。在传统出版、电子媒体出版和网络出版并存的条件下，作品出版形式日益多样化导致作品类型的多样化。与此同时，图书馆也会收藏一些未正式发表的作品。但是，我国现行著作权法律有关图书馆可适用的著作权例外规定多适用于已正式发表的作品，对于未正式发表的作品，法律实际并未加以明确规定。因此，有必要明确我国图书馆可适用的著作权例外所能适用的作品类型。此外，应明确定义作品的发表和向公众提供的定义，避免采用缺乏专指性的笼统描述。

第三，根据不同的适用目的，对图书馆可适用的复制权例外允许的复制件数量、来源文章数、来源专著篇幅百分比和复制周期等作出限定。我国现行著作权法有关图书馆可适用的著作权例外对允许复制或翻译作品的数目全部采用定性规定，现实中对此容易引起不同的理解而导致不同的处置方式。为避免可适用于图书馆的著作权例外条款的滥用，并确保可适用于图书馆的著作权例外条款能有效平衡版权拥有人和版权作品使用者的利益，有必要在著作权法有关图书馆可适用的著作权例外条款中，根据特定的使用目的，采用较为明确的量化描述。

第四，明确解释可适用于图书馆的著作权例外所允许的复制手段。在著作权法或相关法规中增加关于复制手段应随着技术的进步而拓展的解释，允许图书馆出于展示、替换和保存目的对馆藏作品进行适当数量的数字复制并在一定范围内传播，以消除因缺乏明确的法律规定而导致的理解分歧，从而便于可适用于图书馆的著作权例外规定的实施。

6. 关于图书馆可适用的信息网络传播权例外

在规定适用于我国图书馆的信息网络传播权例外方面，需要协调好适用主体明确规定为图书馆的信息网络传播权例外和适用主体为网络信息提供者的信息网络传播权例外。如第五章分析，当前世界多数国家的著作权法律对适用主体明确为图书馆的信息网络传播权例外的适用条件实行严格限制。从一些著作权法律将信息网络传播权例外适用主体明确规定为图书馆的立法现状来看，对图书馆作为可适用主体而享有的信息网络传播权例外，往往会在适用目的、适用的作品类型上加以限制。而在图书馆作为网络信息提供者而享有的信息网络传播权例外方面，往往会在信息通道、系统缓存、自身网站载有侵权材料以及作为信息搜索工具等方面享有侵权责任例外。目前，虽然我国著作权法律对上述两类可供图书馆适用的信息网络传播权均有所涉及，但是，参照主要国家在信息网络传播权例外方面的立法规定，我国著作权法律并没有对图书馆出于行政管理的目的和利用馆际互借获得的作品在计算机网络传播方面涉及的信息网络传播给予信息网络传播权的例外。因此，从满足我国图书馆基于计算机网络开展信息服务的角度，有必要增设这方面的例外条款。

7. 关于图书馆可适用的技术措施规避例外

由于技术措施并没有失效限期，因而会阻止作品在过了版权保护期后进入公共领域。大英图书馆于 2006 年发表的“大英图书馆知识产权宣言”中强调，不允许资源许可协议和技术措施破坏长久以来存在的著作权限制和例外[343]。虽然从著作权法律角度保护技术措施，有利于缓解数字技术给版权拥有人带来的权利保护挑战。但是，从保持平衡始终是著作权立法宗旨的角度考虑，需要规定技术措施规避的例外。如第六章分析，我国现行著作权法律并没有明确规定图书馆可作为适用主体的技术措施规避例外。从世界多数国家有关技术措施规避例外的立法现状来看，大多数国家在图书馆可适用的技术规避例外方面也是给予非常严格的限制。以美国为例，虽然该国有关技术措施规避例外的规则至今已历经 3 次修订，但该规则的制定主要是从数字作品类型出发来确定可适用的技术措施规避，并没有充分根据数字作品的使用目的和使用者的需求来确定例外，由此已经引发了非常激烈的争议。而根据数字作品使用目的来确定技术措施规避例外的规定，多局限于作出采购该作品的决定之际，如《澳大利亚著作权法（2008）》和《美国著作权法（2007）》。有鉴于此，在制定我国图书馆可适用的技术措施规避例外立法规定时，最好能够从技术措施规避例外的适用目的加以考虑。比如，出于数字作品长期保存的需要，可以在合理限定条件下，允许图书馆规避数字资源技术措施。

第三节　我国图书馆规避著作权侵权风险的对策建议

一、图书馆从复制权例外角度开展数字资源长期保存的对策

对于由图书馆开展的数字资源长期保存活动，由于涉及图书馆自建数字资源、向资源提供商订购的数字资源、网络可公开获取的数字资源及特定用户群体交送的数字资源，因而，图书馆数字资源长期保存涉及的版权问题也较为复杂。从国别角度区分，图书馆数字资源长期保存涉及的作品既包括受国内著作权法律保护的数字作品，也包括受国外著作权法律保护的作品。从作品的版权保护状态区分，图书馆数字资源长期保存的作品既涉及处于版权保护期限内的作品，也涉及已过了版权保护期、进入公共领域但其精神权仍受保护的作品。从版权拥有人是否能够联系到的角度划分，图书馆数字资源长期保存涉及的作品既涉及版权拥有人可联系的数字作品，也涉及版权拥有人无法或难以联系的数字作品（无主作品）。

从世界多数国家当前的著作权立法来分析，即便是著作权立法机制和修订机制较为完善的发达国家，其著作权法律规定的复制权例外也未能满足图书馆数字资源长期保存的复制权例外诉求。一般而言，对于图书馆可以借助复制权例外解决版权问题的作品，均是受版权保护的对象。在此情况下，图书馆在开展数字资源长期保存的过程中，从充分利用图书馆享有的复制权例外的角度，需要做好以下两方面的工作。

首先，图书馆需要明确与作品相关的国际性、地区性或国家性著作权法律，为其享有著作权复制权例外提供明晰的法律依据。由于不同国家的著作权法律对图书馆出于保存的目的而享有的复制权例外，在保存主体的资质认定，保存复制件制作的触发条件，保存复制件的数量，保存复制件的技术手段与存储介质，复制件的传播方式与传播对象等方面均有不同的规定，明晰不同著作权法律有关图书馆可适用的复制权例外规定，能够有效让图书馆避免侵犯著作权，也能够最大限度地节约图书馆数字资源长期保存的成本。

其次，图书馆知晓作品的发表状态。依据一些国家著作权法律的规定，图

书馆出于保存的目的制作复制件而享有的复制权例外，往往会因作品是否发表而在具体限制条件上有所不同。即保存复制件的数量，保存复制件的制作技术，保存复制件的传播范围会对已发表的作品与未发表的作品有不同的适用，如美国现行著作权法有关图书馆出于保存目的制作复制件而享有的复制权例外规定。因此，知晓作品的发表状态，图书馆便可以依据自身能够适用的国际性、地区性或国家性著作权法律规定的复制权例外规定，在数字资源长期保存的实践中，特别是有关资源提供商就数字资源保存协议进行谈判的过程中，最大限度地利用自身可适用的复制权例外。

二、图书馆从信息网络传播权例外角度规避著作权侵权风险

依据第五章的分析可知，图书馆可适用的信息传播权例外划分为适用主体明确规定为图书馆的信息网络传播权例外和适用主体为网络信息提供者的信息网络传播权例外。但是，在适用主体明确规定为图书馆的信息网络传播权例外方面。当前，世界多数国家的著作权法律对适用主体明确为图书馆的信息网络传播权例外的适用条件实行严格限制。而在适用主体为网络信息提供者的信息网络传播权例外方面，图书馆作为网络信息提供者，可以在信息通道、系统缓存、自身网站载有侵权材料以及作为信息搜索工具等方面享有侵权责任例外。由于我国相关著作权法律并未将临时复制纳入著作权保护的范畴，图书馆也就无所谓在临时复制方面享有侵权责任例外。目前，我国《信息网络传播权保护条例（2006）》针对特定的使用目的和特定的作品类型，赋予图书馆在进行计算机网络传播时享有合理使用、法定许可等著作权例外，间接使图书馆获得一揽子著作权专有使用权的例外。因此，在适用于图书馆的信息网络传播权例外方面，我国图书馆可以充分利用适用于图书馆在信息网络传播方面的合理使用、在本馆馆舍内通过计算机网络传播数字作品时可适用于图书馆的信息网络传播权例外、适用于图书馆在信息网络传播方面的法定许可。尽管如此，与《澳大利亚著作权法（2008）》允许图书馆出于行政管理的目的而享有一定的信息网络传播权例外，或者是，对依靠馆际互借而获得的作品可在馆舍内的计算机通过信息网络提供给用户浏览，这样一些规定相比，我国在适用主体明确为图书馆的信息网络传播权例外方面的规定，仍存在明显不足，并不能满足图

书馆实践活动的需要。因此，针对我国著作权法律赋予图书馆可适用的信息网络传播权例外较为有限、但图书馆借助网络开展资源建设与信息服务不可或缺的形势，从可适用于图书馆的信息网络传播权例外角度考虑，我国图书馆避免著作权侵权风险的有效举措主要包括：（1）充分利用法定的适用于图书馆的信息网络传播权例外；（2）在与资源提供商进行资源采购谈判时，充分维护、拓展图书馆在信息网络传播方面的权利；（3）联合其他国家的图书馆组织或者国际性、地区性图书馆组织，制作资源采购协议模型，以便从图书馆角度维护图书馆可适用的信息网络传播权例外；（4）积极响应 eIFL 于 2008 年 11 月提出的有关许可协议与图书馆可适用的著作权例外关系的诉求，即“许可协议和技术措施不得凌驾于图书馆可适用的著作权例外之上；许可协议的约定完全不能替代著作权法律规定的可适用于图书馆的著作权例外”。

三、图书馆从技术措施规避例外角度规避著作权侵权风险

从世界范围看，当前适用于图书馆的技术措施例外体现为 3 个特点：概括性例外与个别性例外并存；对图书馆可适用的技术措施规避例外实施严格限制；个别著作权法律规定建立可适用于图书馆的技术措施规避例外的定期修订机制。即便是在美国、欧盟等发达国家或地区，当前著作权法律及相关法律（如日本对技术措施规避例外的规定主要体现在《反不正当竞争法》中）赋予图书馆的技术措施规避例外，并未能充分地满足图书馆开展资源建设与信息服务的需要。与国外相比，我国在图书馆可适用的技术措施规避例外的立法规定方面，更是显得薄弱，甚至是缺失。但是，如第六章分析，图书馆在版权数字资源利用和版权数字资源保存方面不可避免地会涉及技术措施规避的问题。因此，从可适用于图书馆的技术措施规避例外角度考虑，我国图书馆避免著作权侵权风险的有效举措主要包括：（1）全面收集国际性、地区性图书馆组织，或者是具有代表性的国家图书馆组织所发表的有关图书馆可适用的技术措施规避例外的原则、声明或宣言，在著作权法律有关此方面的规定极为严格的条件下，尽量在资源采购谈判中，让资源提供商意识到赋予图书馆享有技术措施规避例外，将有助于更好地传播知识、提升知识的利用水平，并最终有利于扩大资源提供商的收益。（2）充分利用法定的可适用于图书馆的技术措施规避例

外，既要了解我国现行相关著作权法律在图书馆可适用的技术措施规避方面的例外规定，更要知晓资源提供商所在国现行著作权法律在此方面的例外规定，更要充分掌握双方所在国共同参与的国际性著作权协议、多边协议和双边协议在此方面的例外规定，最大限度地为图书馆享有技术措施规避例外寻求法律依据。

四、积极反映著作权例外立法诉求，参与立法活动

积极反映图书馆界对可适用于图书馆的著作权例外的立法诉求，并参与著作权法律的立法活动，有利于图书馆将资源建设与信息服务引发的可适用于图书馆的著作权例外的新诉求，及时以著作权法律的形式呈现，克服法律固有滞后性的不足，最大限度地缓解当前可适用于图书馆的著作权例外立法规定与图书馆实践需求的不协调。在这方面，国际图书馆组织和国外主要国家图书馆界的做法尤其值得国内图书馆界借鉴。如本章前言分析，IFLA 针对图书馆可适用的著作权例外问题，发表了多份声明、宣言和指南，一方面积极将图书馆界对可适用于图书馆的著作权例外的立法诉求反映给 WIPO 等国际性知识产权组织。另一方面呼吁各国图书馆界以 IFLA 提出的可适用于图书馆的著作权例外诉求为指导，结合本国实际情况，参与本国著作权法律立法活动，积极反映自身对图书馆可适用的著作权例外的诉求。在推动全球图书馆事业发展方面同样非常具有影响力的 eIFL，针对欧盟于 2008 年 7 月发表《知识经济中的知识产权（绿皮书）》，在不到半年的时间内，迅速对该绿皮书涉及的图书馆可适用的著作权例外的 19 个问题作出回应，表明国际性图书馆组织对可适用于图书馆的著作权例外的最新诉求。同样，在国家层面，大英图书馆启动了有 320 名受调查者参与的知识产权调查。美国国会图书馆牵头启动并由《美国著作权法》第 108 条款研究组起草了图书馆可适用的著作权例外研究报告，美国图会图书馆馆长 3 年一次审查可适用于技术措施规避例外的作品是否满足实践的需要。澳大利亚图书馆协会推出了图书馆资源许可协议模型，要求不予承认凌驾于可适用于图书馆的著作权例外之上的协议条款等。这些都在很大程度上表明，图书馆界必须积极出动，及时反映自身对著作权例外的诉求，正所谓“最佳的防守方式是主动出击”。对于我国图书馆界来说，有效规避图书馆侵

犯著作权的风险，最为重要的一个举措就是图书馆要重视图书馆可适用的著作权例外，了解当前著作权有关图书馆可适用的著作权例外规定与图书馆实践需要的不协调，清晰知晓这种不协调存在的原因及其可能的解决方案。事实上，自2006年以来，我国图书馆界已经开始重视网络环境下图书馆应该享有的著作权例外的问题。目前，在新一轮著作权法律酝酿修订的过程中，我国图书馆界已经进一步意识到参与立法，反映诉求的迫切性，图书馆界专门从事知识产权、著作权研究的专家学者结合中国著作权法律在可适用于图书馆的著作权例外规定方面存在的不足，从我国图书馆界的实践活动出发，及时地反映我国图书馆界对可适用于图书馆的著作权例外的立法诉求。

五、充分利用适用于图书馆的法定著作权例外和声明性著作权例外

在声明性著作权例外没有出现之前，图书馆可充分利用的著作权例外均来自于著作权法律的明确规定。随着声明性著作权例外的出现，图书馆可以利用的著作权例外范围进一步扩大。在法定著作权例外方面，图书馆不仅需要充分利用本国著作权法律赋予图书馆的3类例外，即明确规定适用主体为图书馆的著作权例外，明确规定适用主体但图书馆也可适用的著作权例外以及只规定适用的目的而没有明确规定适用主体但图书馆依据其行为性质符合该目的的著作权例外。同时，由于图书馆处理的作品、采购的数字资源有可能来自国外资源提供商，这种情况下，图书馆可以利用国际性著作权协议，如WCT、WPPT、TRIPs或者是图书馆与资源提供商双方所在国家共同参与的双边或多边知识产权协议所规定的可适用于图书馆的著作权例外。比如，根据TRIPs，我国对外国国民适用国民待遇和最惠国待遇，保证外国权利持有人在所有知识产权方面的国民待遇和最惠国待遇全面符合TRIPs。但是，如果我国图书馆侵犯国外版权拥有人的著作权，国外版权拥有人并不会直接利用TRIPs起诉。因为世界上绝大多数国家的法院都不直接受理个人依据TRIPs的起诉，我国法院也不直接援引TRIPs条文。而是有可能利用我国国内法直接起诉我国图书馆或者其主管机构。但是，如果某一方所在国没有相关著作权法就某一问题提供明确规定，则可能会以双方共同参与的国际性著作权协议为依据，或以双方签署的双边或多边版权条约作为处理版权纠纷的法律依据。例如，20世纪70年代我国还没

有制定著作权法时，美国在与我国商谈贸易协定的过程中即要求在我国著作权法公布之前，双方按 WCT 的有关规定保护双方的著作权[344]。当然，在这种情况下，图书馆可适用的著作权例外就可以以国际性著作权协议为准。

需要指出的是，在充分利用法定著作权例外的同时，在与资源提供商谈判时，图书馆还可以借助国外图书馆界制定的、与图书馆可适用的著作权例外相关的行业标准，如馆际互借标准、许可协议模型，作为与资源提供商进行谈判的依据，最大限度地维护图书馆可适用的著作权例外空间。事实上，有些资源提供商也愿意与图书馆以某种行业性指南为双方共同遵循的依据，以解决著作权法律没有规定或规定显得模糊而不易执行的问题。如美国 Science Online 在其与图书馆签订的资源许可协议（*Science Online Publications Institutional Sitewide Subscription Agreement*）中，即允许双方以美国 CONTU 制定的馆际互借标准作为共同遵循的依据[345]。

如果说，基于全部权利保留的，图书馆可适用的法定著作权例外只是给予图书馆自由奔跑的小草地，那么，基于部分权利保留的声明性著作权例外，无疑是给予图书馆可以自由驰骋的大草原。比如，针对“署名 + 非商业用途”这种形式的声明性例外，很明显，版权拥有人让渡了复制权。在此情况下，图书馆在制作该版权作品的复制件时，只要保证署名，而且仅作公益性使用。那么，无论在复制主体、复制技术和复制设备方面，还是在复制件的传播范围、复制数量和复制周期方面，图书馆均可以不用受到诸如法定的、可适用于图书馆的复制权例外那般严格的限制。从当前的实践来看，多数开放获取的资源，其版权拥有者多会遵循 CC 协议。也就是说，这些可供开放获取的资源，其版权拥有人都会在不同程度上让渡著作权专有使用权。在此情况下，图书馆在采集这类资源，或者是利用这类资源提供服务的过程中，就可以充分利用声明性著作权例外，更为自由方便地开展活动。

六、加强可适用于图书馆的著作权例外的宣传推广

了解图书馆可适用的著作权例外，有利于图书馆在日常的资源建设与信息服务中明确自身可以免除著作权侵权责任的边界，避免出现侵权。从调查问卷反馈的结果分析，我国图书馆界大多数从业人员对可适用于图书馆的著作权例

外的了解程度是相当低的。无论是图书馆馆长，还是刚毕业进馆工作的青年图书馆馆员，对国际性著作权法律、国际图书馆组织有关图书馆可适用著作权例外的声明，以及我国著作权法律都较为不熟悉。根据调查结果统计，82.99%的受调查者认为图书馆界对著作权例外认识模糊是目前我国图书馆界在利用可适用于图书馆的著作权例外方面存在的主要问题。为此，有必要加强可适用于图书馆的著作权例外的宣传。从内容上，可以包括可适用于我国图书馆著作权例外的国际性著作权规范性文件，国际图书馆组织或具有代表性的国家图书馆界发布的有关文件，我国现行的著作权法律体系，与图书馆相关的法律法规，以及与图书馆可适用的著作权例外相关的具体条款；从内容的组织形式上，可以以图书馆可适用的复制权例外，信息网络传播权例外和技术措施规避例外为主线，从适用条件、适用主体、适用对象、适用的技术手段、适用设备、适用数量和限制规定等角度将可适用于图书馆的著作权例外相关法规和行业性规范文件进行有效组织；从宣传推广的方式与渠道上，可以通过举办有关图书馆可适用的著作权例外的学术研究会，部门交流会，知识竞赛，或者是网站有奖调查等进行宣传推广。

七、设置著作权研究部门或专职研究岗位

从充分利用图书馆可适用的著作权例外、最大限度地规避图书馆侵犯著作权风险的角度考虑，图书馆有必要设立专门从事著作权研究的岗位，并配置专职人员。一方面是规范图书馆在著作权方面的工作，确保图书馆能够最大限度地利用著作权法赋予自身的例外权利，避免侵犯著作权。另一方面，在出现侵犯著作权时，能够帮助图书馆快速、有效地解决相关著作权争端。目前，国外已经有图书馆设立著作权专职岗位的先例。比如，哥伦比亚大学图书馆设置了专门的版权顾问办公室（Copyright Advisory Office），由两位专职律师和若干兼职法学院高年级学生组成，负责提供与图书馆、信息服务和知识产品生产与经营相关的法律帮助。美国国会图书馆设立《美国著作权法（2007）》第108条款研究组、大英图书馆设置了“版权协调与出版者许可经理”（Copyright Compliance and Publisher Licensing Manager）职位。

与国外图书馆相比，目前国内极少有图书馆设置专门著作权部门或者是专

门的著作权研究岗位。国家图书馆数字资源部版权管理组在2008年中国图书馆学会上进行的国内图书馆知识产权岗位设置调查表明，目前国内绝大多数图书馆均没有设置处理知识产权纠纷的岗位。在笔者调研的60家国内图书馆中，只有国家图书馆、清华大学图书馆、中国科学院国家科学图书馆已经或准备设立专门从事著作权研究的部门或岗位。针对这种情况，从最大限度地发挥图书馆服务公共利益，传播人类知识的角度考虑，鼓励在我国一些实力较有保障的图书馆设置专门从事著作权研究的部门或专职研究岗位。一般地，图书馆从事著作权研究的工作人员应具备以下5个方面的知识：（1）熟悉国内外图书情报行政管理和著作权方面的法律、法规；（2）对世界主要国家著作权法律中可适用于图书馆的著作权例外立法有较为系统的认识；（3）熟悉图书馆资源建设、信息服务和信息资源管理等方面的专业知识；（4）了解国际图书馆协会或其他国家图书馆协会有关图书馆可适用的著作权例外的声明性文件、原则或指南；（5）了解国际版权市场的情况和版权贸易的惯例与规则。

本章分析国内外图书馆界对可适用于图书馆的著作权例外的诉求，以现有世界主要国家著作权法规有关图书馆可适用的著作权例外规定为参照，结合中国大陆著作权法律有关图书馆可适用的著作权例外规定存在的问题，考虑我国图书馆界当前的著作权例外诉求，构建适用于我国图书馆发展需要的图书馆著作权例外立法框架。构建适用于图书馆的著作权例外立法框架需要遵照七项原则，以复制权例外，信息网络传播权例外和技术规避例外为主线，涉及适用于图书馆的著作权例外的图书馆主体认定资格、复制目的、复制对象、复制方式、复制数量等方面。在此基础上，本章从图书馆可适用的著作权例外的角度出发，就图书馆如何规避著作权侵权风险提出了七项建议。

第九章　结　语

第一节　总结与思考

图书馆的职责是收集、组织、保存和传播世界文化和科学遗产，没有适用于图书馆的著作权例外，那么每一次复制和每一次信息传播均需要向版权拥有人支付费用，图书馆将会不堪重负。如果适用于图书馆的著作权例外缺失，那么将会导致珍贵的文化和科学遗产的丢失，或者是使得图书馆及其用户必须承担过多的费用。可见，可适用于图书馆的著作权例外平衡了版权拥有人与社会之间的利益。可适用于图书馆的著作权例外，最终关系到公众的信息获取。因此，无论是法律界，还是图书馆界，均应对此高度重视。本书系统地研究了可适用于图书馆的著作权例外的理论与实践问题，依照既定的逻辑结构安排，形成了以下 10 个分析结论和基本观点。

（1）从著作权专有使用权的角度明确可适用于图书馆的著作权例外体系。当前多数有关图书馆可适用的著作权例外的研究，多是以图书馆的某项资源建设或信息服务为切入口，比如，以图书馆馆藏资源的数字化为研究角度分析图书馆可适用的著作权例外。事实上，只是就图书馆某一项业务的著作权问题展开研究，容易挂一漏万，无法系统论述，而以图书馆主要业务涉及的较有普遍性的著作权专有使用权为切入角度，将某项著作权专有使用权涉及的主要业务活动加以汇总研究，更能抓住共性，有利于全面剖析图书馆资源建设和信息服务涉及的著作权例外问题。

（2）世界多数国家适用于图书馆的著作权例外立法现状可归纳为 4 个板块、2 种类型、5 个特点和 4 种趋势。4 个板块是指在可适用于图书馆的著作权例外方面具有相似性的4个国家和地区，包括英国、南美和安第斯共同体、中部非洲和《班吉协定》成员国和欧盟。两种类型是指在本国著作权成文法中只规定了图书馆可适用的著作权概括性例外和在本国著作权成文法明确规定图书馆可适用的著作权例外的具体情形。5个特点是：成文法呈现、类型多样性、国家相异性、相互影响性和动态调整性。4种趋势是：维持动态平衡性、直接受信息技术影响、国际性的趋势不断加强和标的物更加多样化。

（3）适用于图书馆的著作权例外主要包括复制权例外、信息网络传播权例外和技术措施规避例外。虽然技术措施并不是一项著作权专有使用权，但是，它却对版权拥有人的著作权专有使用权起到保护作用，从而使得其受到与著作权专有使用权几乎同等的立法保护。与著作权专有使用权例外一样，针对技术措施规避的例外对图书馆的资源建设与信息服务同等重要。有效了解上述3类例外及其立法原则，有利于我国图书馆界了解世界多数国家现行著作权法律有关图书馆可适用于著作权例外规定的重点、更为合理地反映自身关于著作权例外的诉求，也为构建我国图书馆可适用的著作权例外立法框架提供借鉴。

（4）关于图书馆可适用的复制权例外。从适用主体上区分，可以将复制权例外分为适用于私人的复制权例外与适用于机构的复制权例外。机构复制的例外主要是指在非商业性、少量复制的前提下，特定机构享有的复制权例外。图书馆可适用的复制权例外即是适用于机构的复制权例外的一种具体情形。从适用的目的划分，可以将图书馆享有的复制权例外归纳为五种类型：图书馆为保存或替换制作复制件而适用的复制权例外，图书馆为其他图书馆提供复制件而适用的复制权例外，图书馆为研究或学习制作复制件而适用的复制权例外，图书馆为私人使用提供复制件而适用的复制权例外，以及图书馆为管理的需要或提高服务水平制作复制件而适用的复制权例外。

（5）关于图书馆可适用的信息网络传播权例外。依据信息网络传播权立法模式和信息网络传播权例外的适用主体这两个角度，可以将适用于图书馆的信息网络传播权例外划分为两类。从信息网络传播权立法模式来看，适用于图书馆的信息网络传播权例外可以分为适用于图书馆的信息网络传播权例外，以及以承载了信息网络传播权保护功能的若干项著作权专有使用权例外所构成的、可适用于图书馆的信息网络传播权例外。从信息网络传播权例外的适用主体来看，适用于图书馆的信息网络传播权例外可以分为适用主体为图书馆的信息网络传播权例外和适用主体为网络信息提供者的信息网络传播权例外。

（6）关于图书馆可适用的技术措施规避例外。非营利性图书馆出于著作权法规定的合理目的，规避专门用于控制版权数字作品的访问或使用的技术措施而不被视为侵权的情形。一般地，规定了保护技术措施的国家，其著作权法律也规定了技术措施规避的例外。概括起来，这些例外主要涉及政府在执行公务中的规避行为；图书馆、档案馆和教育机构为合法存取的目的而对技术措施进行的规避行为。计算机软件合法复制的持有者出于识别与分析程序要素，以便实现与其他程序互相匹配的目的而对技术措施进行的规避行为等。从世界范围看，当前适用于图书馆的技术措施例外体现为3个特点：概括性例外与个别性例外并存；对图书馆可适用的技术措施规避例外实施严格限制；个别著作权法律规定建立可适用于图书馆的技术措施规避例外的定期修订机制。

（7）当前国内外有关图书馆可适用的著作权例外的立法规定并不能充分满足图书馆资源建设与信息服务的需要。当前世界上多数国家有关可适用的著作权例外与图书馆的实践需求并不协调。在可适用于图书馆的复制权例外方面，即便是在发达国家，面对图书馆开展数字资源长期保存所涉及的复制问题，在著作权复制权例外适用上仍存在立法方面的缺失。美国、澳大利亚和英国现行著作权法律有关图书馆可适用的复制权例外的规定不足与图书馆数字资源长期保存日益增长的复制权例外诉求之间的不协调，正是这种现象的重要体现；在图书馆可适用的信息网络传播权例外方面，即便是拥有较为完善的著作权法律制定和修订机制的美国，其现行的著作权法律也未对此加以明确规定；在可适用于图书馆的技术措施规避例外方面，从当前各国著作权法律有关图书馆可适用的技术措施规避例外的规定来看，可适用于图书馆的技术措施规避例外并不能满足图书馆业务发展的需要。澳大利亚、南非和美国等国家在这方面的情况，可在一定程度上反映出这种不协调。与主要国家在适用于图书馆的著作权例外的立法规定相比，从总体上分析，我国现行著作权法律有关例外规定存在的不足主要表现为：我国现行著作权法有关著作权例外的规定缺乏灵活性；我国现行著作权法并没有适用图书馆的法定许可规定；在图书馆可适用的著作权专有使用权例外方面，我国现行著作权法律的规定模糊、甚至是缺失；我国著作权法律有关例外规定的缺失使得图书馆享有的著作权例外空间较为狭窄；著作权法律有关例外规定存在模糊。

（8）图书馆积极反映可适用于图书馆的著作权例外的诉求。包括 IFLA、eIFL 等国际图书馆组织在内，各国图书馆协会或国家性图书馆，往往会通过发表行业性的版权声明或指南、文献传播原则和推荐许可协议模型，一方面表明自身对与图书馆相关的版权问题特别是图书馆在著作权例外方面的立场和态度；一方面也针对可适用于图书馆的著作权例外立法规定的不足，根据图书馆的实践活动的需要，反映自身对可适用于图书馆的著作权例外的诉求。当前 eIFL 对可适用于图书馆的著作权例外诉求聚集于许可协议、技术措施与图书馆可适用的著作权例外的关系，而《美国著作权法》第 108 条款研究组对可适用于图书馆的著作权例外诉求集中在可适用于图书馆的复制权例外。与国外图书馆界相比，我国图书馆对可适用于图书馆的著作权例外诉求仍未形成规模，时效性、系统性与专指性也亟待加强。

（9）构建适用于我国图书馆实际发展需要的著作权例外立法框架。适用于图书馆的著作权例外作为著作权例外的一个分支，构建适用于我国图书馆的著作权例外，必须符合著作权例外立法的一般性原则。构建适用于我国图书馆的著作权例外立法框架，既需要借鉴国外在此方面的立法规定和研究成果，更要立足于国内的具体情况。归纳起来，适用于我国图书馆的著作权例外的立法框架由可适用于图书馆的著作权例外立法原则和立法内容构成。构建适用我国图书馆的著作权例外立法框架需要考虑 7 个方面的原则：①关注世界，立足国情；②以三步检验法为基准；③合理协调概括性著作权例外与适用特定目的的著作权例外；④合理协调若干项著作权专有使用权的例外与单独某项著作权专有使用权的例外；⑤合理协调法定著作权例外与声明性著作权例外；⑥合理协调量化规定与非量化规定；⑦动态审查。构建适用我国图书馆的著作权例外立法框架需要考虑 7 个方面的内容：①可适用于我国图书馆的著作权例外的概括性规定；②关于可适用于图书馆的著作权例外的主体资格认定；③关于图书馆可适用的合理使用；④关于图书馆可适用的法定许可与强制许可；⑤关于图书馆可适用的复制权例外；⑥关于图书馆可适用的信息网络传播权例外；⑦关于图书馆可适用的技术措施规避例外。

（10）图书馆利用可适用于图书馆的著作权例外规避著作权侵权风险。这需要从7个方面重点考虑：①从复制权例外角度开展数字资源长期保存；②从信息网络传播权例外角度规避著作权侵权风险；③从技术措施规避例外角度规避著作权侵权风险；④积极反映著作权例外立法诉求、参与立法活动；⑤充分利用可适用于图书馆的法定著作权例外和声明性著作权例外；⑥加强可适用于图书馆的著作权例外的宣传推广；⑦设置著作权研究部门或专职研究岗位。其中，积极反映图书馆界对可适用于图书馆的著作权例外的立法诉求，参与著作权法律的立法活动，就是要求图书馆有效准确地收集、汇总图书馆在资源建设与信息服务过程中出现的著作权例外诉求，反映给著作权法律立法者，将图书馆界企求的可适用于图书馆的著作权新例外，及时以著作权法律的形式呈现，克服法律固有滞后性的不足，最大限度地缓解可适用于图书馆的著作权例外立法规定与图书馆实践需求的不协调。

第二节　研究展望与存在问题

本书从图书馆可适用的著作权例外的理论研究出发，从可适用于图书馆的复制权例外、信息网络传播权例外和技术措施规避例外3个角度，分析世界主要国家有关图书馆可适用的著作权例外的立法现状、特点、原则和模式，并对国内外当前图书馆界有关图书馆可适用的著作权例外诉求进行调研，结合我国当前著作权法律在可适用于图书馆的著作权例外规定方面的不足，对可适用于我国图书馆的著作权例外立法框架和图书馆基于著作权例外有效规避著作权侵权风险进行了探索和思考，取得了一定成果。总结起来，本书的创新之处主要有如下2个方面。

（1）归纳了可适用于图书馆的著作权例外的3种类型、3种体系、4种趋势和5种特点。本书通过分析世界主要国家有关图书馆可适用的著作权例外的立法规定、案例资料与各种学术理论，对可适用于图书馆的著作权例外做了基本范畴、基本理论、基本原则等问题的探讨，在第二章中，本书首次将适用于图书馆的著作权例外提炼为复制权例外、信息网络传播权例外和技术措施规避例外；在第三章中，本书提炼出可适用于图书馆的著作权例外立法规定的立法体系、现状特点与发展趋势。

（2）构建适用于我国图书馆的著作权例外立法框架，并从图书馆可适用的著作权例外角度，提出图书馆有效规避著作权侵权风险的建议。本书第四章、第五章和第六章分别从图书馆可适用的复制权例外、信息网络传播权和技术措施规避例外等角度，深入比较分析了世界主要国家有关图书馆可适用的著作权例外立法规定的主要内容与共性原则。在此基础上，结合第七章对可适用于图书馆的著作权例外在图书馆的应用分析，参照国外图书馆界对图书馆可适用的著作权例外的诉求，依据我国当前著作权法律有关图书馆可适用的著作权例外的立法现状与我国图书馆界对图书馆可适用的诉求，在第八章中，本书从立法依据、立法原则和立法内容方面，构建了适用于我国图书馆的著作权例外立法框架，并提出图书馆有效规避著作权侵权风险的建议。

适用于图书馆的著作权例外的研究内容比较广泛，从微观到宏观，从理论与实践还有诸多需要进一步深入研究的问题。

（1）需要进一步研究无主作品与图书馆可适用的著作权例外。在实践中，图书馆往往会面临很多无主作品，这类作品的专有财产权通常处于版权保护期限内。与无主作品最为相关的著作权例外是法定许可，即允许图书馆在未征得版权拥有人许可的情况下使用作品，但图书馆必须按自身设置的标准支付报酬。但是，由于其版权拥有人往往难以或者是无法联系到，因此，适用法定许可这种著作权例外的使用情形，往往会因无法联系到版权拥有人而让图书馆在利用这类作品时存在侵犯著作权的风险。目前，虽然已有加拿大和韩国的著作权法律允许使用者通过向政府管理机构提出申请来获得无主作品的使用许可，但是，包括我国在内，多数国家现行著作权法却对此未作明确规定。围绕这方面的研究有利于进一步明晰图书馆可适用的著作权例外问题。

（2）需要进一步研究可适用于图书馆的数据库专有使用权例外。随着e-First和e-Only趋势的进一步增强，数据库已经成为图书馆资源建设过程中较为重要的资源，有关数据库专有使用权例外的问题逐步引起国外图书馆界的重视。与欧盟多个国家通过著作权法律保护数据库专有使用权相比，我国现行著作权法律并未对数据库专有使用权作出明确规定，因此，有关图书馆可适用的数据库专有使用权的例外规定依然缺失。从更有利于图书馆开展资源建设与信息服务的角度，研究这方面的问题也是拓展图书馆可适用的著作权例外空间的重要举措。期待在今后就此方面开展较为专深的研究。

参考文献

[1] Lucie Guibault. The nature and scope of limitations and exceptions to copyright and neighbouring rights with regard to general interest missions for the transmission of knowledge: prospects for their adaptation to the digital environment\[EB/OL\]. \[2009 - 02 - 18\]. e - Copyrright Bulletin(10 - 12). http://unesdoc. unesco. org/images/0013/001396/139671e. pdf.

[2] William New. New Proposal At WIPO For Exceptions and Limitations Agreement; US Unconvinced\[EB/OL\]. 2008 - 03 - 11. \[2009 - 02 - 07\]. http://www. ip - watch. org/weblog/index. php? p = 954.

[3] WIPO. Standing Committee on Copyright and Related Rights Proposal byBrazil, Chile, Nicaragua and Uruguay for Work Related to Exceptions and Limitations\[EB/OL\]. \[2009 - 02 - 28\]. http://ip - watch. org/files/New_proposal_on_exceptions_limitations. pdf.

[4] Teresa Hackett. Exceptions and limitations in copyright vital for Southcountries\[EB/OL\]. 2008 - 11 - 03. \[2009 - 02 - 10\]. http://www. twnside. org. sg/title2/intellectual_property/info. service/2008/twn. ipr. info. 081102. htm.

[5] WIPO. Berne Convention for the Protection of Literary and Artistic Works\[EB/OL\]. \[2009 - 02 - 27\]. http://www. wipo. int/treaties/en/ip/berne/trtdocs_wo001. html.

[6] Kenneth D. Crews. Study on Copyright Limitations and Exceptions for Libraries and Archives\[EB/OL\]. 2008 - 08 - 26. \[2009 - 02 - 27\]. http://www. wipo. int/meetings/en/doc_details. jsp? doc_id = 109192.

[7] WIPO. Berne Convention for the Protection of Literary and Artistic Works\[EB/OL\]. \[2009 - 02 - 27\]. http://www. wipo. int/treaties/en/ip/berne/trtdocs_wo001. html.

[8] WTO. Trade - Related Aspects of Intellectual PropertyRights\[EB/OL\]. \[2009 - 02 - 27\]. http://www. wto. org/english/docs_e/legal_e/27 - TRIPs_01_e. htm.

[9] WTO. Members and Observers \[EB/OL\]. \[2009 - 02 - 27\]. http://www. wto. org/eng-

lish/thewto_e/whatis_e/tif_e/org6_e. htm.

[10] WTO. PART II — Standards concerning the availability, scope and use of Intellectual PropertyRights\[EB/OL\]. \[2009 - 02 - 27\]. http://www. wto. org/english/tratop_e/TRIPs_e/t_agm3_e. html#1.

[11] WIPO. WIPO CopyrightTreaty\[EB/OL\]. \[2009 - 02 - 27\]. http://www. wipo. int/treaties/en/ip/wct/trtdocs_wo033. html#preamble.

[12] WIPO. Member States \[EB/OL\]. \[2009 - 02 - 27\]. http://www. wipo. int/members/en.

[13] WIPO. WIPO CopyrightTreaty\[EB/OL\]. \[2009 - 02 - 27\]. http://www. wipo. int/treaties/en/ip/wct/trtdocs_wo033. html#P83_10885.

[14] WIPO. WIPO Performances and PhonogramsTreaty\[EB/OL\]. \[2009 - 02 - 27\]. http://www. wipo. int/treaties/en/ip/wppt/trtdocs_wo034. html#P133_18440.

[15] UNESCO. Universal Copyright Convention, with Appendix Declaration relating to Article XVII andResolution\[EB/OL\]. \[2009 - 02 - 27\]. http://portal. unesco. org/la/convention. asp? KO = 15381&language = E&order = alpha.

[16] UNESCO. Universal Copyright Convention as revised on 24 July 1971, with Appendix Declaration relating to Article XVII and Resolution concerning Article XI. Paris, 24 July 1971\[EB/OL\]. \[2009 - 02 - 27\]. http://erc. unesco. org/cp/convention. asp? KO = 15241&language = E.

[17] UNESCO. Universal Copyright Convention as revised atParis on 24 July 1971. \[2009 - 02 - 27\]. http://portal. unesco. org/en/ev. php - URL_ID = 15241&URL_DO = DO_TOPIC&URL_SECTION = 201. html.

[18] Kenneth D. Crews. Study on Copyright Limitations and Exceptions for Libraries and Archives\[EB/OL\]. 2008 - 08 - 26. \[2009 - 02 - 27\]. http://www. wipo. int/meetings/en/doc_details. jsp? doc_id = 109192.

[19] U. S. Copyright Law of the United States and Related Laws Contained in Title 17 of the United States Code \[EB/OL\]. \[2009 - 02 - 28\]. http://www. copyright. gov/title17/circ92. pdf.

[20] UK. Copyright, Designs, and Patent Act of theUnited Kingdom, Cap. 48 (1988), as amended in 2007. \[2009 - 02 - 27\]. http://www. ipo. gov. uk/cdpact1988. pdf.

[21] Attorney-General's Department. Copyright Act 1968(This compilation was prepared on 10 Novem-

ber2008)\[EB/OL\].\[2009-02-28\].http://www.comlaw.gov.au/comlaw/Legislation/ActCompilation1.nsf/framelodgmentattachments/052134D2FC16BEABCA25750F000D558F.

[22] Department of Justice Canada. Copyright Act ofCanada(R. S. ,1985,c. C-42) \[EB/OL\]. \[2009-02-28\]http://laws.justice.gc.ca/en/showdoc/cs/C-42/bo-ga:l_III-gb:s_29//en#anchorbo-ga:l_III-gb:s_29.

[23] Guido Westkamp. The Implementation of Directive 2001/29/EC in the Member States\[EB/OL\].\[2009-02-28\].http://ec.europa.eu/internal_market/copyright/docs/studies/infosoc-study-annex_en.pdf.

[24] Germanny. Gesetz über Urheberrecht und verwandte Schutzrechte(Law on Copyright and Related Rights).\[2009-02-28\].http://bundesrecht.juris.de/urhg/BJNR012730965.html.

[25] UNESCO. Italian Copyright Statute: Law for the Protection of Copyright and Neighbouring Rights\[EB/OL\].\[2009-02-28\].http://portal.unesco.org/culture/en/ev.php-URL_ID=27690&URL_DO=DO_TOPIC&URL_SECTION=201.html.

[26] legifrance. Code de la propriété intellectuelle:Article L122-5\[EB/OL\].\[2009-02-28\]. http://www.legifrance.gouv.fr/affichCodeArticle.do; jsessionid = 1F839E46ED3E29DB384F 24FF2AED55A1.tpdjo13v _ 2? cidTexte = LEGITEXT000006069414&idArticle = LEGIARTI000006278912&dateTexte = 20090228&categorieLien=cid.

[27] legifrance. Code de la propriété intellectuelle:Article L331-5\[EB/OL\].\[2009-02-28\]. http://www.legifrance.gouv.fr/affichCodeArticle. do; jsessionid = 1F839E46ED3E29DB38 4F24FF2AED55A1.tpdjo13v _ 2? cidTexte = LEGITEXT000006069414&idArticle = LEGIARTI000006279215&dateTexte = 20090228&categorieLien=id.

[28] legifrance. Code de la propriété intellectuelle:Article L331-6\[EB/OL\].\[2009-02-28\]. http://www. legifrance. gouv. fr/affichCodeArticle. do; jsessionid = 1F839E46ED3E29DB384F 24FF2AED55A1.tpdjo13v _ 2? cidTexte = LEGITEXT000006069414&idArticle = LEGIARTI000006279215&dateTexte = 20090228&categorieLien=id.

[29] Copyright Commission ofKorea. Copyright Law of Korea(2006)\[EB/OL\].\[2009-06-09\]http://eng.copyright.or.kr/law_01_01.html.

[30] Copyright Research andInformation Center. Copyright Law of Japan. \[2009 - 02 - 28\]. http://www.cric.or.jp/cric_e/clj/clj.html.

[31]中华人民共和国国家版权局. 中华人民共和国著作权法(2001)\[EB/OL\]. \[2009 - 02 - 28\]. http://www.ncac.gov.cn/GalaxyPortal/inner/bqj/include/detail.jsp? articleid = 9396&boardpid = 175&boardid = 11501010111602.

[32]中国图书馆学会. 关于网络环境下著作权问题的声明\[EB/OL\]. 2006 - 04 - 03. \[2008 - 03 - 12 \] http://www.lsc.org.cn/CN/News/2006 - 04/EnableSite _ ReadNews 13633071143993600.html.

[33]中国图书馆学会. 关于《信息网络传播权保护条例》(草案)的修改意见\[EB/OL\]. 2006 - 04. \[2008 - 03 - 12\] http://www.lsc.org.cn/CN/News/2006 - 04/EnableSite_ReadNews13633081143993600.html.

[34]中华人民共和国国家版权局. 信息网络传播权保护条例(2006)\[EB/OL\]. \[2008 - 03 - 12\] http://www.ncac.gov.cn/GalaxyPortal/inner/bqj/include/detail.jsp? articleid = 9400&boardpid = 175&boardid = 11501010111602.

[35] IFLA. Committee on Copyright and other Legal Matters (CLM)\[EB/OL\]. \[2009 - 02 - 20\]. http://www.ifla.org/III/clm/p1/CLM - pr16082005.htm.

[36] IFLA. The IFLA Position on Copyright in the Digital Environment\[EB/OL\]. 2000 - 08\[2009 - 02 - 28\]. http://www.ifla.org/III/clm/p1/pos - dig.htm.

[37] IFLA. International Lending and Document Delivery: Principles and Guidelines for Procedure\[EB/OL\]. 2001\[2009 - 02 - 28\]. http://www.ifla.org/VI/2/p3/ildd.htm.

[38] IFLA. Prepared by IFLA's Committee on Copyright and other Legal Matters (CLM) . 2001\[2009 - 02 - 28\]. http://www.ifla.org/V/ebpb/copy.htm.

[39] JISC/DNER. JISC/DNER Copyright and Licensing Guidelines\[EB/OL\]. 1998. \[2009 - 02 - 28\]http://www.jisc.ac.uk/uploaded_documents/ACF12C.doc.

[40] JISC. Guidelines for Fair Dealing in an ElectronicEnvironment\[EB/OL\]. 1998. \[2009 - 02 - 28\]. http://www.ukoln.ac.uk/services/elib/papers/pa/fair.

[41] eIFL. eIFL copyright guideline 2006\[EB/OL\]. \[2009 - 02 - 28\] http://www.eifl.net/cps/sections/services/eifl - ip/issues/handbook/handbook - complete - text/downloadFile/file/handbook_all.pdf? nocache = 1206118327.4.

[42]中国图书馆学会. 关于《信息网络传播权保护条例》(草案)的修改意见\[EB/OL\]. 2006 - 04. http://www.lsc.org.cn/CN/News/2006-04/EnableSite _ Read-

News13633081143993600. html. \[2008 - 03 - 12\].

[43] The Section 108 Study Group. the Section 108 Study Group Report\[EB/OL\]. 2008 - 03. \[2009 - 03 - 10\]. http://www. section108. gov/docs/Sec108StudyGroupReport. pdf.

[44] US Library Copyright Alliance. US Library Copyright Alliance intervention on Exceptions and Limitations at WIPO\[EB/OL\]. 2008 - 11 - 07. \[2009 - 02 - 03\]. http://education-load. com/2008/11/07/us - library - copyright - alliance - intervention - on - exceptions - and - limitations - at - wipo.

[45] British Library. Results of the British Library Copyright Questionnaire\[EB/OL\]. 2008 - 03. \[2009 - 02 - 27\]. http://www. bl. uk/ip/pdf/resultscopyrightquestionnaire. pdf.

[46] Google Answer. Fair use and Fairdealing\[EB/OL\]. 2008 - 08 - 13. \[2009 - 02 - 27\]. http://answers. google. com/answers/threadview? id = 241361.

[47] Google Answer. Fair use and Fairdealing\[EB/OL\]. 2008 - 08 - 13. \[2009 - 02 - 27\]. http://answers. google. com/answers/threadview? id = 241361.

[48] a2k3. The Value of Copyright Exceptions and Limitations in the Information Society\[EB/OL\]. 2008 - 09. \[2009 - 02 - 10\]. http://a2k3. org/2008/09/the - value - of - copyright - exceptions - and - limitations - in - the - information - society.

[49] EU. Green Paper: Copyright in the Knowledge Economy\[EB/OL\]. 2008 - 07 - 16\[2009 - 03 - 01\]. http://eur - lex. europa. eu/LexUriServ/LexUriServ. do? uri = COM:2008:0466:FIN:EN:PDF.

[50] EU. Directive 2001/29/EC of the European Parliament and of the Council of 22 May 2001 on the harmonisation of certain aspects of copyright and related rights in the information society\[EB/OL\]. \[2009 - 03 - 02\]. http://www. euromedaudiovisuel. net/Files/2007/05/03/1178195806664. doc.

[51] eIFL. Response by Electronic Information for Libraries: European Commission Green Paper Copyright in the Knowledge Economy\[EB/OL\]. 2008 - 11 - 08. \[2009 - 03 - 01\]. ht-tp://www. eifl. net/cps/sections/docs/ip_docs/eifl - response - ec - green/downloadFile/file/file? nocache = 1229448830. 86.

[52] eIFL. Round table: Exceptions and limitations to copyright in the digital environment\[EB/OL\]. 2008 - 03 - 03. \[2009 - 02 - 05\]. http://www. eifl. net/cps/sections/country/ukraine/ukraine - news/2008_03_06_round - table - exceptions.

[53]中国新闻网. 国务院印发国家知识产权战略纲要\[EB/OL\]. 2008 - 06 - 10. \[2008 - 11

-28\]http://www.chinanews.com.cn/gn/news/2008/06-10/1277555.shtml.

[54]中国版权保护中心.中美版权战略合作备忘录在京签署\[EB/OL\].2008-10-27.\[2008-11-27\].http://www.ccopyright.com.cn/servlet/Report? node=69685&language=1.

[55]广东省新闻出版局.国家版权局启动修订《著作权法》调研\[EB/OL\].2008-10-31\[2008-11-27\]http://www.xwcbj.gd.gov.cn/news/html/zxdt/article/1225362136937.html.

[56]中国期刊全文数据库.http://epub.cnki.net/grid2008/brief/index.aspx? code=ZKCALD

[57]中国期刊网博士论文全文数据库.http://acad.cnki.net/Kns55/brief/result.aspx? dbPrefix=CDFD.

[58]中国国家图书馆馆藏目录库.http://opac.nlc.gov.cn/F/RM4X73T53X5MHFJDUD8KJ4D8ER98URSB4CPQ1YQYTQ7X13RJMJ-02805? func=file&file_name=find-d.

[59]维普资讯.http://www.cqvip.com.

[60]万方数据知识服务平台.http://s.wanfangdata.com.cn/WfPaperAdvancedSearch.aspx.

[61]国家科技图书文献中心西文库.http://www.nstl.gov.cn/htm/fwzh/ywjsdg.jsp.

[62] Library and Information Science Abstract. http://csaweb113v.csa.com/ids70/quick_search.php? SID=86lm0udlhujlj1fuqc5co36vn4.

[63] Emerald http://www.emeraldinsight.com/Insight/menuNavigation.do? hdAction=InsightHome.

[64] E-lis. http://eprints.rclis.org/cgi/search/simple.

[65] ProQuest 硕博士论文全文库. http://proquest.umi.com/pqdweb? RQT=403&TS=1235980835&clientId=75112.

[66] Elsevier ScienceDirect. http://www.sciencedirect.com.

[67] Sam Ricketson. WIPO Study on Limitations and Exceptions of Copyright and Related Rights in the Digital Environment\[EB/OL\].2003-6-23.\[2009-03-03\].http://www.wipo.int/meetings/en/doc_details.jsp? doc_id=16805.

[68] Ruth L. Okediji. The International Copyright System: Limitations, Exceptions and Public Interest Considerations for Developing Countries\[EB/OL\].\[2009-03-02\].http://www.unctad.org/en/docs/iteipc200610_en.pdf.

[69] Lucie Guibault. The Nature and Scope of Limitations and Exceptions to Copyright and Neighbouring Rights with Regard to General Interest Missions for the Transmission of Knowledge: Prospects for Their Adaptation to the Digital Environment\[EB/OL\].\[2009-03-01\].

http://unesdoc. unesco. org/images/0013/001396/139671e. pdf.

[70] Alexander Baratsits. Copyright in the Digital Age - Exceptions and Limitations to Copyright and Their Impact on Free Access to Information\[EB/OL\]. \[2005 - 08 - 17\]. Copyright in the Digital Age-Exceptions and Limitations to Copyright and Their Impact on Free Access to Information.

[71]B. Hugenholtz (ed.). The Future of Copyright in a DigitalEnvironment\[J\]. Kluwer Law International,1996:94.

[72]Alexander Baratsits. Copyright in the Digital Age - Exceptions and Limitations to Copyright and Their Impact on Free Access to Information \[D\]. Johannes Kepler University. 2005:8.

[73] Neal Wyatt, Melanie Schlosser. Fair Use in the Digital Environment: A Research Guide \[EB/OL\]. \[2006 - 10 - 18\]. http://rusq. org/2008/01/05/fair - use - in - the - digital - environment - a - research - guide.

[74] Kathleen K. Olson. Preserving the Copyright Balance: Statutory and Constitutional Preemption of Contract - Based Claims\[J/OL\]. COMMUNICATION LAW AND POLICY. 2006, VOL 11; NUMBER 1, pages 83 - 132.

[75] Robert Burrell, Allison Coleman. Copyright Exceptions: The Digital Impact\[M/OL\]. \[2009 - 03 - 01\]. http://books. google. com/books? hl = zh - CN&lr = &id = Vu5n - ARorC0C&oi = fnd&pg = PR11&dq =% 22copyright + exceptions% 22&ots = PaHBuPcYUy&sig = 2Kecmf_MB2Gwcc19h6d5VWfW55o#PPR7, M1.

[76] Jane C. Ginsburg. Toward Supranational Copyright Law? The WTO Panel Decision and the "Three - Step Test" for CopyrightExceptions\[EB/OL\]. \[2009 - 03 - 01\]. http://papers. ssrn. com/sol3/papers. cfm? abstract_id = 253867.

[77] Yves Gaubiac. Exceptions and Limitations to Copyright within the Meaning of Article 13 of TRIPs\[EB/OL\]. \[2009 - 03 - 01\]http://portal. unesco. org/culture/en/files/10018/10668256431Gaubiac_E. pdf/Gaubiac%2BE. pdf.

[78] Kenneth D. Crews. Study on Copyright Limitations and Exceptions for Libraries and Archives\[EB/OL\]. 2008 - 08 - 26\[2009 - 02 - 27\]. http://www. wipo. int/meetings/en/doc_details. jsp? doc_id = 109192.

[79] Mireille Buydens, Séverine Dusollier. Les exceptions au droit d'auteur dans l'environnement numérique :évolutions dangereuses\[EB/OL\]. Paper on e - commerce. 2001(9):10 - 16.

[80] Julie E. Cohen. WIPO Copyright Treaty Implementation in theUnited States: Will Fair Use

Survive? \[J\]. European Intellectual Property Review. 1999:236 – 240.

[81] NDIIPP, JISC, OAK. etc. . International Study on the Impact of Copyright Law on Digital Preservation\[EB/OL\]. \[2009 – 03 – 01\]. http://www. digitalpreservation. gov/library/resources/pubs/docs/digital_preservation_final_report2008. pdf.

[82] Laura Gasaway. Libraries and Copyright in the DigitalAge\[EB/OL\]. \[2009 – 03 – 01\]. https://www. academicimpressions. com/pdf/0709 – libraries. pdf.

[83] P. Sirinelli. The Scope of the Prohibition on Circumvention of Technological Measures: Exceptions to Copyright and Related Rights\[EB/OL\]. \[2009 – 02 – 18\] http://www. law. clumbia. edu/conferences/2001/3_reports_fr. htm.

[84] Judith Sullivan. Study on Copyright Limitations and Exceptions for the Visually Impaired\[EB/OL\]. 2007 – 02 – 20\[2009 – 03 – 01\]. http://www. wipo. int/meetings/en/doc_details. jsp? doc_id = 75696.

[85] digitalpreservation. Study Group Issues Report Recommending Changes in Copyright Law to Reflect Digital Technologies\[EB/OL\]. \[2009 – 02 – 03\]. http://www. digitalpreservation. gov/news/2008/20080331news_article_108_report. html.

[86] Godwin, Michael. Digital Rights Management: A Guide for Librarians \[EB/OL\]. Washington, DC: Office for Information Technology Policy, American Library Association, 2006. \[2009 – 03 – 03 \] http://www. ala. org/ala/washoff/WOissues/copyrightb/digitalrights/DRMfinal. pdf.

[87] Pamela Samuelson, Robert J. Glushko. Intellectual Property Rights for Digital Library and Hypertext Publishing Systems \[EB/OL\]. 1993. \[2008 – 01 – 15\] http://people. ischool. berkeley. edu/ ~ pam/papers/ipdiglib. html.

[88] Fred von Lohmann. Digital Rights Management: The Skeptics' View \[EB/OL\]. \[2003 – 04\] http://www. eff. org/files/20030401_drm_skeptics_view. pdf.

[89] Owen, Victoria. PROs: a librarian's perspective \[EB/OL\]. World Library and Information Congress: 73rd IFLA General Conference and Council. \[2007 – 08 – 19\] http://www. ifla. org/IV/ifla73/papers/153 – Owen – en. p.

[90] Susanne Guth, Renato Iannella, Carlos Serrao. ODRL workshop 2005 report \[EB/OL\]. \[2005 – 07 – 28\] http://www. indicare. org/tiki – read_article. php? articleId = 126.

[91]中华人民共和国国家版权局. 中华人民共和国著作权法(1990)\[EB/OL\]. \[2009 – 03 – 09\]. http://www. ncac. gov. cn/GalaxyPortal/inner/bqj/include/detail. jsp? articleid =

9391&boardpid = 175&boardid = 11501010111602.

[92]中华人民共和国国家版权局. 中华人民共和国著作权法(2001)\[EB/OL\]. \[2009 - 03 - 09\]. http://www.ncac.gov.cn/GalaxyPortal/inner/bqj/include/detail.jsp? articleid = 9396&boardpid = 175&boardid = 11501010111602.

[93] Attorney - General Department of Australia. Fair Use and Other CopyrightExceptions\[EB/OL\]. 2005 - 05. http://www.ag.gov.au/www/agd/agd.nsf/Page/Publications_Copyright - ReviewofFairUseExeption - May2005. \[2008 - 11 - 27\].

[94] Australian Government. Attorney - General's Department. Fair UseReview\[EB/OL\]. http://www.ag.gov.au/www/agd/agd.nsf/Page/Copyright_IssuesandReviews_Fairuse. \[2008 - 11 - 27\].

[95]郑成思. 版权法\[M\]. 北京：中国人民大学出版社,1997:145.

[96]张耕. 知识产民事诉讼研究\[M\]. 北京：法律出版社,2004:450.

[97] CRIC. Chapter II Rights of Authors\[EB/OL\]. \[209 - 03 - 04\]. http://www.cric.or.jp/cric_e/clj/clj.html.

[98]张耕. 知识产民事诉讼研究\[M\]. 北京：法律出版社,2004:450.

[99] UNESCO. Italian Copyright Statute: Law for the Protection of Copyright and Neighbouring Rights\[EB/OL\]. \[2009 - 02 - 28\]. http://portal.unesco.org/culture/en/ev.php - URL_ID = 27690&URL_DO = DO_TOPIC&URL_SECTION = 201.html.

[100] CRIC. Chapter II Rights of Authors\[EB/OL\]. \[209 - 03 - 04\]. http://www.cric.or.jp/cric_e/clj/clj.html.

[101]中华人民共和国国家版权局. 计算机软件保护条例(2001)\[EB/OL\]. \[2009 - 03 - 04\]. http://www.ncac.gov.cn/GalaxyPortal/inner/bqj/include/detail.jsp? articleid = 9395&boardpid = 175&boardid = 11501010111602.

[102] Attorney - General Department of Australia. Fair Use and Other CopyrightExceptions\[EB/OL\]. 2005 - 05. http://www.ag.gov.au/www/agd/agd.nsf/Page/Publications_Copyright - ReviewofFairUseExeption - May2005. \[2008 - 11 - 27\].

[103] Kenneth D. Crews. Copyright law for librarians and educators : creative strategies and practical solutions\[EB/OL\]. \[2009 - 02 - 27\]. http://catalog.loc.gov/cgi - bin/Pwebrecon.cgi? v1 = 5&ti = 1,5&Search% 5FArg = copyright% 20exceptions&Search% 5FCode = GKEY% 5E% 2A&CNT = 100&PID = GM _ cxlp94eUb9g - ttWqFymZu8VT&SEQ = 20090226223923&SID = 1.

[104] Copyright Law Review Committee. Simplification of the Copyright Act 1968 \[EB/OL\]. 1998 -
09. http://www. ag. gov. au/www/agd/rwpattach. nsf/VAP/(756EDFD270AD704EF00C15CF3 96D6111) ~ CLRC + Simplification + of + the + Copyright + Act + 1968 + - + Part + 1. pdf/ $file/CLRC + Simplification + of + the + Copyright + Act + 1968 + - + Part + 1. pdf. \[2008 - 12 - 09\].

[105] NDIIPP, JISC, OAK. etc.. International Study on the Impact of Copyright Law on Digital Preservation\[EB/OL\]. 2008 - 07. http://www. digitalpreservation. gov/library/resources/ pubs/docs/digital_preservation_final_report2008. pdf. \[2008 - 11 - 25\].

[106]丁丽瑛. 知识产权法\[M\]. 2 版. 厦门:厦门大学出版社,2007:132.

[107]吴汉东. 知识产权\[M\]. 北京:中国政法大学出版社,1999:106.

[108]刘志刚. 电子版权的合理使用\[M\]. 北京:社会科学文献出版社,2007:45.

[109]马永双. 知识产权法基础与实务\[M\]. 北京: 中国人事出版社,2007:216.

[110] Lucie Guibault. The nature and scope of limitations and exceptions to copyright and neighbouring rights with regard to general interest missions for the transmission of knowledge: prospects for their adaptation to the digital environment\[EB/OL\]. \[2009 - 02 - 18\]. e - Copyrright Bulletin (10 - 12). http://unesdoc. unesco. org/images/0013/001396/ 139671e. pdf.

[111]吴汉东. 知识产权法学\[M\]. 北京:北京大学出版社,2000:98.

[112]刘志刚. 电子版权的合理使用\[M\]. 北京:社会科学文献出版社,2007:56 - 60.

[113]李瑜青. 知识产权诉讼\[M\]. 上海:上海社会科学院出版社,2007:64.

[114] Kenneth D. Crews. Copyright law for librarians and educators : creative strategies and practical solutions\[EB/OL\]. \[2009 - 02 - 27\]. http://catalog. loc. gov/cgi - bin/Pwebrecon. cgi? v1 = 5&ti = 1, 5&Search% 5FArg = copyright% 20exceptions&Search% 5FCode = GKEY% 5E% 2A&CNT = 100&PID = GM _ cxlp94eUb9g - ttWqFymZu8VT&SEQ = 20090226223923&SID = 1.

[115] Kenneth D. Crews. Study on Copyright Limitations and Exceptions for Libraries and Archives \[EB/OL\]. 2008 - 08 - 26. \[2009 - 02 - 27\]. http://www. wipo. int/meetings/en/doc _details. jsp? doc_id = 109192.

[116] Lea Shaver. Access to Knowledge inBrazil\[M/OL\]. 2008 \[2009 - 02 - 18\]. http:// www. lulu. com/content/4439242.

[117] Department of Justice Canada. Copyright Act of Canada(R. S. ,1985,c. C -42) \[EB/OL \]. \[2009 - 02 - 28 \] http://laws. justice. gc. ca/en/notice/index. html? redirect =%2Fen%2Fshowtdm%2Fcs%2FC -42.

[118] WIPO. WIPO CopyrightTreaty \[EB/OL \]. \[2009 - 02 - 27 \]. http://www. wipo. int/treaties/en/ip/wct/trtdocs_wo033. html#P83_10885.

[119] WIPO. WIPO Performances and PhonogramsTreaty \[EB/OL \]. \[2009 - 02 - 27 \]. http://www. wipo. int/treaties/en/ip/wppt/trtdocs_wo034. html#P133_18440.

[120] EU. Directive 2001/29/EC of the European Parliament and of the Council of 22 May 2001 on the harmonisation of certain aspects of copyright and related rights in the information society \[EB/OL \]. \[2009 - 03 - 02 \]. http://www. euromedaudiovisuel. net/Files/2007/05/03/1178195806664. doc.

[121] Australian Government, Attorney - General's Department. Copyright Amendment (Digital Agenda) Act 2000 \[EB/OL \]. 2000 - 09 - 04. \[2008 - 11 - 26 \] http://www. comlaw. gov. au/comlaw/Legislation/Act1. nsf/0/FC60B71C3FBDEFD6CA256F72000AAC4B? OpenDocument.

[122] Committee on Copyright and Other Legal Matters (CLM). Limitations and Exceptions to Copyright and Neighbouring Rights in the Digital Environment: An International Library Perspective. \[2009 -03 -08 \]. http://www. ifla. org/III/clm/p1/ilp. htm.

[123] IFLA. Limitations and Exceptions to Copyright and Neighbouring Rights in the Digital Environment: An International LibraryPerspective \[EB/OL \]. 2004 -09 -18 \[2009 -02 -11 \]. http://www. ifla. org/III/clm/p1/ilp. htm.

[124] Sam Ricketson, WIPO Study on Limitations and Exceptions of Copyright and Related Rights in the Digital Environment (2003): 10 -11.

[125] Ricketson Sam. WIPO Study on Limitations and Exceptions of Copyright and Related Rights in the DigitalEnvironment \[EB/OL \]. 2003 \[2009 - 02 - 18 \]. http://www. wipo. int/edocs/mdocs/copyright/en/sccr_9/sccr_9_7. pdf.

[126] P. Bernt Hugenholtz, Ruth L. Okediji. Conceiving an International Instrument on Limitations and Exceptions to Copyright \[EB/OL \]. 2008 -03 -06 \[2008 -03 -01 \]. http://www. soros. org/initiatives/information/articles _ publications/publications/copyright _ 20080506/copyright_20080506. pdf.

[127]薛虹. 网络时代的知识产权法\[M\]. 北京:法律出版社,2007:10.

[128] Attorney – General Department of Australia. Fair Use and Other CopyrightExceptions\[EB/OL\]. 2005 – 05. http://www. ag. gov. au/www/agd/agd. nsf/Page/Publications_Copyright – ReviewofFairUseExeption – May2005. \[2008 – 11 – 27\].

[129] Teresa Hackett. Exceptions and limitations in copyright vital for South countries\[EB/OL\]. 2008 – 11 – 03. \[2009 – 02 – 10\]. http://www. twnside. org. sg/title2/intellectual_property/info. service/2008/twn. ipr. info. 081102. htm.

[130] Anne Lepage. Overview of Exceptions and Limitations to Copyright in the DigitalEnvironment \[J/OL\]. e – Copyright Bulletin. 2003(1 – 3). http://unesdoc. unesco. org/images/0013/001396/139696e. pdf.

[131] Anne Lepage. Overview of Exceptions and Limitations to Copyright in the DigitalEnvironment\[J/OL\]. e – Copyright Bulletin. 2003(1 – 3). http://unesdoc. unesco. org/images/0013/001396/139696e. pdf.

[132] Anne Lepage. Overview of Exceptions and Limitations to Copyright in the DigitalEnvironment \[J/OL\]. e – Copyright Bulletin. 2003(1 – 3). http://unesdoc. unesco. org/images/0013/001396/139696e. pdf.

[133] legifrance. Code de la propriété intellectuelle: Article L122 – 5\[EB/OL\]. \[2009 – 02 – 28 \]. http://www. legifrance. gouv. fr/affichCodeArticle. do; jsessionid = 1F839E46ED3E29DB3 84F24FF2AED55A1. tpdjo13v _ 2? cidTexte = LEGITEXT000006069414&idArticle = LEGIARTI000006278912&dateTexte = 20090228&categorieLien = cid.

[134] UK. Copyright, Designs, and Patent Act of the United Kingdom, Cap. 48 (1988), as amended in 2007. \[2009 – 02 – 27\]. http://www. ipo. gov. uk/cdpact1988. pdf.

[135] Guido Westkamp. The Implementation of Directive 2001/29/EC in the Member States\[EB/OL\]. \[2009 – 02 – 28\]. http://ec. europa. eu/internal_market/copyright/docs/studies/infosoc – study – annex_en. pdf.

[136] EU. Directive 2001/29/EC of the European Parliament and of the Council of 22 May 2001 on the harmonisation of certain aspects of copyright and related rights in the information society \[EB/OL\]. \[2009 – 03 – 02\]. http://www. euromedaudiovisuel. net/Files/2007/05/03/1178195806664. doc.

[137] EU. Directive 2001/29/EC of the European Parliament and of the Council of 22 May 2001 on the harmonisation of certain aspects of copyright and related rights in the information society

\[EB/OL\]. \[2009 - 03 - 02\]. http://www.euromedaudiovisuel.net/Files/2007/05/03/1178195806664.doc.

[138] EU. Directive 2001/29/EC of the European Parliament and of the Council of 22 May 2001 on the harmonisation of certain aspects of copyright and related rights in the information society \[EB/OL\]. \[2009 - 03 - 02\]. http://www.euromedaudiovisuel.net/Files/2007/05/03/1178195806664.doc.

[139] Kenneth D. Crews. Copyright Exceptions For Libraries and Archives: PromotingA2K\[EB/OL\]. \[2008 - 08 - 12\]. http://a2k3.org/wp - content/uploads/2008/09/crews.ppt. \[2008 - 12 - 22\].

[140] British Library. Intellectual Property: ABalance\[EB/OL\]. \[2009 - 03 - 01\]. http://www.bl.uk/news/pdf/ipmanifesto.pdf.

[141] Teresa Hackett. Libraries in the digital age: proposal for copyright\[EB/OL\]. \[2009 - 03 - 01\]. http://www.ifla.org/IV/ifla74/papers/161 - Hackett - en.pdf.

[142] P. Bernt Hugenholtz, Ruth L. Okediji. Conceiving an International Instrument on Limitations and Exceptions to Copyright\[EB/OL\]. 2008 - 03 - 06. \[2008 - 03 - 01\]. http://www.soros.org/initiatives/information/articles _ publications/publications/copyright _ 20080506/copyright_20080506.pdf.

[143] a2k3. The Value of Copyright Exceptions and Limitations in the Information Society\[EB/OL\]. 2008 - 09. \[2009 - 02 - 10\]. http://a2k3.org/2008/09/the - value - of - copyright - exceptions - and - limitations - in - the - information - society/.

[144] Kenneth D. Crews. Copyright Exceptions For Libraries and Archives: PromotingA2K\[EB/OL\]. \[2008 - 08 - 12\]. http://a2k3.org/wp - content/uploads/2008/09/crews.ppt. \[2008 - 12 - 22\].

[145] Teresa Hackett. Exceptions and limitations in copyright vital for South countries\[EB/OL\]. 2008 - 11 - 03. \[2009 - 02 - 10\]. http://www.twnside.org.sg/title2/intellectual_property/info.service/2008/twn.ipr.info.081102.htm.

[146] a2k3. The Value of Copyright Exceptions and Limitations in the Information Society\[EB/OL\]. 2008 - 09. \[2009 - 02 - 10\]. http://a2k3.org/2008/09/the - value - of - copyright - exceptions - and - limitations - in - the - information - society.

[147] 章忠信.《美国著作权法》技术措施规避例外规定之探\[J/OL\]. \[2009 - 02 - 18\]. 万国法律. 2007(151).

[148] EU. Directive 2001/29/EC of the European Parliament and of the Council of 22 May 2001 on the harmonisation of certain aspects of copyright and related rights in the informationsociety\[EB/OL\]. 2001 – 06 – 22. http://eur – lex. europa. eu/LexUriServ/LexUriServ. do? uri = CELEX:32001L0029:EN:HTML. \[2008 – 11 – 27\].

[149] Tunisia. Copyright Law of Tunisia, No. 95 – 36 (1994)\[EB/OL\]. \[2009 – 03 – 04\]. http://www. wipo. int/clea/docs_new/pdf/en/tn/tn022en. pdf.

[150] Albania. The Copyright and Other Rights Related to it of the Republic of Albania, No. 9380 (2005)\[EB/OL\]. \[2009 – 03 – 04\]. http://portal. unesco. org/culture/en/ev. php – URL_ID = 15168&URL_DO = DO_TOPIC&URL_SECTION = 201. html.

[151] Angola. Law on Author's Rights of Angola(1990)\[EB/OL\]. \[2009 – 03 – 04\]. http://portal. unesco. org/culture/en/files/37842/12215545751Angola_loi_da. pdf/Angola_loi_da. pdf.

[152] Bulgaria. Law on Copyright and Neighboring Rights of Bulgaria, No. 56 (1993)\[EB/OL\]. \[2009 – 03 – 04\]. http://portal. unesco. org/culture/en/ev. php – URL_ID = 15398&URL_DO = DO_TOPIC&URL_SECTION = 201. html.

[153] Congo. Law on Copyright and Neighboring Rights of Congo, No. 24/82 (1982)\[EB/OL\]. \[2009 – 03 – 04\]. http://www. wipo. int/clea/docs_new/pdf/en/cg/cg001en. pdf.

[154] Croatia. Copyright and Related Rights Act of the Republic of Croatia, O. G. 167 (2003)\[EB/OL\]. \[2009 – 03 – 04\]. http://portal. unesco. org/culture/en/ev. php – URL_ID = 15286&URL_DO = DO_TOPIC&URL_SECTION = 201. html.

[155] Cyprus. Copyright and Related Rights Law of Cyprus, No. 128 (2004)\[EB/OL\]. \[2009 – 03 – 04\]. http://ec. europa. eu/internal_market/copyright/docs/studies/infosoc – study – annex_en. pdf.

[156] Greece. Copyright, Related Rights, and Cultural Matters of Greece, No. 2121 (1993)\[EB/OL\]. \[2009 – 03 – 04\]. http://www. wipo. int/clea/docs_new/pdf/en/gr/gr219en. pdf.

[157] Jordan. Copyright Law of Jordan, No. 22 (1992), as amended through No. 52 (2001)\[EB/OL\]. \[2009 – 03 – 04\]. http://portal. unesco. org/culture/en/ev. php – URL_ID = 15433&URL_DO = DO_TOPIC&URL_SECTION = 201. html.

[158] Kenya. The Copyright Act of Kenya, No. 12 (2001)\[EB/OL\]. \[2009 – 03 – 04\] http://portal. unesco. org/culture/en/ev. php – URL_ID = 15861&URL_DO = DO_TOPIC&URL_SECTION = 201. html.

[159] Malawi. Copyright Act of Malawi, No. 2 (1989) \[EB/OL\]. \[2009 - 03 - 04\]. http://portal. unesco. org/culture/en/ev. php - URL_ID = 27032&URL_DO = DO_TOPIC&URL_SECTION = 201. html.

[160] US Library Copyright Alliance. US Library Copyright Alliance intervention on Exceptions and Limitations at WIPO\[EB/OL\]. 2008 - 11 - 07. \[2009 - 02 - 03\]. http://education-load. com/2008/11/07/us - library - copyright - alliance - intervention - on - exceptions - and - limitations - at - wipo.

[161] U. S. Copyright Office. DIGITAL MILLENNIUM COPYRIGHTACT\[EB/OL\]. \[2009 - 03 - 04\]. http://www. copyright. gov/legislation/pl105 - 304. pdf.

[162] EU. Directive 2001/29/EC of the European Parliament and of the Council of 22 May 2001 on the harmonisation of certain aspects of copyright and related rights in the informationsociety\[EB/OL\]. 2001 - 06 - 22. \[2008 - 11 - 27\] http://eur - lex. europa. eu/LexUriServ/LexUriServ. do? uri = CELEX:32001L0029:EN:HTML.

[163] Germanny. Gesetz über Urheberrecht und verwandte Schutzrechte(Law on Copyright and Related Rights). \[2009 - 02 - 28\]. http://bundesrecht. juris. de/urhg/BJNR012730965. html.

[164] IFLA. Limitations and Exceptions to Copyright and Neighbouring Rights in the Digital Environment: An International LibraryPerspective\[EB/OL\]. 2004 - 09 - 18 \[2009 - 02 - 11\]. http://www. ifla. org/III/clm/p1/ilp. htm.

[165] IFLA. Limitations and Exceptions to Copyright and Neighbouring Rights in the Digital Environment: An International LibraryPerspective\[EB/OL\]. 2004 - 09 - 18 \[2009 - 02 - 11\]. http://www. ifla. org/III/clm/p1/ilp. htm.

[166] a2k3. The Value of Copyright Exceptions and Limitations in the Information Society\[EB/OL\]. 2008 - 09. \[2009 - 02 - 10\]. http://a2k3. org/2008/09/the - value - of - copyright - exceptions - and - limitations - in - the - information - society.

[167] a2k3. The Value of Copyright Exceptions and Limitations in the Information Society\[EB/OL\]. 2008 - 09. \[2009 - 02 - 10\]. http://a2k3. org/2008/09/the - value - of - copyright - exceptions - and - limitations - in - the - information - society.

[168] a2k3. The Value of Copyright Exceptions and Limitations in the Information Society\[EB/OL\]. 2008 - 09. \[2009 - 02 - 10\]. http://a2k3. org/2008/09/the - value - of - copyright - exceptions - and - limitations - in - the - information - society.

[169] Kenneth D. Crews. Copyright Exceptions For Libraries and Archives: PromotingA2K\[EB/

OL\]. \[2008 - 08 - 12\]. http://a2k3. org/wp - content/uploads/2008/09/crews. ppt. \[2008 - 12 - 22\].

[170] a2k3. The Value of Copyright Exceptions and Limitations in the Information Society\[EB/OL\]. 2008 - 09. \[2009 - 02 - 10\]. http://a2k3. org/2008/09/the - value - of - copyright - exceptions - and - limitations - in - the - information - society.

[171] Lucie Guibault. The nature and scope of limitations and exceptions to copyright and neighbouring rights with regard to general interest missions for the transmission of knowledge: prospects for their adaptation to the digital environment\[EB/OL\]. \[2009 - 02 - 18\]. e - Copyrright Bulletin (10 - 12). http://unesdoc. unesco. org/images/0013/001396/139671e. pdf.

[172] Lea Shaver. Access to Knowledge inBrazil\[M/OL\]. 2008 \[2009 - 02 - 18\]. http://www. lulu. com/content/4439242.

[173] Teresa Hackett. "Exceptions and limitations" in copyright vital for South countries\[EB/OL\]. 2008 - 11 - 03. \[2009 - 02 - 10\]. http://www. twnside. org. sg/title2/intellectual_property/info. service/2008/twn. ipr. info. 081102. htm.

[174]联合国教科文组织. 2002—2005 年联合国教科文组织关于数字环境下合法使用著作权和邻接权限制和例外的研究\[EB/OL\]. \[2009 - 02 - 06\]. http://www. ncac. gov. cn/GalaxyPortal/inner/bqj/include/detail. jsp? articleid = 8809&boardpid = 1954&boardid = 1150101011160a01&flag = 1.

[175] a2k3. The Value of Copyright Exceptions and Limitations in the Information Society\[EB/OL\]. 2008 - 09. \[2009 - 02 - 10\]. http://a2k3. org/2008/09/the - value - of - copyright - exceptions - and - limitations - in - the - information - society.

[176] eIFL. Round table: Exceptions and limitations to copyright in the digital environment\[EB/OL\]. 2008 - 03 - 03. \[2009 - 02 - 05\]. http://www. eifl. net/cps/sections/country/ukraine/ukraine - news/2008_03_06_round - table - exceptions.

[177] IFLA. IFLA Position on Copyright in the Digital Environment\[EB/OL\]. 2000 - 08. \[2009 - 02 - 06\]http://www. ifla. org/V/press/copydig. htm.

[178] IFLA. World Library and Information Congress: 72nd IFLA General Conference and Council\[EB/OL\]. \[2009 - 03 - 05\]. http://www. ifla. org/IV/ifla72/index. htm.

[179] IFLA. World Library and Information Congress: 73rd IFLA General Conference and Council\[EB/OL\]. \[2009 - 03 - 05\]. http://www. ifla. org/IV/ifla73/index. htm.

[180] IFLA. World Library and Information Congress: 74th IFLA General Conference and Council\[EB/OL\]. \[2009-03-05\]. http://www.ifla.org/IV/ifla74/index.htm.

[181] WIPO. Berne Convention for the Protection of Literary and Artistic Works\[EB/OL\]. \[2009-02-27\]. http://www.wipo.int/treaties/en/ip/berne/trtdocs_wo001.html.

[182] Martin Senftleben, Copyright, Limitations and the Three-Step Test: An Analysis of the Three-Step Test in International and EC Copyright Law (The Hague: Kluwer Law International, 2004).

[183]新华网. 世界版权公约\[EB/OL\]. \[2009-03-07\]. http://news.xinhuanet.com/ziliao/2003-09/28/content_1104088.htm.

[184] UNESCO. Universal Copyright Convention as revised atParis on 24 July 1971. \[2009-02-27\]. http://portal.unesco.org/en/ev.php-URL_ID=15241&URL_DO=DO_TOPIC&URL_SECTION=201.html.

[185] UNESCO. Universal Copyright Convention as revised atParis on 24 July 1971. \[2009-02-27\]. http://portal.unesco.org/en/ev.php-URL_ID=15241&URL_DO=DO_TOPIC&URL_SECTION=201.html.

[186] Agreement on Trade-Related Aspects of Intellectual Property Rights, April 15, 1994, Marrakesh Agreement Establishing the World Trade Organization, Annex IC, 1869 U.N.T.S. 299, 33 I.L.M. 81 (1994).

[187] WTO. PART II — Standards concerning the availability, scope and use of Intellectual Property Rights\[EB/OL\]. \[2009-02-27\]. http://www.wto.org/english/tratop_e/TRIPs_e/t_agm3_e.htm#1.

[188] Attorney-General's Department. Copyright Act 1968 (This compilation was prepared on 10 November 2008)\[EB/OL\]. \[2009-02-28\]. http://www.comlaw.gov.au/comlaw/Legislation/ActCompilation1.nsf/framelodgmentattachments/052134D2FC16BEABCA25750F000D558F.

[189] UNESCO. Law on Copyright and Neighboring Rights ofBulgaria, No. 56 (1993)\[EB/OL\]. \[2009-03-07\]. http://portal.unesco.org/culture/en/ev.php-URL_ID=15398&URL_DO=DO_TOPIC&URL_SECTION=201.html.

[190] WIPO. Law on Copyright and Neighboring Rights ofCongo, No. 24/82 (1982)\[EB/OL\]. \[2009-03-07\]. http://www.wipo.int/clea/docs_new/pdf/en/cg/cg001en.pdf.

[191] UNESCO. Copyright Law ofJordan, No. 22 (1992), as amended through No. 52 (2001)\[EB/OL\]. \[2009 - 03 - 07\]. http://portal. unesco. org/culture/en/ev. php - URL_ID = 15433&URL_DO = DO_TOPIC&URL_SECTION = 201. html.

[192] UNESCO. Copyright Law ofLatvia (2000), as amended (2004)\[EB/OL\]. \[2009 - 03 - 07\]. http://portal. unesco. org/culture/en/ev. php - URL_ID = 18620&URL_DO = DO_TOPIC&URL_SECTION = 201. html.

[193] WIPO. WIPO CopyrightTreaty\[EB/OL\]. \[2009 - 02 - 27\]. http://www. wipo. int/treaties/en/ip/wct/trtdocs_wo033. html#P83_10885.

[194] WIPO. WIPO CopyrightTreaty\[EB/OL\]. \[2009 - 02 - 27\]. http://www. wipo. int/treaties/en/ip/wct/trtdocs_wo033. html#P83_10885.

[195] Kenneth D. Crews. Study on Copyright Limitations and Exceptions for Libraries and Archives \[EB/OL\]. 2008 - 08 - 26. \[2009 - 02 - 27\]. http://www. wipo. int/meetings/en/doc_details. jsp? doc_id = 109192.

[196] EU. Directive 2001/29/EC of the European Parliament and of the Council of 22 May 2001 on the harmonisation of certain aspects of copyright and related rights in the information society \[EB/OL\]. \[2009 - 03 - 02\]. http://www. euromedaudiovisuel. net/Files/2007/05/03/1178195806664. doc.

[197] EU. Directive 2001/29/EC of the European Parliament and of the Council of 22 May 2001 on the harmonisation of certain aspects of copyright and related rights in the information society \[EB/OL\]. \[2009 - 03 - 02\]. http://www. euromedaudiovisuel. net/Files/2007/05/03/1178195806664. doc.

[198] EU. Directive 2001/29/EC of the European Parliament and of the Council of 22 May 2001 on the harmonisation of certain aspects of copyright and related rights in the information society \[EB/OL\]. \[2009 - 03 - 02\]. http://www. euromedaudiovisuel. net/Files/2007/05/03/1178195806664. doc.

[199] EU. Directive 2001/29/EC of the European Parliament and of the Council of 22 May 2001 on the harmonisation of certain aspects of copyright and related rights in the informationsociety\[EB/OL\]. \[2009 - 03 - 02\]. http://www. euromedaudiovisuel. net/Files/2007/05/03/1178195806664. doc.

[200] EU. Directive 2001/29/EC of the European Parliament and of the Council of 22 May 2001 on the harmonisation of certain aspects of copyright and related rights in the information society

\[EB/OL\]. \[2009 - 03 - 02\]. http://www.euromedaudiovisuel.net/Files/2007/05/03/1178195806664.doc.

[201] EU. Directive 2001/29/EC of the European Parliament and of the Council of 22 May 2001 on the harmonisation of certain aspects of copyright and related rights in the information society \[EB/OL\]. \[2009 - 03 - 02\]. http://www.euromedaudiovisuel.net/Files/2007/05/03/1178195806664.doc.

[202] EU. Directive 2001/29/EC of the European Parliament and of the Council of 22 May 2001 on the harmonisation of certain aspects of copyright and related rights in the information society \[EB/OL\]. \[2009 - 03 - 02\]. http://www.euromedaudiovisuel.net/Files/2007/05/03/1178195806664.doc.

[203] comlaw. The Australian Copyright Amendment (Digital Agenda) Act 2000\[EB/OL\]. \[2009 - 03 - 08 \]. http://www.comlaw.gov.au/comlaw/Legislation/Act1.nsf/0/FC60B71C3FBDEFD6CA256F72000AAC4B? OpenDocument.

[204] Kenneth D. Crews. Copyright ExceptionsFor Libraries and Archives: Promoting A2K\[EB/OL\]. \[2008 - 08 - 12\]. http://a2k3.org/wp - content/uploads/2008/09/crews.ppt.

[205] Robert Burrell, llison Coleman. Copyright Exceptions: The DigitalImpact\[M\]. Cambridge: Cambridge University Press, 2005: 249 - 251.

[206] comunidadandina. CAN economic authorities meeting in Lima\[EB/OL\]. \[2009 - 03 - 08\]. http://www.comunidadandina.org/endex.htm.

[207] WIPO. Agreement Revising theBangui Agreement of March 2, 1977, on the Creation of an African Intellectual Property Organization\[EB/OL\]. 1999 - 02 - 24\[2009 - 03 - 08\]. http://www.oapi.wipo.net/doc/en/bangui_agreement.pdf.

[208] Kenneth D. Crews. Copyright ExceptionsFor Libraries and Archives: Promoting A2K\[EB/OL\]. \[2008 - 08 - 12\]. http://a2k3.org/wp - content/uploads/2008/09/crews.ppt.

[209] Kenneth D. Crews. Copyright Exceptions For Libraries and Archives: PromotingA2K\[EB/OL\]. \[2008 - 08 - 12\]. http://a2k3.org/wp - content/uploads/2008/09/crews.ppt.

[210] U. S.. Copyright Law of the United States and Related Laws Contained in Title 17 of the United States Code\[EB/OL\]. \[2009 - 02 - 28\]. http://www.copyright.gov/title17/circ92.pdf.

[211] UK. Copyright, Designs, and Patent Act of theUnited Kingdom, Cap. 48 (1988), as amended in 2007. \[2009 - 02 - 27\]. http://www.ipo.gov.uk/cdpact1988.pdf.

[212] legifrance. Code de la propriété intellectuelle:Article L122 – 5\[EB/OL\]. \[2009 – 02 – 28 \]. http://www. legifrance. gouv. fr/affichCodeArticle. do; jsessionid = 1F839E46ED3E29DB384 F24FF2AED55A1. tpdjo13v _ 2? cidTexte = LEGITEXT000006069414&idArticle = LEGIARTI000006278912&dateTexte = 20090228&categorieLien = cid.

[213] Germanny. Gesetz über Urheberrecht und verwandte Schutzrechte(Law on Copyright and Related Rights). \[2009 – 02 – 28\]. http://bundesrecht. juris. de/urhg/BJNR012730965. html.

[214] a2k3. The Value of Copyright Exceptions and Limitations in the Information Society\[EB/OL\]. 2008 – 09 \[2009 – 02 – 10\]. http://a2k3. org/2008/09/the – value – of – copyright – exceptions – and – limitations – in – the – information – society/.

[215]张晶. 数字环境下版权限制和例外研究导论\[EB/OL\]. \[2009 – 02 – 06\]. http://www. nmipc. gov. cn/nmzscqshow. asp? id = 393.

[216] IFLA. 国际图联关于在数字环境下版权问题的立场\[EB/OL\]. 2005 – 05 – 13. \[2009 – 02 – 07\]. http://www. ifla. org/V/press/copydig. htm.

[217] Kenneth D. Crews. Study on Copyright Limitations and Exceptions for Libraries and Archives \[EB/OL\]. 2008 – 08 – 26. \[2009 – 02 – 27\]. http://www. wipo. int/meetings/en/doc_details. jsp? doc_id = 109192.

[218] The Library of Congress. SEC. 404. Exemption for Libraries and Archives of Digital Millennium Copyright Act\[EB/OL\]. \[2009 – 03 – 08\]. http://thomas. loc. gov/cgi – bin/query/F? c105:1:./temp/ ~ c105VMDdVa:e96617.

[219] Kenneth D. Crews. Study on Copyright Limitations and Exceptions for Libraries andArchives\[EB/OL\]. 2008 – 08 – 26. \[2009 – 02 – 27\]. http://www. wipo. int/meetings/en/doc_details. jsp? doc_id = 109192.

[220] Lucie Guibault. The nature and scope of limitations and exceptions to copyright and neighbouring rights with regard to general interest missions for the transmission of knowledge: prospects for their adaptation to the digital environment\[EB/OL\]. \[2009 – 02 – 18\]. e – Copyrright Bulletin (10 – 12). http://unesdoc. unesco. org/images/0013/001396/139671e. pdf.

[221]彭学龙. 网络时代的私人复制\[J/OL\]. \[2009 – 03 – 10\]. http://www. lawtime. cn/info/zzq/zzqbhbaohu/2006091933161_2. html.

[222] WIPO. WIPO CopyrightTreaty \[EB/OL\]. \[2009 - 02 - 27\]. http://www.wipo.int/treaties/en/ip/wct/trtdocs_wo033.html#P83_10885.

[223] U. S.. Copyright Law of the United States and Related Laws Contained in Title 17 of the United States Code \[EB/OL\]. \[2009 - 02 - 28\]. http://www.copyright.gov/title17/circ92.pdf.

[224] UK. Copyright, Designs, and Patent Act of theUnited Kingdom, Cap. 48 (1988), as amended in 2007. \[2009 - 02 - 27\]. http://www.ipo.gov.uk/cdpact1988.pdf.

[225] UK. Copyright, Designs, and Patent Act of theUnited Kingdom, Cap. 48 (1988), as amended in 2007. \[2009 - 02 - 27\]. http://www.ipo.gov.uk/cdpact1988.pdf.

[226] Copyright Research andInformation Center. Copyright Law of Japan. \[2009 - 02 - 28\]. http://www.cric.or.jp/cric_e/clj/clj.html.

[227] EU. Directive 2001/29/EC of the European Parliament and of the Council of 22 May 2001 on the harmonisation of certain aspects of copyright and related rights in the information society \[EB/OL\]. \[2009 - 03 - 02\]. http://www.euromedaudiovisuel.net/Files/2007/05/03/1178195806664.doc.

[228] Department of Justice Canada. Copyright Act ofCanada (R. S., 1985, c. C - 42) \[EB/OL\]. \[2009 - 02 - 28\] http://laws.justice.gc.ca/en/showdoc/cs/C - 42/bo - ga:l_III - gb:s_29//en#anchorbo - ga:l_III - gb:s_29.

[229]中华人民共和国国家版权局. 中华人民共和国著作权法(1990)\[EB/OL\]. \[2009 - 03 - 09\]. http://www.ncac.gov.cn/GalaxyPortal/inner/bqj/include/detail.jsp? articleid = 9391&boardpid = 175&boardid = 11501010111602.

[230]中华人民共和国国家版权局. 中华人民共和国著作权法(2001)\[EB/OL\]. \[2009 - 03 - 09\]. http://www.ncac.gov.cn/GalaxyPortal/inner/bqj/include/detail.jsp? articleid = 9396&boardpid = 175&boardid = 11501010111602.

[231]中华人民共和国国家版权局. 信息网络传播权保护条例(2006)\[EB/OL\]. \[2009 - 03 - 10\]. http://www.ncac.gov.cn/GalaxyPortal/inner/bqj/include/detail.jsp? articleid = 9400&boardpid = 175&boardid = 11501010111602.

[232]游闽键, 马远超. 论"临时复制"的著作权法定位\[EB/OL\]. 2005 - 01 - 12. \[2008 - 11 - 22\]. http://www.chinaeclaw.com/News/2005 - 01 - 12/2589.html.

[233] Ronald H. Brown. Intellectual Property and the National Information Infrastructure: The Report of the Working Group on Intellectual Property Rights: The White Paper\[EB/OL\]. 1995 -

09. \ [2009 - 03 - 10 \ ]. http://www. law. cornell. edu/copyright/commentary/white _ paper. htm.

[234] U. S. Copyright Office. A Report of the Register of Copyrights Pursuant to § 104 of the Digital Millennium Copyright Act \ [EB/OL \ ]. 2001 - 08. \ [2009 - 03 - 10 \ ]. http://www. copyright. gov/reports/studies/dmca/sec - 104 - report - vol - 1. pdf.

[235] The Section 108 Study Group. the Section 108 Study Group Report\[EB/OL\ ]. 2008 - 03. \ [2009 - 03 - 10\ ]. http://www. section108. gov/docs/Sec108StudyGroupReport. pdf.

[236] EU. Directive 2001/29/EC of the European Parliament and of the Council of 22 May 2001 on the harmonisation of certain aspects of copyright and related rights in the information society \[EB/OL\ ]. \ [2009 - 03 - 02 \ ]. http://www. euromedaudiovisuel. net/Files/2007/05/03/1178195806664. doc.

[237] EU. Directive 2001/29/EC of the European Parliament and of the Council of 22 May 2001 on the harmonisation of certain aspects of copyright and related rights in the information society \[EB/OL\ ]. \ [2009 - 03 - 02 \ ]. http://www. euromedaudiovisuel. net/Files/2007/05/03/1178195806664. doc.

[238]德利娅·利普希克. 著作权与邻接权\[M\ ]. 北京:中国对外翻译出版公司,2000:169.

[239] Department of Justice Canada. Copyright Act ofCanada(R. S. ,1985, c. C - 42) \[EB/OL\ ]. \ [2009 - 02 - 28\ ]. http://laws. justice. gc. ca/en/showdoc/cs/C - 42/bo - ga:l_III - gb:s_29//en#anchorbo - ga:l_III - gb:s_29.

[240] The Section 108 Study Group. the Section 108 Study GroupReport\[EB/OL\ ]. 2008 - 03. \ [2009 - 03 - 10\ ]. http://www. section108. gov/docs/Sec108StudyGroupReport. pdf.

[241] U. S. . Copyright Law of the United States and Related Laws Contained in Title 17 of the United States Code \ [EB/OL \ ]. \ [2009 - 02 - 28 \ ]. http://www. copyright. gov/title17/circ92. pdf.

[242] Department of Justice Canada. Copyright Act ofCanada(R. S. ,1985, c. C - 42) \[EB/OL \ ]. \[2009 - 02 - 28 \ ]http://laws. justice. gc. ca/en/showdoc/cs/C - 42/bo - ga:l_III - gb:s_29//en#anchorbo - ga:l_III - gb:s_29.

[243] Attorney - General's Department. Copyright Act 1968 (This compilation was prepared on 10 November 2008) \[EB/OL\ ]. \[2009 - 02 - 28 \ ]. http://www. comlaw. gov. au/comlaw/Legislation/

ActCompilation1. nsf/framelodgmentattachments/052134D2FC16BEABCA25750F000

D558F.

[244] Attorney – General's Department. Copyright Act 1968(This compilation was prepared on 10 November 2008)\[EB/OL\].\[2009 – 02 – 28\]. http://www.comlaw.gov.au/comlaw/Legislation/
ActCompilation1.nsf/framelodgmentattachments/052134D2FC16BEABCA25750F000
D558F.

[245]中华人民共和国国家版权局.中华人民共和国著作权法(2001)\[EB/OL\].\[2009 – 02 – 28\]. http://www.ncac.gov.cn/GalaxyPortal/inner/bqj/include/detail.jsp? articleid=9396&boardpid=175&boardid=11501010111602.

[246]中华人民共和国国家版权局.信息网络传播权保护条例(2006)\[EB/OL\].\[2009 – 03 – 03\]. http://www.ncac.gov.cn/GalaxyPortal/inner/bqj/include/detail.jsp? articleid=9400&boardpid=175&boardid=11501010111602.

[247] U.S.. Copyright Law of the United States and Related Laws Contained in Title 17 of the United States Code\[EB/OL\].\[2009 – 02 – 28\]. http://www.copyright.gov/title17/circ92.pdf.

[248] As used in the proviso of subsection 108(g)(2), the words "...such aggregate quantities as to substitute for a subscription to or purchase of such work" shall mean:(a) with respect to any given periodical (as opposed to any given issue of a periodical), filled requests of a library or archives (a "requesting entity") within any calendar year for a total of six or more copies of an article or articles published in such periodical within five years prior to the date of the request. These guidelines specifically shall not apply, directly or indirectly, to any request of a requesting entity for a copy or copies of an article or articles published in any issue of a periodical, the publication date of which is more than five years prior to the date when the request is made. These guidelines do not define the meaning, with respect to such a request, of "...such aggregate quantities as to substitute for a subscription to \[such periodical\]." Available from: CONTU. CONTU Guidelines for Interlibrary LoanPhotocopying \[EB/OL\].\[2009 – 03 – 12\]. http://www.ala.org/ala/aboutala/offices/wo/woissues/copyrightb/GLsInterlibLoan.pdf.

[249] UK. Copyright, Designs, and Patent Act of theUnited Kingdom, Cap. 48 (1988), as amended in 2007.\[2009 – 02 – 27\]. http://www.ipo.gov.uk/cdpact1988.pdf.

[250] U.S.. Copyright Law of the United States and Related Laws Contained in Title 17 of the U-

nited States Code \[EB/OL\]. \[2009 - 02 - 28\]. http://www.copyright.gov/title17/circ92.pdf.

[251] UK. Copyright, Designs, and Patent Act of theUnited Kingdom, Cap. 48 (1988), as amended in 2007. \[2009 - 02 - 27\]. http://www.ipo.gov.uk/cdpact1988.pdf.

[252] Attorney - General's Department. Copyright Act 1968 (This compilation was prepared on 10 November 2008) \[EB/OL\]. \[2009 - 02 - 28\]. http://www.comlaw.gov.au/comlaw/Legislation/ActCompilation1.nsf/framelodgmentattachments/052134D2FC16BEABCA25750F000D558F.

[253] Attorney - General's Department. Copyright Act 1968 (This compilation was prepared on 10 November 2008) \[EB/OL\]. \[2009 - 02 - 28\]. http://www.comlaw.gov.au/comlaw/Legislation/ActCompilation1.nsf/framelodgmentattachments/052134D2FC16BEABCA25750F000D558F.

[254] Attorney - General's Department. Copyright Act 1968 (This compilation was prepared on 10 November 2008) \[EB/OL\]. \[2009 - 02 - 28\]. http://www.comlaw.gov.au/comlaw/Legislation/ActCompilation1.nsf/framelodgmentattachments/052134D2FC16BEABCA25750F000D558F.

[255] Attorney - General's Department. Copyright Act 1968 (This compilation was prepared on 10 November 2008) \[EB/OL\]. \[2009 - 02 - 28\]. http://www.comlaw.gov.au/comlaw/Legislation/ActCompilation1.nsf/framelodgmentattachments/052134D2FC16BEABCA25750F000D558F.

[256] Attorney - General's Department. Copyright Act 1968 (This compilation was prepared on 10 November 2008) \[EB/OL\]. \[2009 - 02 - 28\]. http://www.comlaw.gov.au/comlaw/Legislation/ActCompilation1.nsf/framelodgmentattachments/052134D2FC16BEABCA25750F000D558F.

[257] Attorney - General's Department. Copyright Act 1968 (This compilation was prepared on 10 November 2008) \[EB/OL\]. \[2009 - 02 - 28\]. http://www.comlaw.gov.au/comlaw/Legislation/ActCompilation1.nsf/framelodgmentattachments/052134D2FC16BEABCA25750F000D558F.

[258] 中华人民共和国国家版权局. 中华人民共和国著作权法(2001) \[EB/OL\]. \[2009 - 03 - 09\]. http://www.ncac.gov.cn/GalaxyPortal/inner/bqj/include/detail.jsp? articleid = 9396&boardpid = 175&boardid = 11501010111602.

[259] UNESCO. Italian Copyright Statute: Law for the Protection of Copyright and Neighbouring Rights \[EB/OL\]. \[2009 - 02 - 28\]. http://portal.unesco.org/culture/en/ev.php - URL_ID = 27690&URL_DO = DO_TOPIC&URL_SECTION = 201.html.

[260] 中华人民共和国国家版权局. 信息网络传播权保护条例(2006) \[EB/OL\]. \[2009 - 03 - 19\]. http://www.ncac.gov.cn/GalaxyPortal/inner/bqj/include/detail.jsp? articleid = 9400&boardpid = 175&boardid = 11501010111602.

[261] EU. Directive 2001/29/EC of the European Parliament and of the Council of 22 May 2001 on the harmonisation of certain aspects of copyright and related rights in the informationsociety\[EB/OL\]. 2001 - 06 - 22. \[2008 - 11 - 27\] http://eur - lex. europa. eu/LexUriServ/LexUriServ. do? uri = CELEX:32001L0029:EN:HTML.

[262]中华人民共和国信息产业部. 互联网站管理工作细则\[EB/OL\]. \[2009 - 03 - 18\]. http://www. miit. gov. cn/art/2007/06/06/art_4812_43596. html.

[263] The Intellectual Property Practice Group of University of Texas. Is Your Library an Internet Service Provider under the Digital Millennium Copyright Act? \[EB/OL\]. 2003 - 02 - 06\[2009 - 03 - 18\]. http://www. utsystem. edu/ogc/intellectualproperty/l - isp. htm.

[264] The New Zealand Library Association. Library Internet Service Provider Copyright Policy \[EB/OL \]. \ [2009 - 03 - 18 \ ]. http://www. lianza. org. nz/news/newsroom/news1236630212. html.

[265]中华人民共和国信息产业部. 非经营性互联网信息服务备案管理办法\[EB/OL\]. \[2009 - 03 - 18\]. http://www. miit. gov. cn/art/2007/06/06/art_4812_43597. h.

[266]eIFL. Response by Electronic Information for Libraries: European Commission Green Paper Copyright in the Knowledge Economy\[EB/OL\]. 2008 - 11 - 08. \[2009 - 03 - 01\]. http://www. eifl. net/cps/sections/docs/ip_docs/eifl - response - ec - green/downloadFile/file/file? nocache = 1229448830. 86.

[267] (5A) If an article contained in a periodical publication, or a published work (other than an article contained in a periodical publication) is acquired, in electronic form, as part of a library or archives collection, the officer in charge of the library or archives may make it available online within the premises of the library or archives in such a manner that users cannot, by using any equipment supplied by the library or archives: (a) make an electronic reproduction of the article or work; or (b) communicate the article or work. Attorney - General's Department. Copyright Act 1968 (This compilation was prepared on 10 November 2008) \[EB/OL\]. \[2009 - 02 - 28\]. http://www. comlaw. gov. au/comlaw/Legislation/ActCompilation1. nsf/framelodgmentattachments/052134D2FC16BEABCA25750F000D558F.

[268] Attorney - General's Department. Copyright Act 1968 (This compilation was prepared on 10 November 2008) \[EB/OL\]. \[2009 - 02 - 28\]. http://www. comlaw. gov. au/comlaw/Legislation/ActCompilation1. nsf/framelodgmentattachments/052134D2FC16BEABCA25750F000D558F

[269] The Section 108 Study Group. the Section 108 Study Group Report\[EB/OL\]. 2008 - 03. \

[2009 -03 -10\]. http://www. section108. gov/docs/Sec108StudyGroupReport. pdf.

[270] The Section 108 Study Group. the Section 108 Study Group Report\[EB/OL\]. 2008 -03. \[2009 -03 -10\]. http://www. section108. gov/docs/Sec108StudyGroupReport. pdf.

[271] Attorney - General's Department of Australian Government. Copyright Amendment (Digital Agenda) Act 2000\[EB/OL\]. \[2009 -03 -21\]. http://www. comlaw. gov. au/comlaw/Legislation/Act1. nsf/0/FC60B71C3FBDEFD6CA256F72000AAC4B? OpenDocument.

[272]中国驻德国大使馆经商处. 德国《信息和通讯服务规范法》\[EB/OL\]. \[2009 -03 -21\]. http://tradeinservices. mofcom. gov. cn/b/1997 -08 -01/24429. shtml.

[273] Copyright Office. Online Copyright Infringement Liability LimitationAct\[EB/OL\]. \[2009 -03 -21\]. http://www. copyright. gov/title17/92chap5. html.

[274]新世纪法律网. 新加坡共和国电子交易法\[EB/OL\]. \[2009 -03 -21\]. http://www. cn - aii. com/falvzhengzhi/xinjiapofalv/zhongyaofalv/200807/18 -1114_3. html.

[275] eur - lex. Directive 2000/31/EC of the European Parliament and of the Council of 8 June 2000 on certain legal aspects of information society services, in particular electronic commerce, in the Internal Market ('Directive on electronic commerce')\[EB/OL\]. \[2009 -03 -19\]. http://eur - lex. europa. eu/smartapi/cgi/sga_doc? smartapi! celexapi! prod! CELEXnumdoc&lg = en&numdoc = 32000L0031&model = guichett.

[276] EU. Directive 2001/29/EC of the European Parliament and of the Council of 22 May 2001 on the harmonisation of certain aspects of copyright and related rights in the informationsociety\[EB/OL\]. 2001 -06 -22. \[2008 -11 -27\] http://eur - lex. europa. eu/LexUriServ/LexUriServ. do? uri = CELEX:32001L0029:EN:HTML.

[277] frwebgate. Digital Millennium Copyright Act\[EB/OL\]. \[2009 -03 -14\]. http://frwebgate. access. gpo. gov/cgi - bin/getdoc. cgi? dbname = 105_cong_bills&docid = f:h2281enr. txt. pdf.

[278] frwebgate. Digital Millennium Copyright Act\[EB/OL\]. \[2009 -03 -14\]. http://frwebgate. access. gpo. gov/cgi - bin/getdoc. cgi? dbname = 105_cong_bills&docid = f:h2281enr. txt. pdf.

[279]中华人民共和国国家版权局. 信息网络传播权保护条例(2006)\[EB/OL\]. \[2009 -03 -14\]. http://www. ncac. gov. cn/GalaxyPortal/inner/bqj/include/detail. jsp? articleid =9400&boardpid =175&boardid =11501010111602.

[280]查理·克拉克. 数字环境下版权的未来\[M\]. 克吕韦尔国际法律出版社,1996:

139 - 146.

[281]张今. 网络知识产权[M]. 长沙:湖南大学出版社,2002:17.

[282]马治国. 网络版权中技术措施的法律保护[J]. 科技与法律,2001(2).

[283] Eric Schlachter. The Intellectual Property Renaissance in Cyberspace: Why Copyright Law Could Be Unimportant on theInternet\[J/OL\]. 1997. \[2008 - 11 - 27\]. http://www. law. berkeley. edu/journals/btlj/articles/vol12/Schlachter/html/reader. html.

[284] frwebgate. Digital Millennium Copyright Act\[EB/OL\]. \[2009 - 03 - 14\]. http://frwebgate. access. gpo. gov/cgi - bin/getdoc. cgi? dbname = 105 _ cong _ bills&docid = f: h2281enr. txt. pdf.

[285] EU. Directive 2001/29/EC of the European Parliament and of the Council of 22 May 2001 on the harmonisation of certain aspects of copyright and related rights in the informationsociety\[EB/OL\]. 2001 - 06 - 22. \[2008 - 11 - 27\]. http://eur - lex. europa. eu/LexUriServ/LexUriServ. do? uri = CELEX:32001L0029:EN:HTML.

[286] frwebgate. Digital Millennium Copyright act\[EB/OL\]. \[2009 - 03 - 14\]. http://frwebgate. access. gpo. gov/cgi - bin/getdoc. cgi? dbname = 105_cong_bills&docid = f:h2281enr. txt. pdf.

[287] EU. Directive 2001/29/EC of the European Parliament and of the Council of 22 May 2001 on the harmonisation of certain aspects of copyright and related rights in the informationsociety\[EB/OL\]. 2001 - 06 - 22. \[2008 - 11 - 27\]. http://eur - lex. europa. eu/LexUriServ/LexUriServ. do? uri = CELEX:32001L0029:EN:HTML.

[288] austlii. Copyright Amendment (Digital Agenda) Act 2000\[EB/OL\]. \[2009 - 03 - 16\]. http://www. austlii. edu. au/au/legis/cth/consol_act/ca1968133.

[289]薛虹. 网络时代的知识产权法\[M\]. 北京: 法律出版社,2000:27.

[290] IFLA. 国际图联关于世界知识产权组织未来的日内瓦宣言的立场\[EB/OL\]. 2004 - 09 - 28. \[2009 - 03 - 05\]. http://www. ifla. org/III/clm/CLM - GenevaDeclaration2004 - cn. pdf.

[291] IFLA, eIFL. Draft Basic Proposal for the WIPO Treaty on the Protection of Broadcast Organizations including a Non - Mandatory Appendix on the Protection in Relation toWebcasting\[EB/OL\]. \[2009 - 03 - 14\]. http://www. eifl. net/cps/sections/docs/ip_docs/sccr14_written - pdf/downloadFile/file/file? nocache = 1177585957. 71.

[292] Kenneth D. Crews. Study on Copyright Limitations and Exceptions for Libraries and Archives

\[EB/OL\]. 2008 - 08 - 26. \[2009 - 02 - 27\]. http://www. wipo. int/meetings/en/doc_details. jsp? doc_id = 109192.

[293] frwebgate. Digital Millennium Copyright Act\[EB/OL\]. \[2009 - 03 - 14\]. http://frwebgate. access. gpo. gov/cgi - bin/getdoc. cgi? dbname = 105 _ cong _ bills&docid = f: h2281enr. txt. pdf.

[294] frwebgate. Digital Millennium Copyright Act \[EB/OL\]. \[2009 - 03 - 14\]. http://frwebgate. access. gpo. gov/cgi - bin/getdoc. cgi? dbname = 105 _ cong _ bills&docid = f: h2281enr. txt. pdf.

[295]中华人民共和国国家版权局. 信息网络传播权保护条例(2006)\[EB/OL\]. \[2009 - 03 - 14\]. http://www. ncac. gov. cn/GalaxyPortal/inner/bqj/include/detail. jsp? articleid = 9400&boardpid = 175&boardid = 11501010111602.

[296] NDIIPP, JISC, OAK. etc.. International Study on the Impact of Copyright Law on Digital Preservation\[EB/OL\]. \[2009 - 03 - 01\]. http://www. digitalpreservation. gov/library/resources/pubs/docs/digital_preservation_final_report2008. pdf.

[297] U. S.. Copyright Law of the United States and Related Laws Contained in Title 17 of the United States Code\[EB/OL\]. \[2009 - 02 - 28\]. http://www. copyright. gov/title17/circ92. pdf.

[298] OPSI. Legal Deposit Libraries Act 2003\[EB/OL\]. \[2009 - 03 - 12\]. http://www. opsi. gov. uk/acts/acts2003/ukpga_20030028_en_1.

[299] hm-treasury. Gowers Review of Intellectual Property\[EB/OL\]. \[2009 - 03 - 08\]. http://www. hm - treasury. gov. uk/d/pbr06_gowers_report_755. pdf.

[300] Jeff RroOthHenberg. Eensuring the longevity of digitalinformation\[EB/OL\]. 1999. http://www. clir. org/PUBS/archives/ensuring. pdf. \[2008 - 11 - 16\].

[301] U. S.. Copyright Law of the United States and Related Laws Contained in Title 17 of the United States Code\[EB/OL\]. \[2009 - 02 - 28\]. http://www. copyright. gov/title17/circ92. pdf.

[302] U. S.. Copyright Law of the United States and Related Laws Contained in Title 17 of the United States Code\[EB/OL\]. \[2009 - 02 - 28\]. http://www. copyright. gov/title17/circ92. pdf.

[303] U. S.. Copyright Law of the United States and Related Laws Contained in Title 17 of the United States Code\[EB/OL\]. \[2009 - 02 - 28\]. http://www. copyright. gov/title17/

circ92. pdf.

[304] U. S. . Copyright Law of the United States and Related Laws Contained in Title 17 of the United States Code \[EB/OL\]. \[2009 - 02 - 28\]. http://www. copyright. gov/title17/circ92. pdf.

[305] U. S. . Copyright Law of the United States and Related Laws Contained in Title 17 of the United States Code \[EB/OL\]. \[2009 - 02 - 28\]. http://www. copyright. gov/title17/circ92. pdf.

[306] Kenneth D. Crews. Study on Copyright Limitations and Exceptions for Libraries and Archives \[EB/OL\]. 2008 - 08 - 26. \[2009 - 02 - 27\]. http://www. wipo. int/meetings/en/doc_details. jsp? doc_id = 109192.

[307] Library of Congress. Exemption to Prohibition on Circumvention of Copyright Protection Systems for Access Control Technologies \[EB/OL\]. 2000 - 10 - 27. \[2008 - 12 - 07\] http://www. copyright. gov/fedreg/2000/65fr64555. html.

[308] Library of Congress. Copyright Office; Exemption to Prohibition on Circumvention of Copyright Protection Systems for Access Control Technologies \[EB/OL\]. 2003 - 10 - 31. \[2008 - 12 - 07\] http://www. copyright. gov/fedreg/2003/68fr2011. html.

[309] Library of Congress. Exemption to Prohibition on Circumvention of Copyright Protection Systems for Access Control Technologies \[EB/OL\]. 2006 - 11 - 27. \[2008 - 12 - 07\]. http://www. copyright. gov/fedreg/2006/71fr68472. html.

[310]防盗拷标记是先进电视系统委员会(Advanced Television Systems Committee,ATSC)为广播数字电视(Broadcast Digital Television,DTV)信号而提议的反拷贝编码。这种标记,被开发的目的是阻止未被授权的数字设计的重分配,它将限制人们拷贝广播内容的方法.

[311] The Section 108 Study Group. the Section 108 Study Group Report \[EB/OL\]. 2008 - 03. \[2009 - 03 - 10\]. http://www. section108. gov/docs/Sec108StudyGroupReport. pdf.

[312] U. S. . Copyright Law of the United States and Related Laws Contained in Title 17 of the United States Code \[EB/OL\]. \[2009 - 02 - 28\]. http://www. copyright. gov/title17/circ92. pdf.

[313] eIFL. Technological protection measures – the "triple lock" \[EB/OL\]. 2006 - 12 - 19. \[2008 - 12 - 22\] http://www. eifl. net/cps/sections/services/eifl - ip/issues/handbook/technological-protection/downloadFile/file/handbook_tpm. pdf? nocache = 1180336373. 22.

[314]中华人民共和国国家版权局. 信息网络传播权保护条例(2006)\[EB/OL\]. \[2009 - 03 - 03\]. http://www. ncac. gov. cn/GalaxyPortal/inner/bqj/include/detail. jsp? articleid =9400&boardpid = 175&boardid = 11501010111602.

[315] British Library. Results of the British Library Copyright Questionnaire\[EB/OL\]. 2008 - 03. \[2009 - 02 - 27\]. http://www. bl. uk/ip/pdf/resultscopyrightquestionnaire. pdf.

[316] Neon Kelly. Clarity needed for digital copyright law\[EB/OL\]. 2008 - 04 - 08. \[2009 - 02 - 20\]. http://www. computing. co. uk/computing/news/2213796/clarity - needed - copyright - law.

[317] Consumers International. Copyright and Access to Knowledge: Flexibilities in Copyright Laws in 11 Asian Countries\[EB/OL\]. \[2009 - 03 - 01\]. http://www. consumersinternational. org/Shared _ ASP _ Files/UploadedFiles/C50257F3 - A4A3 - 4C41 - 86D9 - 74CABA4CBCB1_COPYRIGHTFinal16. 02. 06. pdf.

[318] Teresa Hacket. Libraries in the digital age: proposal forcopyright\[EB/OL\]. 2008 - 10 - 05\[2009 - 02 - 28\]. http://www. ifla. org/IV/ifla74/papers/161 - Hackett - en. pdf.

[319] P. Bernt Hugenholtz, Ruth L. Okediji. Conceiving an International Instrument on Limitations and Exceptions to Copyright\[EB/OL\]. 2008 - 03 - 06. \[2008 - 03 - 01\]. http://www. soros. org/initiatives/information/articles _ publications/publications/copyright _ 20080506/copyright_20080506. pdf.

[320] IFLA's Committee on Copyright and other Legal Matters (CLM). Licensing Principles(2001)\[EB/OL\]. \[2009 - 03 - 09\]. http://www. ifla. org/V/ebpb/copy. htm.

[321] IFLA. International Lending and Document Delivery: Principles and Guidelines for Procedure\[EB/OL\]. 2001. \[2009 - 03 - 09\]. http://www. ifla. org/VI/2/p3/ildd. htm.

[322] Committee on Copyright and Other Legal Matters (CLM). The IFLA Position on Copyright in the DigitalEnvironment\[EB/OL\]. 2000 - 08. \[2009 - 03 - 08\]. http://www. ifla. org/III/clm/p1/pos - dig. htm.

[323] IFLA's Committee on Copyright and other Legal Matters (CLM). Licensing Principles(2001)\[EB/OL\]. \[2009 - 03 - 09\]. http://www. ifla. org/V/ebpb/copy. htm.

[324] Committee on Copyright and Other Legal Matters (CLM). The IFLA Position on Copyright in the DigitalEnvironment\[EB/OL\]. 2000 - 08. \[2009 - 03 - 08\]. http://www. ifla. org/III/clm/p1/pos - dig. htm.

[325] Committee on Copyright and Other Legal Matters (CLM). Limitations and Exceptions to Copyright and Neighbouring Rights in the Digital Environment: An International Library Per-

spective \ [EB/OL \ ]. 2004. \ [2009 - 03 - 09 \ ]. http://www. ifla. org/Ⅲ/clm/p1/ilp. htm.

[326] Committee on Copyright and other Legal Matters (CLM). IFLA and the Access to Knowledge (A2K) Treaty \ [EB/OL \ ]. \ [2009 - 03 - 09 \ ]. http://www. ifla. org/Ⅲ/clm/p1/A2K - 1. htm.

[327] EU. DIRECTIVE 96/9/EC OF The European Parliament and of the Council of 11March 1996 on the legal protection of databases \ [EB/OL \ ]. \ [2009 - 03 - 27 \ ]. http://www. eadp. org/main7/Update% 202007/IPR/Database/DIRECTIVE% 2096. pdf.

[328] ARL. Fair Use in the Electronic Age: Serving the Public Interest \ [EB/OL \ ]. 1995 - 01. \ [2009 - 03 - 08 \ ]. http://www. arl. org/pp/ppcopyright/copyresources/fair_use_electronic. shtml.

[329] Copyright Committee of AALL. AALL Guidelines on the Fair Use of Copyrighted Works by Law Libraries \ [EB/OL \ ]. 2001 - 01. \ [2009 - 03 - 08 \ ]. http://www. aallnet. org/about/policy_fair. asp.

[330] ICOLC. Statement of Current Perspective and Preferred Practices for the Selection and Purchase of Electronic Information \ [EB/OL \ ]. \ [2009 - 03 - 08 \ ]. http://www. library. yale. edu/consortia/statement. html.

[331] Committee on Copyright and other Legal Matters (CLM). Library - Related Principles for the International Development Agenda of the World Intellectual PropertyOrganization \ [EB/OL \ ]. \ [2009 - 03 - 08 \ ]. http://www. ifla. org/III/clm/p1/Library - RelatedPrinciples - en. html.

[332] Committee on Copyright and other Legal Matters (CLM). Library - Related Principles for the International Development Agenda of the World Intellectual Property Organization \ [EB/OL \ ]. \ [2009 - 03 - 08 \ ]. http://www. ifla. org/III/clm/p1/Library - RelatedPrinciples - en. html.

[333] British Library. Intellectual Property: A Balance - The British Library Manifesto. \ [2009 - 03 - 08 \ ]. http://www. bl. uk/news/pdf/ipmanifesto. pdf.

[334] hm - treasury. Gowers Review of Intellectual Property \ [EB/OL \ ]. \ [2009 - 03 - 08 \ ]. http://www. hm - treasury. gov. uk/d/pbr06_gowers_report_755. pdf.

[335] British Library. Results of the British Library Copyright Questionnaire \ [EB/OL \ ]. 2008 - 03. \ [2009 - 02 - 27 \ ]. http://www. bl. uk/ip/pdf/resultscopyrightquestionnaire. pdf.

[336] Emerald. Model licences and interlibrary loan/document delivery from electronic resources\[EB/OL\]. \[2009-03-09\]. http://www.emeraldinsight.com/Insight/ViewContentServlet?contentType=Article&Filename=Published/EmeraldFullTextArticle/Articles/1220290402.html.

[337] Emerald. Model licences and interlibrary loan/document delivery from electronic resources\[EB/OL\]. \[2009-03-09\]. http://www.emeraldinsight.com/Insight/ViewContentServlet?contentType=Article&Filename=Published/EmeraldFullTextArticle/Articles/1220290402.html.

[338] P. Bernt Hugenholtz, Ruth L. Okediji. Conceiving an International Instrument on Limitations and Exceptions to Copyright\[EB/OL\]. 2008-03-06. \[2008-03-01\]. http://www.soros.org/initiatives/information/articles_publications/publications/copyright_20080506/copyright_20080506.pdf.

[339] Max-Plank-Institute. Declaration: A Balanced Interpretation of the "Three-step Test" in Copyright Law\[EB/OL\]. \[2009-03-27\]. http://www.ip.mpg.de/shared/data/pdf/declaration_three_step_test_final_english.pdf.

[340] Lucie Guibault. The nature and scope of limitations and exceptions to copyright and neighbouring rights with regard to general interest missions for the transmission of knowledge: prospects for their adaptation to the digital environment\[EB/OL\]. \[2009-02-18\]. e-Copyrright Bulletin (10-12). http://unesdoc.unesco.org/images/0013/001396/139671e.pdf.

[341]吴汉东,曹新明,王毅等. 西方诸国著作权制度研究\[M\]. 北京:中国政法大学出版社,1998:178.

[342] Kenneth D. Crews. Library Exceptions: An Elusive Quest? \[EB/OL\]. \[2009-03-01\]. http://www.ifla.org/III/clm/161-Crews-en.pdf.

[343] British Library. Intellectual Property: A Balance——The British LibraryManifesto\[EB/OL\]. 2006-11-10. \[2008-11-22\]. http://www.bl.uk/news/pdf/ipmanifesto.pdf.

[344]沈仁干,钟颖科. 著作权法概论\[M\]. 沈阳: 辽宁教育出版社,1998:19.

[345] Science Online. Science Online Publications Institutional Sitewide Subscription Agreement\[EB/OL\]. \[2009-03-26\]. http://www.sciencemag.org/subscriptions/inst_terms_unlimited.dtl.

附录1　图书馆对著作权例外的诉求调查表

尊敬的女士/先生：

首先感谢您在百忙之中参与这次调查！完成本次调查将花费您15～20分钟时间。

著作权例外是限制著作权效力的一些特例与适用情形。它是平衡著作权人与公众利益关系、著作权垄断与信息共享关系的重要准则。作为信息传播与共享的实体，图书馆一方面需要在遵循著作权法的前提下开展活动，合理灵活地利用著作权的各种例外规定尽可能降低著作权侵权风险；另一方面，图书馆也需要了解受众对著作权例外的诉求，积极参与立法活动，将更有利于拓展图书馆的著作权例外空间的立法诉求反映给立法机构。由于著作权例外的适用范围不是固定不变的，在不同国家、不同时期会有不同的规定。同样，专门适用于图书馆的著作权例外也不是一成不变的，有时甚至会因著作权涉及利益的复杂性而导致图书馆享有的著作权例外空间存在模糊性。

本研究的目的是：帮助图书馆进一步运用著作权例外条款，规避风险，伸张权利，维护权益，互利共赢（与版权拥有人、普遍受众、图书馆）。本研究不仅仅是研究图书馆应该如何遵循著作权例外来规避资源建设与服务提供中涉及的著作权侵权风险，而是在研究图书馆当前所适用的著作权例外的基础上，依据法理基础与图书馆动态发展的实际需要，反映图书馆对著作权例外的诉求，特别是立法诉求，并研究满足这种立法诉求的可行性渠道。

本次问卷调查的目的旨在了解国内各类型图书馆对于适用图书馆的著作权例外的知晓程度、图书馆在著作权例外适用上存在的困难、图书馆对著作权例外的诉求以及图书馆扩展适用于图书馆著作权例外的可行性渠道等问题。您的观点很重要！本次调查严格按照我国《统计法》的规定，所有回答仅用于统计分析，请根据您的实际情况如实填写调查问卷。

恳请得到您的支持与帮助！

相关名词解释

可适用于图书馆的著作权例外：适用于图书馆的著作权例外，是指图书馆在信息资源的收集、组织、保存、传播及利用过程中，在著作权法律框架下，依据著作权法律规定或依据版权拥有人让渡的特定的著作权专有使用权的自我意愿表达，不需要征得版权拥有人的使用许可（无论是否需要补偿版权拥有人）即可利用当前受著作权保护的作品并且不需要承担著作权侵权责任的法律适用。同时，适用于图书馆的著作权例外也指图书馆出于特定目的，在采取规避保护版权作品的技术措施时或作为网络信息提供者在特定的条件下，不需要承担著作权侵权责任的法律适用。

合理使用：在特定的条件下，法律允许自由使用版权作品而不必征得版权人的同意，也不必向版权人支付报酬的情形，在版权法领域称为合理使用（吴汉东，1996）。对图书馆而言，著作权的合理使用不是无限度的合理使用，它依然是版权保护制约下的合理使用，可使人们在一定程度上使用著作权作品而不至于伤害著作权人利益，图书馆的合理使用与版权人不会形成直接的利益竞争。

强制许可：又称“强制许可证”制度，是指版权人在其作品发表后的一定时期内，没有授权他人以某种方式使用其作品，作品使用者基于某种正当理由需要使用该作品，无须征得版权人同意，但须向版权行政管理部门提出使用申请并取得授权，同时使用者应按规定向版权人支付报酬的制度。设立这项制度的目的在于防止版权人滥用其专有权利而拒绝向他人基于正当理由使用其作品的现象发生。

法定许可：又称“法定许可证”制度，是指依据法律直接规定的方式使用已公开的知识产品，可以不经版权人许可，但应向其支付报酬的制度。这是被各国版权法普遍认可的一项制度，也是应用面最广、影响最大的一种许可使用形式。

默认许可：也称为默认许可或推定许可，是指即使版权人没有明示其作品的许可使用，但是从版权人的行为可以推定其对有偿使用其作品不会表示反对。默示许可使用既然是经版权人"默示许可"的，就不应当属于法定或强制许可使用的范畴，它从性质上更接近于版权人授权许可使用。在数字化网络环境中，默示许可使用成为了版权的一种新的权利限制。

权利穷竭：权利穷竭是指权利人行使一次即告用尽了有关权利，不能再次行使。多数情况下，这种原则仅仅适用于经济权利中的发行权。权利穷竭原则意味着一旦作品的原件或复制件经权利人同意进入市场后，则该作品作为商品的进一步销售，著作权人均无权控制。一般来说，权利穷竭原则适用于作品的再次出售、发行或其他方式的使用。

法定免费使用：法定免费使用实质上构成一部分国家中合理使用的内容，但多数国家不承认这样的使用是合理的。由于1971年《世界版权公约》已最终杜绝了法定免费使用制，在那之后参加版权国际公约的国家，均不可能再实行这种制度；或者只可能对本国国民的作品实行。

公共秩序保留：公共秩序使用制度是为了社会公共利益，而由国家或国家授权的机关，不经作者或其他版权人的许可而使用有关版权的一种。《匈牙利版权法》第24条规定：如果作者的版权继续人无理禁止进一步使用已经发表的作品，则在不违反国际公约的前提下，法院可以从公共利益出发，判决许可使用该作品，但使用者应向版权人支付报酬。

一、贵单位基本情况（除特别注明外，各题均为单选）

1. 单位性质：	（请将您的选择编号直接填入表格中各问题题干所在的行。比如本题可在此行输入		
A	公共图书馆	E	行业信息服务机构
B	高校图书馆	F	社会信息服务机构
C	专业图书馆	G	图书馆联盟或资源联合建设者
D	科技信息服务机构	H	其他

2. 所在省份或地区：	

3. 经费来源(可多选)：			
A	政府拨款	C	信息服务收费
B	项目拨款	D	捐赠或赞助

4. 是否设置专门从事知识产权研究或纠纷处理的岗位：			
A	有设置	B	未设置

5. 专门从事知识产权研究或纠纷处理的岗位设置情况：			
从业人数：		通过司法考试人数：	
职称分布：	高级职称[ ]人	中级职称[ ]人	初级职称[ ]人

二、贵单位的资源建设情况

6. 拥有的信息资源类型（可多选）：			
A	图书（包括电子版）	E	标准
B	期刊（包括电子版）	F	专利文献
C	会议录（包括电子版）	G	学科或专题数据库
D	学位论文（包括电子版）	H	其他

7. 资源获取方式（可多选）：							
A	购买	B	自建	C	接受馈赠	D	其他方式

8. 使用资源的版权状态：									
A	未公开发表的作品	B	已公开发表的作品，但仍处于版权保护期	C	已公开发表的作品，但已超过版权保护期	D	有授权可进行正版销售的产品	E	其他

三、贵单位开展的业务活动与信息服务

9. 主要服务对象：									
A	科研机构	B	教学机构	C	公司企业	D	社会大众	E	其他

10. 是否建立推介或提供服务的网站：			
A	是	B	否

11. 开展的业务活动有：					
A	分布式使用管理	F	虚拟资源体系建设	K	规避数字作品的技术保护措施
B	分布式权益管理	G	转载网络信息资源	L	开发元数据转换和登记系统

续表

C	长期保存协调	H	网络信息资源链接	M	利用 P2P 技术进行资源传递与共享
D	提供开放链接	I	建设分布式参考咨询系统	N	利用 RSS 技术提供信息推送服务
E	描述网络信息资源	J	数字资源长期保存	O	其他

12. 贵馆已将哪些业务外包？（可多选）：					
A	印本资源数字化	C	特色数据库开发	E	数字资源长期保存中的某些环节
B	复制服务	D	网站建设	F	还没有开展业务外包

13. 接受贵馆业务外包的机构性质是：					
A	各类文献信息机构	C	高等院校或研究所	E	信息服务公司
B	咨询公司或中介公司	D	政府部门	F	其他

14. 提供的信息服务有（可多选）：									
A	原文传递	G	馆际互借	I	由馆员提供复制	O	由自助式复制设备提供复制		
B	扫描服务	H	学科门户	J	智能搜索引擎服务	P	跨系统多系统检索		
C	文摘编著	K	在本馆物理建筑内提供无线上网访问本馆电子资源						
D	外借存储于物理介质的数字作品	L	提供全文远程下载						
E	允许读者使用自身携带的复制设备复制	M	在本馆物理建筑内提供 PDA（掌上电脑）接入服务						
F	分布式数字参考咨询服务	N	在本馆物理建筑内表演与展示未授权作品						

15. 利用学位论文提供的服务包括（可多选）：					
A	只提供文摘检索	C	提供印本外借	E	提供远程全文下载
B	可到馆内复制全文	D	提供远程全文浏览	F	提供远程部分内容下载（如前 24 页）

16. 收费服务项目有(可多选):							
A	原文传递	G	馆际互借	I	由馆员提供复制	O	由自助式复制设备提供复制
B	扫描服务	H	学科门户	J	智能搜索引擎服务	P	跨系统多系统检索
C	外借存储于物理介质的数字作品			K	在本馆物理建筑内提供无线上网访问本馆电子资源		
D	文摘编著			L	提供全文远程下载		
E	允许读者使用自身携带的复制设备复制			M	在本馆物理建筑内提供PDA(掌上电脑)接入服务		
F	分布式数字参考咨询服务			N	在本馆物理建筑内表演与展示未授权作品		

17. 服务收入主要用于:			
A	扩大资源建设	C	发放员工津贴
B	提升信息服务	D	设备维护、更新

四、您对图书馆可适用的著作权例外的知晓程度

18. 您了解以下哪些有关著作权的国际性规范性文件?(可多选):			
A	《建立世界知识产权组织公约》(1967年签署)	F	《关于播送由人造卫星载有节目信号公约》(1974年签署,也称《卫星公约》)
B	《保护文学和艺术作品伯尔尼公约》(1886年签署)	G	《保护表演者、录音制品制作者和广播组织的国际公约》(1961年UNESCO牵头签订,也称《罗马公约》)
C	《世界版权公约》(1952年UNESCO牵头签署,1971年修订)	H	《世界知识产权组织表演与录音制品条约(1996)》(简称WPPT,WIPO组织)
D	《与贸易有关的知识产权协议》(简称TRIPs,1994年生效,WTO牵头签署)	I	《世界知识产权组织著作权条约(1996)》(简称WCT,WIPO组织)
E	《保护录音制品制作者防止未经许可复制其录音制品公约》(1971年制定,也称《日内瓦公约》或《唱片公约》)	J	其他

19. 您了解以下哪些国家的著作权法规?(可多选):			
A	《加拿大著作权法(2007)》	F	《日本著作权法(2004)》
B	英国《著作权与相关权利法规》	G	《德国著作权法(2007)》
C	英国《著作权、设计与专利法》	H	《法国著作权法(2006)》

续表

D	美国《新千年数字版权法案》(DMCA)	I	《澳大利亚著作权法(2007)》
E	美国《美国著作权法(1976 年)》及其后续修订法案	J	《意大利著作权、邻接权保护法(2003)》

20. 您了解哪些与著作权相关的国际性行业规范文件?(可多选):			
A	《IFLA 在数字环境下的版权立场》(2000)	F	《eIFL 版权手册》(2006)
B	《IFLA 国际借阅和文献传递:原则和程序》(2001)	G	国际图书馆联盟联合体(ICOLC)知识产权政策
C	《IFLA 许可原则》(2001)	H	国际出版协会的知识产权政策
D	《IFLA 因特网宣言》	I	OHIOlink 的知识产权政策
E	创作共享协议(Creative Common)	J	数字图书馆联盟(DLF)的知识产权建议政策

21. 您了解哪些与著作权相关的国家性或地区性行业规范文件?(可多选):			
A	JISC 制定的《电子环境下合理使用指南》	F	1995 年美国 6 家图书馆协会发表的《电子时代的合理使用:服务于公众利益》
B	《JISC/DNER 著作权与许可指导方针》	G	1997 年美国图书馆协会发表的《关于数字信息环境下合理使用指南的立场声明》
C	学位论文数字图书馆(NDLTD)的知识产权措施	H	欧盟《关于协调信息社会的版权和有关版权若干方面的指令(2001)》
D	Ariel 网上文献传递服务的知识产权措施	I	TDI 文献网络传递服务的知识产权措施
E	2003 年美国《合理使用和电子馆藏》	J	华盛顿研究图书馆联盟的知识产权措施

22. 您了解国内现行的哪些著作权规范性文件?(可多选):			
A	《中华人民共和国著作权法》(1990 年制定,2001 年修订)	G	《关于审理涉及计算机网络知识产权问题的司法解释》
B	《中华人民共和国著作权法实施条例》(1991 年制定,2002 修订)	H	《最高人民法院关于审理涉及计算机网络著作权纠纷案件适用法律若干问题的解释》(2000)
C	《中华人民共和国信息网络传播权保护条例》(自 2006 年 7 月 1 日起实行)	I	《最高人民法院关于审理著作权民事纠纷案件适用法律若干问题的解释》(2002)

续表

D	《计算机软件保护条例》(1991 年制定,2001 年修订)	J	《最高人民法院关于审理涉及计算机网络著作权纠纷案件适用法律若干问题的解释》(2003)
E	《实施国际著作权条约的规定》(1992)	K	《最高人民法院关于审理涉及计算机网络著作权纠纷案件适用法律若干问题的解释》(2006)
F	《著作权集体管理条例》(2001 年制定,2004 年修订)	L	其他

23. 您认为著作权例外包括哪些情形?(可多选):							
A	合理使用	C	强制许可	E	权利穷竭	G	公共秩序保留
B	法定许可	D	默认许可	F	法定免费使用	H	由合同协议约定的情形

24. 你认为可以适用著作权例外的图书馆必须具备哪些条件?(可多选):			
A	具有服务于公共利益的使命	C	拥有专业的从业人员,比如图书馆员、信息科学家、资源保管专家等。
B	开展相关业务活动,包括资源采购、选择、组织、描述、保管、检索、保存与传播;参考咨询等。	D	拥有合法的或者授权使用的资源

25. 你认为用户哪些行为将使图书馆跨越其可适用的著作权例外?(可多选):			
A	对文摘索引数据库中某一时间段、某一学科领域、或某一类型的数据记录进行批量下载	F	设置代理服务器为非授权用户提供服务
B	对全文数据库中某种期刊(或会议记录)、或它们中一期或者多期的全部文章进行下载	G	在使用用户名和口令的情况下,有意将自己的用户名和口令在相关人员中散发、或通过公共途径公布
C	利用类似 netants 的批量下载工具对网络数据库进行自动检索和下载	H	直接利用网络数据库对非授权单位提供系统的服务

续表

D	把存储于个人计算机的用于个人研究或学习的资料以公共方式提供给非授权用户使用	I	直接利用网络数据库进行商业服务或支持商业服务
E	把课程参考资料包中的用于特定课程教学的资料以公共方式提供给非授权用户使用	J	直接利用网络数据库内容汇编生成二次产品，提供公共或商业服务

26. 资源使用许可协议对图书馆可适用的著作权例外的影响是：			
A	严重缩小图书馆可享有的著作权例外	C	不影响图书馆可享有的著作权例外
B	部分缩小图书馆可享有的著作权例外	D	明确了图书馆可享有的著作权例外

27. 数字版权技术保护措施对图书馆可适用的著作权例外的影响是：			
A	严重缩小图书馆可享有的著作权例外	C	不影响图书馆可享有的著作权例外
B	部分缩小图书馆可享有的著作权例外	D	确保图书馆不会出现侵权

28. 当前国内有关图书馆可适用的著作权例外的立法规定：			
A	过于狭小	C	严重欠缺
B	过于模糊	D	已经足够

五、解决图书馆业务活动涉及的著作权问题的有效途径

29. 在贵馆创建的数字图书馆是否发表明确的告示和提示：			
A	有设置	B	未设置

30. 您认为图书馆开展的下列活动涉及著作权纠纷时宜通过哪种著作权例外适用加以解决			
在本馆物理建筑内提供无线上网访问本馆电子资源：		原文传递：	
提供全文远程下载：		扫描服务：	
在本馆物理建筑内提供 PDA（掌上电脑）接入服务：		文摘编著：	
在本馆物理建筑内表演与展示未授权作品：		外借存储于物理介质的数字作品：	
学位论文文摘检索、部分下载、全文下载：		分布式数字参考咨询服务：	
允许读者使用自身携带的复制设备复制：		数字资源长期保存：	

A	合理使用	C	强制许可	E	权利穷竭	G	公共秩序保留
B	法定许可	D	默认许可	F	法定免费使用	H	由合同协议约定

31. 图书馆将自身录制的电视广播作品提供给其他图书馆远程访问的条件(可多选):			
A	图书馆必须是公益性质	C	必须在节目播出一段时间后才提供远程访问
B	必须用于个人学习、学术研究和应用研究	D	只能基于流媒体技术提供在线观赏而不能下载

32. 对已公开发表的作品进行保存或替代,必须(可多选):			
33. 对未公开发表的作品进行保存或替代,必须(可多选):			
A	将数量限制为3份	C	严格规定触发条件
B	不作数量限制	D	严格区分数字作品与非数字作品

34. 能够用于衡量图书馆具有数字保存最佳实践的标准有哪些?(可多选):			
A	具有备份功能的强大存储系统	D	具有唯一和永久的信息对象命名机制,以确保数字对象能被快速识别与查找;
B	具有整套标准方法用于持续性检测数字作品的完整性	E	具有标准的安全装置,防止所保存的数字作品被非授权访问
C	具有评估与记录被保存数字作品的格式、来源、知识产权和其他重要信息的能力	F	具有以适当的格式存储数字作品,确保在需要更改存储格式时能够方便地进行格式转换

35. 图书馆能够开展数字保存的资格应包括(可多选):			
A	具有开展数字保存的最佳实践	D	能够履行数字资源长期保存的各项义务
B	提供一种开放与透明审计机制	E	有效管理开展数字资源长期保存的资金
C	提供可持续的长期保存规划,以应对图书馆停止服务或保存能够能力丧失的情况		

六、图书馆界拓展自身可适用的著作权例外的可行性渠道

36. 您认为图书馆目前在著作权例外上存在的主要问题有哪些?(可多选):			
A	现有适用于图书馆的著作权例外空间受到版权持有者的挤压	D	图书馆界对著作权例外认识模糊
B	图书馆缺乏用于维护自身的著作权例外空间的专业人才	E	现有适用于图书馆的著作权例外空间较为狭小
C	图书馆界对著作权例外没有给予足够的重视	F	现有适用于图书馆的著作权例外规定较为模糊

37. 您认为下列哪些因素使图书馆适用的著作权例外空间遭遇障碍？（可多选）：			
A	资源采购许可协议	C	著作权法律规定不足
B	版权保护技术	D	版权持有者的个人利益本位思想

38. 您认为目前国内图书馆对著作权例外的主要诉求有哪些？（可多选）：			
A	明晰适用于图书馆的著作权例外规定	E	进一步扩大图书馆享有的著作权例外空间
B	不同类型的图书馆应该享有不同程度的著作权例外	F	尽快制定《图书馆法》
C	由国际图书馆组织发起，加强国际间图书馆享有的著作权例外的行业交流	G	中国图书馆学会制定明确的著作权指南，如馆际互借指南
D	提升图书馆参与到著作权立法活动的地位	H	设置专门负责知识产权研究与纠纷处理的岗位

39. 您认为下列哪些规范性文件可作为图书馆享有著作权例外的依据？（可多选）：													
A	国际公约	B	国内法律	C	政策	D	专项声明	E	宣言	F	双边条约	G	指南、手册

40. 您认为下列哪些举措对于扩展图书馆享有的著作权例外空间较为重要？（可多选）：			
A	国际性或国家性图书馆组织积极参与到著作权立法活动中	C	密切关注图书馆的最新业务动向，及时将著作权例外的有关诉求反映给立法机构
B	国际性或国家性图书馆组织踊跃制定具有国际性或国家性的著作权例外行业规定或指南	D	图书馆界通过举行学术研讨会等多种方式密切关注图书馆的著作权问题

附录2　调查的图书馆网站

序号	单位名称	网址(URL)
1	首都图书馆	http://www.clcn.cn.net
2	天津图书馆	http://www.tjl.tj.cn
3	河北省图书馆	http://www.helib.net
4	山西省图书馆	http://lib.sx.cn
5	黑龙江省图书馆	http://www.isn.hl.cn/htdwh/sjjf/tsg.htm
6	哈尔滨市图书馆	http://www.hrblib.net.cn
7	上海图书馆	http://www.library.sh.cn
8	浙江省图书馆	http://www.zjlib.net.cn/default.asp
9	安徽省图书馆	http://www.ahlib.com
10	山东省图书馆	http://www.sdlib.com
11	河南省图书馆	http://www.henanlib.gov.cn
12	湖北省图书馆	http://www.library.hb.cn
13	广东省立中山图书馆	http://www.zslib.com.cn
14	河南省图书馆	http://www.henanlib.gov.cn
15	深圳市图书馆	http://www.szlib.gov.cn
16	湖南省图书馆	http://www.library.hn.cn
17	广西壮族自治区图书馆	http://www.gxlib.org.cn
18	南京图书馆	http://www.jslib.org.cn
19	江西省图书馆	http://www.jxlib.gov.cn
20	海南省图书馆	http://www.hilib.com
21	北京大学图书馆	http://www.lib.pku.edu.cn
22	中国人民大学图书馆	http://www.lib.ruc.edu.cn
23	清华大学图书馆	http://www.lib.tsinghua.edu.cn
24	北京交通大学图书馆	http://202.112.150.129
25	北京工业大学图书馆	http://lib.bjpu.edu.cn
26	北京航空航天大学图书馆	http://lib.buaa.edu.cn

续表

序号	单位名称	网址(URL)
27	北京理工大学图书馆	http://lib. bit. edu. cn
28	北京科技大学图书馆	http://lib. ustb. edu. cn
29	北京化工大学图书馆	http://www. lib. buct. edu. cn
30	北京工商大学	http://tsg. btbu. edu. cn
31	北京邮电大学图书馆	http://www. lib. bupt. edu. cn
32	华北电力大学(北京)图书馆	http://library. ncepubj. edu. cn
33	北京石油化工学院图书馆	http://lib. bipt. edu. cn
34	北京电子科技学院图书馆	http://www. lib. besti. edu. cn
35	中国农业大学图书馆	http://www. lib. cau. edu. cn
36	北京林业大学图书馆	http://www. lib. bjfu. edu. cn
37	首都医科大学图书馆	http://lib. ccmu. edu. cn
38	南开大学图书馆	http://www. lib. nankai. edu. cn
39	天津大学图书馆	http://www. lib. tju. edu. cn
40	天津理工大学图书馆	http://www. tjut. edu. cn/index. jsp
41	中国科学技术信息所信息服务中心	http://www. istic. ac. cn
42	河北省科学技术情报研究所	http://qbs. heinfo. gov. cn
43	冶金工业信息标准研究院文献网络中心	http://220. 231. 56. 19/gcwx/tsg. htm
44	中国化工信息中心文献网络中心	http://www. chemdoc. com. cn
45	交通部科学研究院信息资源室	http://hpnt. iicc. ac. cn/index. htm
46	中国农业科学院农业信息研究所	http://www. nais. net. cn
47	中国林业科学研究院图书馆	http://www. lknet. forestry. ac. cn/sztsg. htm
48	建材情报研究所信息资源中心	http://www. chinabmi. com
49	中国气象局图书馆	http://library. cma. gov. cn
50	信息产业部电子科技情报研究所	http://www. etiri. com. cn
51	中国医学科学院图书馆	http://www. library. imicams. ac. cn
52	中国标准研究院标准馆	http://www. cssn. net. cn/index. jsp
53	中国水产科学院黄海水产研究所图书馆	http://www. ysfri. ac. cn
54	沈阳化工研究院图书馆	http://www. syrici. com. cn
55	湖北省林业科学院林业科技情报所	http://www. haf. ac. cn
56	解放军医学图书馆	http://www. mlpla. cn
57	中国科学院物理研究所图书馆	http://libiop. iphy. ac. cn
58	中国科学院力学研究所图书信息中心	http://lib. imech. ac. cn
59	中国科学院国家天文台信息中心	http://www. bao. ac. cn/lib
60	中国科学院植物研究所信息中心	http://lib. ibcas. ac. cn